权威·前沿·原创

皮书系列为
"十二五""十三五""十四五"时期国家重点出版物出版专项规划项目

BLUE BOOK

智 库 成 果 出 版 与 传 播 平 台

广州志愿服务蓝皮书
BLUE BOOK OF GUANGZHOU'S VOLUNTARY SERVICE

广州社区志愿服务发展报告（2023）

ANNUAL REPORT ON THE DEVELOPMENT OF COMMUNITY VOLUNTARY
SERVICE IN GUANGZHOU(2023)

主　编 /
广州市民政发展研究中心
广州市志愿服务发展中心
广州市志愿者协会
广州志愿服务联合会

社会科学文献出版社
SOCIAL SCIENCES ACADEMIC PRESS (CHINA)

图书在版编目（CIP）数据

广州社区志愿服务发展报告 . 2023 / 广州市民政发
展研究中心等主编 . --北京：社会科学文献出版社，
2023.12
（广州志愿服务蓝皮书）
ISBN 978-7-5228-2381-2

Ⅰ.①广…　Ⅱ.①广…　Ⅲ.①志愿者-社会服务-研
究报告-广州-2023　Ⅳ.①D669.3

中国国家版本馆 CIP 数据核字（2023）第 165172 号

广州志愿服务蓝皮书
广州社区志愿服务发展报告（2023）

主　　编 / 广州市民政发展研究中心　广州市志愿服务发展中心
　　　　　广州市志愿者协会　广州志愿服务联合会

出 版 人 / 冀祥德
组稿编辑 / 刘　荣
责任编辑 / 单远举
文稿编辑 / 王　娇
责任印制 / 王京美

出　　版 / 社会科学文献出版社（010）59367011
　　　　　地址：北京市北三环中路甲 29 号院华龙大厦　邮编：100029
　　　　　网址：www.ssap.com.cn
发　　行 / 社会科学文献出版社（010）59367028
印　　装 / 天津千鹤文化传播有限公司

规　　格 / 开本：787mm×1092mm　1/16
　　　　　印张：16.25　字数：240 千字
版　　次 / 2023 年 12 月第 1 版　2023 年 12 月第 1 次印刷
书　　号 / ISBN 978-7-5228-2381-2
定　　价 / 198.00 元

读者服务电话：4008918866

本报告由广州市福利彩票公益金、第九届广州市社会组织公益创投活动资助出版

摘　要

　　2022 年是实施"十四五"规划的关键之年，也是党的二十大召开之年。党的二十大胜利召开，描绘了全面建设社会主义现代化国家的宏伟蓝图。党的二十大报告提出，要"完善志愿服务制度和工作体系"，这为志愿服务事业的发展指明了方向、提供了遵循。在新时代，广州市深入学习贯彻习近平总书记关于学雷锋志愿服务系列讲话精神和党的二十大精神，创新完善"五社联动"机制，推进志愿服务事业走向高质量发展。具体措施及其成效包括：推动"慈善+社工+志愿服务"融合发展，社区服务体系进一步健全；完善市、区、社区三级志愿服务立体化支持体系，社区志愿服务覆盖面进一步扩大；培育社区志愿服务组织和社区志愿服务项目，社区志愿服务质量进一步提升。

　　立足新时代，广州市社区志愿服务的发展需要发挥优势、创新思维，在新发展格局中找准新定位、适应新要求。为此，本书提出以下建议：第一，完善社区志愿服务制度供给，规范社区志愿服务发展；第二，打造社区志愿服务组织培育体系，增强社区志愿服务发展内生力量；第三，建立社区志愿服务项目库，推进社区志愿服务品牌建设；第四，构建三级志愿服务资源体系，夯实社区志愿服务可持续发展的资源基础；第五，促进大湾区社区志愿服务协同发展，发挥社区志愿服务组织的支持作用。

关键词： "五社联动"　社区志愿服务　广州

目录 ↳↗

Ⅰ 总报告

Ⅱ 分报告

Ⅲ 专题报告

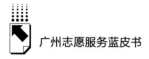
Ⅳ 年度热点

Ⅴ 附 录

皮书数据库阅读 **使用指南**

总 报 告

General Report

B.1

完善社区志愿服务工作体系，推动
志愿服务发展迈向新征程

——广州市社区志愿服务发展2022年度综述

胡小军　黎宝欣*

摘　要： 社区志愿服务是中国特色志愿服务体系的有机组成部分。2022年度广州市社区志愿服务发展呈现如下特征：第一，"慈善+社工+志愿服务"融合发展机制进一步健全；第二，社区志愿服务活力和作用进一步彰显；第三，社区志愿服务发展赋能体系建设进一步加强；第四，社区志愿服务法规政策支持力度进一步加大。为了深入贯彻落实党的二十大报告关于"完善志愿服务制度和工作体系"的要求，推动社区志愿服务高质量发展，本文提出以下建议：以《广州市志愿服务规定》的实施为契机，完善社区志愿服务制度和工作体系；加强区级枢纽型志愿服务组织

---

* 胡小军，广州社会组织研究院执行院长，主要研究领域为社会组织、公益慈善、社区治理等；黎宝欣，广州社会组织研究院研究人员，主要研究领域为志愿服务、社会组织。

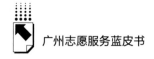

专业化建设，搭建本区域社区志愿服务立体支持网络；建立社区志愿服务项目库，增强社区志愿服务品牌影响力；以社区多元资源的动员和整合为重点，夯实社区志愿服务可持续发展的资源基础；落实《广州南沙深化面向世界的粤港澳全面合作总体方案》，促进穗港澳志愿服务协同发展。

关键词： 社区志愿服务　志愿服务组织　广州市

一　中国式现代化新征程中的社区志愿服务

志愿服务是第三次分配的重要方式之一，特别是随着社区志愿服务的发展，志愿服务融入基层社会治理，在困难群体民生保障、"一老一小"帮扶关爱以及促进社区居民参与建设友爱互助的社区文化等诸多方面发挥着积极作用。党的二十大报告"擘画了全面建设社会主义现代化国家、以中国式现代化全面推进中华民族伟大复兴的宏伟蓝图"。[①] 党的二十大报告特别提出"引导、支持有意愿有能力的企业、社会组织和个人积极参与公益慈善事业""完善志愿服务制度和工作体系""健全城乡社区治理体系"，[②] 这为社区志愿服务事业的发展指明了新的方向。站在推进中国式现代化的新起点，持续推动社区志愿服务发展具有深刻的战略意义。

（一）社区志愿服务是基层社会治理的一支重要力量

《中共中央　国务院关于加强基层治理体系和治理能力现代化建设的意

[①] 《国家主席习近平发表二〇二三年新年贺词》，新华网，2022 年 12 月 31 日，http：//www. xinhuanet. com/politics/leaders/2022-12/31/c_1129248100. htm。

[②] 《习近平：高举中国特色社会主义伟大旗帜　为全面建设社会主义现代化国家而团结奋斗——在中国共产党第二十次全国代表大会上的报告》，中国政府网，2022 年 10 月 25 日，http：//www. gov. cn/xinwen/2022-10/25/content_5721685. htm。

见》（以下简称《意见》）特别提出"完善社会力量参与基层治理激励政策，创新社区与社会组织、社会工作者、社区志愿者、社会慈善资源的联动机制"。① 《意见》作为"党中央、国务院针对基层治理工作印发的首个系统性、纲领性政策文件"，② 在社区、社会组织、社会工作者"三社联动"机制基础上，增加社区志愿者和社会慈善资源两个元素，提出"五社联动"机制，凸显了社区志愿服务在基层社会治理中的重要性。《"十四五"城乡社区服务体系建设规划》进一步对社会力量参与社区服务行动进行部署，将"社区志愿服务行动"作为一项重要内容，要求"依托社区综合服务设施建立志愿服务站点，搭建志愿服务组织（者）、服务对象和服务项目对接平台"。③ 从中可见，迈入新发展阶段，社区志愿服务得到国家层面更大的重视，在社区治理共同体建设中必将发挥更加重要的作用。

（二）社区志愿服务是加强基层德治建设的有效途径

党的十九届四中全会提出"健全党组织领导的自治、法治、德治相结合的城乡基层治理体系"。④ 二十大报告也明确要求"坚持依法治国和以德治国相结合，把社会主义核心价值观融入法治建设、融入社会发展、融入日常生活"。⑤ 志愿服务是"培育和践行社会主义核心价值观的重要载体"，⑥

---

① 《中共中央　国务院关于加强基层治理体系和治理能力现代化建设的意见》，新华网，2021年7月11日，http：//www.xinhuanet.com/politics/zywj/2021-07/11/c_1127644184.htm。
② 《民政部党组理论学习中心组专题学习〈中共中央　国务院关于加强基层治理体系和治理能力现代化建设的意见〉》，民政部网站，2021年8月19日，https：//www.mca.gov.cn/n152/n164/c36325/content.html。
③ 《国务院办公厅关于印发"十四五"城乡社区服务体系建设规划的通知》，中国政府网，2022年1月21日，http：//www.gov.cn/zhengce/content/2022-01/21/content_5669663.htm。
④ 《中共中央关于坚持和完善中国特色社会主义制度　推进国家治理体系和治理能力现代化若干重大问题的决定》，人民网，2019年11月6日，http：//politics.people.com.cn/n1/2019/1106/c1024-31439479.html。
⑤ 《习近平：高举中国特色社会主义伟大旗帜　为全面建设社会主义现代化国家而团结奋斗——在中国共产党第二十次全国代表大会上的报告》，中国政府网，2022年10月25日，http：//www.gov.cn/xinwen/2022-10/25/content_5721685.htm。
⑥ 《刘奇葆强调要推动建立中国特色志愿服务制度》，中国政府网，2014年4月21日，http：//www.gov.cn/xinwen/2014-04/21/content_2663810.htm。

大力弘扬奉献、友爱、互助、进步的志愿服务精神是发展社会主义先进文化、引领社会新风尚的必然要求。在社区建设过程中，德治强调"坚持以社会主义核心价值观为引领"，① 传承中华民族"与邻为善、以邻为伴"的传统美德，培育社区居民的公共精神，营造友爱和谐、向上向善的社区文化氛围。因此，通过搭建多样化的社区志愿服务平台，支持以社区居民为主体发起成立各类社区志愿服务队伍，常态化地开展社区志愿服务活动，是不断加强基层德治建设的有效途径。

（三）社区志愿服务是中国特色志愿服务体系的有机组成部分

从党的十八大报告提出"广泛开展志愿服务"，② 到党的十九大报告提出"推进诚信建设和志愿服务制度化"，③ 再到党的二十大报告提出"完善志愿服务制度和工作体系"，④ 我国志愿服务制度化建设取得了长足的发展。特别是在社区治理体制改革深入推进的背景下，志愿服务以城乡社区为阵地，获得了更大的发展空间，社区志愿服务支持体系建设也在不断加强。社区是困难人士和脆弱群体生存和获得照顾的主要空间，也是公众参与社会公共事务的重要实践场域。社区志愿服务非常注重本地志愿者的参与以及对本地多元资源的动员和链接，强调服务的常态化，因此展现出更强的持续性和生命力。社区志愿服务的发展必将进一步丰富和拓展志愿服务的内涵，为中国特色志愿服务事业的发展贡献更加重要的独特力量。

在党的二十大报告中，习近平总书记全面阐述了中国式现代化的科学内

① 《中共中央 国务院印发〈新时代公民道德建设实施纲要〉》，中国政府网，2019年10月27日，http://www.gov.cn/zhengce/2019-10/27/content_5445556.htm。
② 《胡锦涛在中国共产党第十八次全国代表大会上的报告》，人民网，2012年11月18日，http://cpc.people.com.cn/n/2012/1118/c64094-19612151.html。
③ 《习近平：决胜全面建成小康社会 夺取新时代中国特色社会主义伟大胜利——在中国共产党第十九次全国代表大会上的报告》，中国政府网，2017年10月27日，http://www.gov.cn/zhuanti/2017-10/27/content_5234876.htm。
④ 《习近平：高举中国特色社会主义伟大旗帜 为全面建设社会主义现代化国家而团结奋斗——在中国共产党第二十次全国代表大会上的报告》，中国政府网，2022年10月25日，http://www.gov.cn/xinwen/2022-10/25/content_5721685.htm。

涵及本质要求，明确指出中国式现代化是人口规模巨大的现代化、是全体人民共同富裕的现代化、是物质文明和精神文明相协调的现代化、是人与自然和谐共生的现代化、是走和平发展道路的现代化。① 总体而言，社区志愿服务的发展在巩固已有成果的同时，必须在中国式现代化的新征程中找准定位、明确目标和方向：第一，社区志愿服务要紧紧围绕党中央、国务院关于加强基层治理现代化建设的重大决策部署，创新"五社联动"机制，更加制度化地融入基层治理体系；第二，要"坚持把实现人民对美好生活的向往作为现代化建设的出发点和落脚点"，② 更加有效地发挥志愿服务在第三次分配中的作用，助力共同富裕；第三，要注重发挥社区志愿服务在培育社区精神、弘扬崇德向善社会文化中的积极作用，丰富人民精神生活，促进人的全面发展。

二 广州市志愿服务组织发展概况

自《志愿服务条例》实施以来，志愿服务组织的发展进一步加快。作为依法成立、"以开展志愿服务为宗旨的非营利性组织"，③ 志愿服务组织除了直接在社区开展各种类型的志愿服务外，在促进社区志愿服务团体培育、社区志愿者赋能等方面也能够发挥重要的支持作用。《广东省志愿服务条例》第九条第三款规定："不具备独立登记条件的组织，可以按照规定向依法登记的志愿服务组织申请成为其团体会员。"④ 有鉴于此，本文首先就广州市志愿服务组织的发展状况做一简要梳理。

---

① 《习近平：高举中国特色社会主义伟大旗帜　为全面建设社会主义现代化国家而团结奋斗——在中国共产党第二十次全国代表大会上的报告》，中国政府网，2022 年 10 月 25 日，http：//www. gov. cn/xinwen/2022-10/25/content_ 5721685. htm。
② 《习近平：高举中国特色社会主义伟大旗帜　为全面建设社会主义现代化国家而团结奋斗——在中国共产党第二十次全国代表大会上的报告》，中国政府网，2022 年 10 月 25 日，http：//www. gov. cn/xinwen/2022-10/25/content_ 5721685. htm。
③ 《志愿服务组织基本规范》，全国标准信息公共服务平台，2021 年 5 月 21 日，https：//std. samr. gov. cn/gb/search/gbDetailed？id=C3386C490BFD8B79E05397BE0A0AC288。
④ 《广东省第十三届人民代表大会常务委员会公告（第77号）》，广东人大网，2020 年 12 月1 日，http：//www. rd. gd. cn/zyfb/ggtz/content/post_ 164545. html。

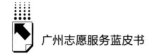

（一）广州市志愿服务组织的数量

截至 2022 年 12 月 31 日，在广州市、区两级民政部门登记注册的社会组织名称中含有"志愿""义务工作者""义工"字样的数量为 102 家，占广州全市社会组织数量的 1.3%。在 102 家志愿服务组织中，社会团体 85 家，占比 83.3%；社会服务机构（民办非企业单位）17 家，占比 16.7%。可以看出，广州市志愿服务组织以社会团体为主。党的十八大以来，广州市积极推动"志愿之城"建设，志愿服务组织数量总体保持平稳增长态势。2012~2022 年登记成立的志愿服务组织共有 84 家（见图 1），占总数的 82.4%。

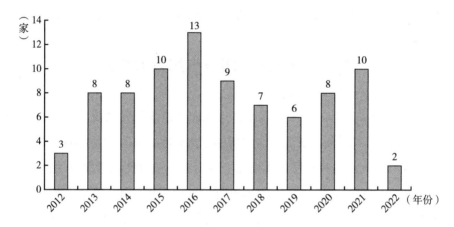

图 1　2012~2022 年登记成立的志愿服务组织数量

资料来源：广州社会组织信息公示平台，http://mzj.gz.gov.cn/gznpo/。

（二）广州市志愿服务组织的区域分布

102 家志愿服务组织中，在广州市本级登记注册的志愿服务组织有 19 家，占比 18.6%；在 11 个区登记注册的志愿服务组织共有 83 家，占比 81.4%。其中，在南沙区、从化区、增城区登记注册的志愿服务组织数量位居全市前三，分别为 15 家、13 家和 11 家，这 3 个区志愿服务组织数量占全市志愿服务组织数量的 38.2%（见图 2）。

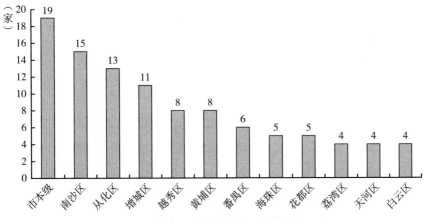

图 2　2022 年广州市志愿服务组织的区域分布

资料来源：广州社会组织信息公示平台，http：//mzj. gz. gov. cn/gznpo/。

（三）广州市志愿服务组织的收支情况

根据广州市、区两级社会组织信息公示平台的数据检索结果，在 102 家志愿服务组织中有 11 家未公开 2022 年度工作报告。在公开了 2022 年度工作报告的志愿服务组织中有 18 家年度收支均为零。因此，这里主要对广州市 73 家志愿服务组织进行分析。结果显示，73 家组织 2022 年度收入总额为 4459.70 万元，平均每家收入 61.09 万元；支出总额为 4481.26 万元，平均每家支出 61.39 万元（见表 1）。

表 1　2022 年度广州市志愿服务组织收支情况

单位：万元

收入情况	金额	支出情况	金额
收入总额	4459.70	支出总额	4481.26
最大值	613.53	最大值	583.03
最小值	0.00	最小值	0.00
平均值	61.09	平均值	61.39
中位值	11.76	中位值	15.13

资料来源：广州社会组织信息公示平台，http：//mzj. gz. gov. cn/gznpo/。

志愿服务组织的收入来源一般包括提供服务收入、捐款收入、政府补助收入、会费收入、商品销售收入、投资收益及其他收入。对 73 家组织的收入结构进一步分析发现，提供服务收入金额为 3081.49 万元，占总收入的 69.10%；捐款收入金额为 853.74 万元，占总收入的 19.14%（见表 2）。

表 2　2022 年度广州市志愿服务组织收入结构

单位：万元，%

收入来源	金额	所占比例
提供服务收入	3081.49	69.10
捐款收入	853.74	19.14
政府补助收入	467.90	10.49
会费收入	21.87	0.49
商品销售收入	0.50	0.01
投资收益	5.42	0.12
其他收入	28.77	0.65
总计	4459.70	100.00

资料来源：广州社会组织信息公示平台，http：//mzj.gz.gov.cn/gznpo/。

2022 年度广州市志愿服务组织收入规模排前三位的依次为广州市志愿者协会、广州市越秀区青年志愿者协会和广州市从化区启萌志愿服务中心，这 3 家组织年度收支规模均超过 350 万元（见表 3）。

表 3　2022 年度广州市志愿服务组织收支规模前十名

单位：万元

排名	志愿服务组织名称	收入	志愿服务组织名称	支出
1	广州市志愿者协会	613.53	广州市志愿者协会	583.03
2	广州市越秀区青年志愿者协会	496.66	广州市从化区启萌志愿服务中心	463.57
3	广州市从化区启萌志愿服务中心	399.86	广州市从化区志愿者协会	370.47
4	广州市越秀区曎杰志愿服务工作中心	279.25	广州市越秀区青年志愿者协会	335.70
5	广州市番禺区青年志愿者协会	237.02	广州市番禺区青年志愿者协会	284.12
6	广州市和众泽益志愿服务中心	212.28	广州市越秀区曎杰志愿服务工作中心	249.39

续表

排名	志愿服务组织名称	收入	志愿服务组织名称	支出
7	广州市海珠区青年志愿者协会	211.15	广州市和众泽益志愿服务中心	191.84
8	广州市从化区志愿者协会	201.35	广州市海珠区青年志愿者协会	171.91
9	广州市番禺区大学城志愿者协会	182.51	广州市黄埔区青年志愿者协会	161.24
10	广州市花都区青年志愿者协会	178.60	广州市番禺区大学城志愿者协会	156.17

三 2022年度广州市社区志愿服务发展特征

广州市一直高度重视社区志愿服务工作，努力为社区志愿服务发展创造良好的支持环境。《2022年广州市政府工作报告》也特别要求"健全慈善、社工、志愿服务体系""促进慈善、社工、志愿服务融合发展"。[①] 总体来看，2022年度广州市社区志愿服务发展主要呈现以下四个方面的特征。

（一）融合化发展："慈善+社工+志愿服务"融合发展机制进一步健全

"五社联动"是以社区为平台，在基层党组织领导下，社区多元行动主体之间建立的横向合作网络机制。[②] 随着"五社联动"上升为国家政策，特别是将社区志愿者作为"五社联动"的一大主体，社区志愿服务发展迎来新的、重要的机遇。2019年，广州市民政局印发《广州市实施"社工+慈善"战略工作方案》，将社区志愿服务作为"社工+慈善"战略的重要组成部分，并以广州公益时间志愿服务平台（以下简称"广州'公益

---

① 《2022年广州市政府工作报告》，广州市人民政府网站，2022年1月30日，https://www.gz.gov.cn/zwgk/zjgb/zfgzbg/content/post_ 8065943.html。

② 胡小军：《如何打造"人人有责 人人尽责 人人享有"的社区治理共同体》，《中国慈善家》2022年第4期。

时间'") 建设为基础，推动社区志愿服务工作。① 《"广东兜底民生服务社会工作双百工程"乡镇（街道）社会工作服务站管理办法》将"动员社区志愿者参与服务，链接整合社区公益慈善资源"作为社工站主要职责之一，② 这为慈善、社工和志愿服务的融合发展提供了更加有力的制度保障。

2022 年，《广州市民政局关于建设社区慈善（志愿服务）工作站的通知》印发，提出更好地完善"慈善+社工+志愿服务"融合发展机制。③ 社区慈善（志愿服务）工作站主要依托广州市各镇（街）176 个"双百工程"社工站实现全市覆盖，搭建综合性社区慈善载体和服务平台，可以为社区志愿服务团体的培育、社区志愿服务项目和活动的开展、社区志愿者的成长提供更加常态化的支持。此外，广州积极鼓励慈善组织、志愿服务组织与社工机构联合开展项目，实现资源共享、优势互补。例如，广州市志愿者协会联动镇（街）社工站，开展"耆望成真"困难长者微心愿活动、"家社童行·家社同心"困境儿童关爱行动等一系列社区志愿服务活动，及时回应社区居民尤其是困难群体各类急难愁盼问题。④

（二）多元化服务：社区志愿服务活力和作用进一步彰显

广州通过设立社区志愿服务站点等载体，搭建社区志愿服务供需对接平台，引导志愿服务组织、志愿者重心下沉，聚焦社区需求，开展多元化社区志愿服务项目和活动，有效拓展社区志愿服务覆盖面。社区志愿服务在困难群体帮扶、助老、困境儿童关爱、突发事件应对、社区文化建设等诸多方面

---

① 《广州市民政局关于印发〈广州市实施"社工+慈善"战略工作方案〉的通知》，广州市民政局网站，2019 年 5 月 5 日，http://mzj.gz.gov.cn/zwgk/zfxxgkml/zfxxgkml/bmwj/qtwj/content/post_ 4460379. html。
② 《"广东兜底民生服务社会工作双百工程"乡镇（街道）社会工作服务站管理办法》，广东省民政厅网站，2021 年 8 月 12 日，http://smzt.gd.gov.cn/gkmlpt/content/3/3467/post_ 3467689. html#1668。
③ 《广州市创新社区公益慈善载体在全市建立社区慈善（志愿服务）工作站点》，广州市民政局网站，2022 年 6 月 10 日，http://mzj.gz.gov.cn/dt/mzdt/content/post_ 8329671. html。
④ 《国际志愿者日 广州凝聚力量织密社区志愿服务"爱心网"》，新华网，2022 年 12 月 5 日，http://www.gd.xinhuanet.com/newscenter/2022-12/05/c_ 1129184799. htm。

发挥了积极作用，涌现出很多具有本土特色的典型实践。

例如，在困难群体帮扶方面，广州市慈善会持续开展"微心愿·善暖万家"项目，联动镇（街）社工站、社会组织等，收集社区困难家庭的微小心愿，并面向社会公开募集款物，联动党员、社区和企业等不同类型的志愿者帮扶困难群体，传递社会的温暖与关爱。[1] 广州市海珠区持续实施"幸福·家"困境青少年家庭阅读空间改造项目，汇聚爱心企业、基金会、志愿服务队伍等社会力量，为困境青少年提供"一桌一灯一书柜"居家环境微改造服务，关心关爱困境青少年成长。[2] 广州市番禺区慈善会和广州市番禺区社区志愿者协会等机构共同开展"禺愿行动"微心愿项目，以六类特殊困难群体（低保低收入对象、特困人员、留守老人、独居孤寡老人、贫困重度残疾人、困境儿童）为主要服务对象，联动番禺区各镇（街）社区志愿服务大队、社区党群先锋队等开展帮扶行动。[3]

在助老方面，广州市着力打造"初老服务老老"志愿服务模式，培育初老志愿服务队伍，为有需要的老人提供形式多样、内容丰富的志愿服务。特别值得关注的是，广州市助老志愿服务的精细化程度不断提升，一方面不断推进"通用型养老志愿服务"的规模化拓展，另一方面积极促进"专业类养老志愿服务"的发展。具体而言，"通用型养老志愿服务"内容包括陪同外出、代办服务、助洁服务、精神慰藉、助学助乐、送餐服务等；"专业类养老志愿服务"则需要提供志愿服务的个人或组织具备相应专业知识及资质，内容包括助浴服务、安全援助、医疗保健、康复护理、心理咨询、法律咨询等。[4] 实践表明，助老志愿服务内容的细分，有效促进了志愿服务的

---

① 《微心愿·善暖万家》，广州市慈善会网站，https：//www.guangzhoucishan.org.cn/project/Classicprojcontent/show/id/626/。
② 何道岚：《创新志愿服务　引领社会正气》，《广州日报》2018年3月22日，第 W2 版。
③ 《300个微心愿等你点亮！广州番禺区慈善会第三期微心愿项目上线》，"广州日报"百家号，2021年10月18日，https：//baijiahao.baidu.com/s? id = 1713943678948790581&wfr = spider&for = pc。
④ 《广州市推进"时间银行"养老志愿服务机制》，大洋网，2022年6月2日，https：//news.dayoo.com/guangzhou/202206/02/139995_ 54280025.htm。

精细化发展，为有需要的长者提供了更加专业优质的服务。

在突发事件应对方面，2022 年 7 月，民政部、国家卫生健康委、国家疾控局联合印发《新冠肺炎疫情社区防控志愿服务工作指引》，围绕志愿者参与社区防控的任务、方法、流程及保障等作出了具体指引。① 2022年 11 月，面对三年来最为严峻的疫情挑战，广州市广大社区志愿者迅速响应党委、政府号召，有序参与疫情防控工作，建立了"社区动态点单、志愿者响应接单、各组织和机构合力支援"的防疫志愿服务机制。在支持抗疫一线方面，社区志愿者协助社区核酸检测、流调排查、疫苗接种等；在后勤保障服务方面，协助居民出行就医、物资派送、送餐送药等。② 广大社区志愿者以实际行动生动诠释了志愿服务精神，充分展现了志愿者的使命与担当。

（三）系统化培育：社区志愿服务发展赋能体系建设进一步加强

"党的十九届四中全会《决定》提出：'坚持和完善共建共治共享的社会治理制度，保持社会稳定、维护国家安全。'"③ 广州不断完善市、区、社区三级志愿服务主体化支持体系，有序推动各区建立志愿者协会，持续推进志愿服务向基层延伸。④

首先，在资金支持方面，广州市志愿者协会持续开展"青苗计划"社区志愿服务项目，通过提供"资金支持+专业支持"，打造社区志愿服务项目品牌。2022 年，"青苗计划"共资助 11 个社区志愿服务项目，项目资助对象涵盖社工站、区级志愿者协会、社区志愿服务团队等。广州市善城社区

---

① 《民政部等三部门联合印发〈新冠肺炎疫情社区防控工作指引〉、〈新冠肺炎疫情社区防控志愿服务工作指引〉》，民政部网站，2022 年 7 月 26 日，https：//www.mca.gov.cn/n152/n164/c36634/content.html。

② 《从疫情防控一线到群众后勤保障，广州社区志愿者手拉手筑牢防线》，中国日报网，2022 年11 月 3 日，https：//gd.chinadaily.com.cn/a/202211/03/WS6363a351a310817f312f4639.html。

③ 姜晓萍：《社会治理须坚持共建共治共享（思想纵横）》，人民网，2020 年 9 月 17 日，http：//leaders.people.com.cn/n1/2020/0917/c178291-31865133.html。

④ 《广州全力推进志愿服务有序发展　激发社区志愿服务新活力》，广州市民政局网站，2022年 9 月 23 日，http：//mzj.gz.gov.cn/dt/mtgz/content/post_8583104.html。

公益基金会也连续举办"创善·微创投"活动，2022 年共有 33 个社区慈善项目获得资助。

其次，在能力支持方面，枢纽型志愿服务组织发挥着积极的作用，通过整合专业资源，逐步推动构建志愿服务组织培育体系。例如，2022 年，广州市志愿者协会举办"广州志愿护航"社区志愿服务研修班，围绕新时代志愿服务发展、志愿服务传播、志愿服务项目设计与资源整合等内容开展培训。此外，为了提升志愿服务管理者的专业能力，广州市志愿者协会还专门设计开展"志愿促进，服务添彩"2022 年广州市志愿服务管理者系列培训。2022 年 7 月，广州志愿者学院发布《新时代志愿服务培训体系大纲》，根据志愿者、志愿服务组织管理者、志愿服务工作者等不同培训对象的能力要求和岗位特征，开发相应课程，分层分类开展培训。[1]

最后，在信息平台支持方面，广州"公益时间"在志愿服务活动发布、志愿者招募和转介、志愿服务信息记录及时数管理等方面继续发挥重要作用，特别是在促进养老志愿服务发展中的作用明显。根据《2022 年广州"公益时间"年度报告》，广州"公益时间"共注册志愿者 279769 人。其中，60 岁以上的注册志愿者数量为 13881 人，2022 年累计贡献服务时数80.98 万小时。广州"公益时间"已经成为广州"初老志愿者"参与志愿服务的主要平台之一。[2] 2022 年，广州市民政局、中共广州市委老干部局、广州市老龄工作委员会办公室联合印发《关于建立广州"时间银行"养老志愿服务机制的工作方案》，通过建立养老志愿服务项目库、完善"时间银行"养老志愿服务"下单—接单"机制等举措，进一步推动建立资源联动、多元协作的社区养老志愿服务网络体系。[3]

---

[1] 《〈新时代志愿服务培训体系大纲〉发布》，中国青年网，2022 年 7 月 22 日，http://qnzz. youth. cn/qckc/202207/t20220722_ 13863870. htm。

[2] 《2022 年广州"公益时间"年度报告》，广州市志愿者协会网站，2023 年 2 月 15 日，http://www.gzvu. org. cn。

[3] 《关于建立广州"时间银行"养老志愿服务机制的工作方案》，广州市民政局网站，2022 年 6 月 2 日，http://mzj. gz. gov. cn/zwgk/zfxxgkml/zfxxgkml/bmwj/qtwj/content/post_ 8319445. html。

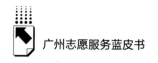

（四）法治化保障：社区志愿服务法规政策支持力度进一步加大

社区志愿服务的持续开展有赖于一大批社区志愿服务组织的成长和发展。因此，社区志愿服务组织的培育至关重要。2022年11月25日，广州市十六届人大常委会第八次会议表决通过了《广州市志愿服务规定》，该法规第八条第二款规定："镇人民政府、街道办事处应当对在城乡社区成立的志愿服务团体实施分类管理和指导，村民委员会、居民委员会予以协助。"①

社区志愿服务组织是社区社会组织的重要类型之一。近年来，广州市加快推进社区社会组织管理制度改革，营造良好的政策环境，大力发展社区社会组织。《广州市社区社会组织管理办法（试行）》明确规定：街道办事处（镇政府）、村（居）民委员会对未达到登记条件的社区社会组织实施管理，建立工作台账，记录社区社会组织的负责人、成员名册、章程、活动场所、业务范围、重大活动等事项。②

此外，《广州市培育发展社区社会组织专项行动实施方案（2021—2023年）》将"邻里守望"主题志愿服务活动作为一项重要内容予以推进，以期促进社区志愿服务常态化，扩大其覆盖面。③《广州市推动社区慈善发展行动方案（2021—2023年）》也将社区志愿服务作为社区慈善体系建设的一大重点任务，强调完善社区志愿服务平台，依托志愿服务信息系统，做好社区志愿服务供需对接工作，发挥社区志愿者服务作用，打造社区志愿服务品牌。《广州市城乡社区服务体系建设"十四五"规划》专节就"推进志愿服务常态化"进行部署（见表4）。上述一系列政策措施的出台，为社区志愿服务组织的培育发展、社区志愿服务工作的开展提供了更加有力的制度保障。

---

① 《广州市第十六届人民代表大会常务委员会公告（第10号）》，广州人大网，2023年1月18日，https://www.rd.gz.cn/zyfb/cwhgg/content/post_237706.html。
② 《广州市社区社会组织管理办法（试行）》，广州市民政局网站，2021年3月18日，http://mzj.gz.gov.cn/gkmlpt/content/7/7138/post_7138192.html#345。
③ 《广州市培育发展社区社会组织专项行动实施方案（2021—2023年）》，广州市民政局网站，2021年10月25日，http://mzj.gz.gov.cn/gkmlpt/content/7/7856/post_7856799.html#346。

表4　《广州市城乡社区服务体系建设"十四五"规划》
对"推进志愿服务常态化"的部署

重点内容	主要举措
社区志愿服务平台搭建	推动镇(街)、城乡社区依托社区综合服务设施等建设志愿服务站点,搭建志愿服务供需对接平台,畅通群众参加和接受志愿服务的渠道
社区志愿服务队伍培育	培育发展社区志愿服务组织、志愿服务队伍,积极推动机关事业单位、国有企业的在职和离退休职工、青少年学生等参与社区志愿服务
社区志愿服务融合发展机制	深化"慈善+社会工作+志愿服务"融合发展机制,促进社区志愿服务资源整合
社区志愿服务信息管理	加强志愿服务记录和证明出具管理,持续做好志愿服务信息数据的归集和管理
社区志愿服务激励机制	建立健全志愿服务激励机制,鼓励依托志愿服务记录,以志愿服务"时间银行"等方式建立志愿者回馈制度

　　资料来源：广州市民政局网站，http：//mzj. gz. gov. cn/gkmlpt/content/8/8673/post_8673585. html#346。

四　促进广州市社区志愿服务高质量发展的建议

　　2022年，面对疫情的严峻挑战，在一系列政策支持和推动下，广州市社区志愿服务取得了新进展、新成效。与此同时，社区志愿服务在实践中也面临一些亟待解决的问题，具体表现在如下3个方面：第一，社区志愿服务发展的多元资源支持格局还未形成，特别是来自社区资源的支持不足；第二，区级枢纽型志愿服务组织在本地区社区志愿服务发展中的驱动力仍旧较弱，枢纽和平台功能发挥有限；第三，社区志愿服务组织的发展基础普遍薄弱，可持续发展动力不足，保障激励机制有待进一步强化。站在新的历史起点，为了深入贯彻落实党的二十大报告关于"完善志愿服务制度和工作体系"的要求，有效激发社区志愿服务新活力，推动社区志愿服务高质量发展，本文提出以下建议。

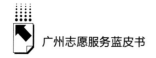

（一）以《广州市志愿服务规定》的实施为契机，完善社区志愿服务制度和工作体系

《广州市志愿服务规定》自 2023 年 3 月 5 日起施行。作为志愿服务地方立法，该法规聚焦志愿者、志愿服务组织在开展服务中遇到的实际问题，重点就志愿服务工作协调机制建设、志愿服务组织管理、志愿服务信息和数据互联互通、志愿服务人才培养、志愿服务激励回馈、志愿服务文化推广等内容予以规定。同时，该法规第五条第一款明确规定，"市民政部门负责本市行政区域内志愿服务行政管理工作，组织实施本规定"。① 有鉴于此，建议广州市民政部门等单位在推动法规落地过程中，加强与其他法律法规及政策的衔接，加快制定出台配套规定，具体予以细化落实。

关于如何完善社区志愿服务制度和工作体系，本文建议先期可重点推动如下 3 项工作：第一，结合广东省、广州市社区社会组织分类管理相关规定，制定社区志愿服务团体备案管理指引，明确备案条件、备案程序、备案材料等内容，为社区志愿服务团体的发起成立提供更加便捷化的服务；第二，立足广州城市发展战略，因地制宜，创新"五社联动"机制，推动慈善、社会工作和志愿服务融合发展，加快社区志愿服务载体建设，特别是发挥社区慈善（志愿服务）工作站在志愿服务团队（志愿者）与社区服务需求、社会资源对接中的平台作用和功能；第三，广州市志愿者协会等志愿服务行业组织应建立社区志愿者星级评价制度，完善社区志愿者激励制度，增强社区志愿者的荣誉感和自豪感。

（二）加强区级枢纽型志愿服务组织专业化建设，搭建本区域社区志愿服务立体支持网络

截至 2022 年 12 月底，广州市 11 个区均注册成立了区级志愿者协会

---

① 《广州市志愿服务规定》，广州市民政局网站，2023 年 2 月 3 日，http：//mzj.gz.gov.cn/zwgk/zfxxgkml/zfxxgkml/bmwj/qtwj/content/post_ 8786707. html。

（见表5）。很多区级志愿者协会将"建立社区志愿服务体系""培养社区志愿者""优化社区志愿服务资源"等内容纳入组织的业务范围。已有实践显示，在促进社区志愿服务发展过程中，区级枢纽型志愿服务组织能够扮演关键角色。因此，为了加强各区志愿者协会的专业化建设，更好发挥协会应有的作用，本文建议从以下3个方面着力。第一，在政府部门及会员等多方支持下，努力建立一支专职化、社会化的秘书处团队，保证工作的持续性和稳定性。第二，逐步构建形成"横纵结合"的社区志愿服务联动网络。在横向上，协会可广泛联动所在区域党政机关、企事业单位、群团组织、社会组织等发起成立志愿服务队，并积极引导和支持志愿服务队发挥各自特长优势，深入社区开展各种形式的志愿服务；在纵向上，把培育以社区居民为主体发起成立的社区志愿服务团队作为重点，通过资源链接、项目资助、能力建设、志愿服务人才培养等多种方式支持社区志愿服务团队的成长。第三，有条件的协会，在党政部门的指导和支持下，可联动媒体等社会多元力量，探索打造具有区域特色的社区志愿服务倡导活动，弘扬志愿服务精神，带动更多的社会公众、社区居民参与社区志愿服务。

表5　广州市各区志愿者协会基本信息

单位：万元

组织名称	成立登记日期	注册资金
广州市荔湾区志愿者协会	2002-11-28	3
广州市白云区志愿者协会	2003-09-08	3
广州市增城区志愿者协会	2003-11-24	3
广州市越秀区志愿者协会	2004-06-08	8
广州市花都区志愿者协会	2008-02-21	3
广州市从化区志愿者协会	2009-01-15	3
广州市黄埔区志愿者协会	2012-12-18	3
广州市番禺区社区志愿者协会	2020-06-28	3
广州市海珠区志愿者协会	2020-12-31	3
广州市南沙区志愿者协会	2021-09-27	3
广州市天河区志愿者协会	2022-09-19	10

资料来源：中国社会组织政务服务平台，https：//chinanpo.mca.gov.cn。

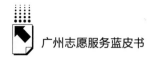

（三）建立社区志愿服务项目库，增强社区志愿服务品牌影响力

推进社区志愿服务的"项目化"运作是提升社区志愿服务效能的必由之路。《广州市志愿服务规定》第十一条第一款特别规定："志愿服务组织和志愿服务团体可以根据自身优势和城乡社区服务对象的需求，在家政服务、心理疏导、医疗保健、生态环境、文体活动、社区治理、法律服务等领域开发设计并实施有针对性的志愿服务项目。"①

每个社区的发展情况都不同，有着自己的个性化、差异化需求，不同社区之间也存在一些共性化需求。支持社区志愿服务组织、社区志愿服务团队结合自身优势和社区真实需求，开发设计社区志愿服务项目，明确项目的目标、实施周期、实施路径、志愿者及服务资源配置方式，并定期开展项目评估，对于克服社区志愿服务的碎片化、零散化，促进社区志愿服务的精细化、常态化和专业化发展，具有重要的现实意义。有鉴于此，建议依托广州"公益时间"等志愿服务信息系统，建立社区志愿服务项目库，并制定项目"入库"标准，遴选一批服务模式清晰、可操作性和可推广性强、居民认同度高、志愿服务特征鲜明的社区志愿服务品牌项目，总结和推广有效实践经验，稳步提升社区志愿服务整体水平和社会影响力。

（四）以社区多元资源的动员和整合为重点，夯实社区志愿服务可持续发展的资源基础

资源缺乏是制约广州市社区志愿服务可持续发展的重要因素之一。广州市志愿者协会持续开展"青苗计划"社区志愿服务资助活动，但每年的资助资金规模相对有限，与社区志愿服务团队的资源需求之间存在较大距离。有鉴于此，建议进一步加大"青苗计划"的资助力度并持续扩大覆盖面，

---

① 《广州市志愿服务规定》，广州市民政局网站，2023 年 2 月 3 日，http：//mzj. gz. gov. cn/zwgk/zfxxgkml/zfxxgkml/bmwj/qtwj/content/post_ 8786707. html。

优化资助模式，重点扶持具有品牌效应或创新性的社区志愿服务项目，发挥资助的杠杆作用，扩大"青苗计划"资助资金池。与此同时，要积极发挥"社区慈善基金"在社区志愿服务团队及项目资助中的作用。

近年来，广州市积极鼓励和支持"社区慈善基金"的设立。截至 2022 年 12 月底，广州在市、区两级慈善会设立的"社区慈善基金"数量达到 488 个，筹集善款 4834.51 万元。① "社区慈善基金"主要用于支持本镇（街）或村（居）辖区范围内的公益慈善活动。② 其中，"资助和发展社区志愿服务，激发社区参与活力"是"社区慈善基金"资助的一大重要领域。③ 此外，应依托社区慈善捐赠站点等载体，鼓励社区志愿服务团队依法面向社区居民、驻区企事业单位等开展常态化募捐活动，开拓社区志愿服务资源渠道。

（五）落实《广州南沙深化面向世界的粤港澳全面合作总体方案》，促进穗港澳志愿服务协同发展

2019 年 2 月，中共中央、国务院印发的《粤港澳大湾区发展规划纲要》提出，"在大湾区为青年人提供创业、就业、实习和志愿工作等机会，推动青年人交往交流、交心交融"。④ 2022 年 6 月，国务院印发的《广州南沙深化面向世界的粤港澳全面合作总体方案》明确，要"加快推动广州南沙深化粤港澳全面合作，打造立足湾区、协同港澳、面向世界的重大战略性平台，在粤港澳大湾区建设中更好发挥引领带动作用"。⑤

---

① 《〈南方+〉〈广州公益慈善事业发展报告（2022）〉出炉，有这六大亮点》，广州市民政局网站，2023 年 1 月 3 日，http：//mzj. gz. gov. cn/dt/mtgz/content/post_ 8743012. html。
② 《白云首个区级慈善基金成立，广州试水社区慈善基金现成效》，"广州日报"百家号，2019 年 10 月 20 日，https：//baijiahao. baidu. com/s？ id = 1647897853244077256&wfr = spider& for = pc。
③ 《广州市慈善会社区慈善基金合作服务指引（试行）》，广州市慈善会网站，2019 年 5 月 10 日，https：//www. guangzhoucishan. org. cn/news/Content/show/id/472。
④ 《粤港澳大湾区发展规划纲要》，中国政府网，2019 年 2 月 18 日，http：//www. gov. cn/ zhengce/2019-02/18/content_ 5366593. htm#1。
⑤ 《广州南沙深化面向世界的粤港澳全面合作总体方案》，中国政府网，2022 年 6 月 14 日，http：//www. gov. cn/zhengce/content/2022-06/14/content_ 5695623. htm。

　　随着大湾区建设的深入推进以及《广州南沙深化面向世界的粤港澳全面合作总体方案》的落地实施，社区志愿服务的发展获得了更大的空间。首先，建议在广州市港澳居民较为集中的社区，积极培育港澳居民、内地居民共同参与的社区志愿服务团体，面向有需要的社区居民开展志愿服务，增强社区居民的归属感和凝聚力。其次，依托港澳青年创新创业基地，搭建志愿者参与平台，鼓励和支持港澳青年参与社区志愿服务。最后，广州市各类志愿服务组织及团体应继续加强与港澳志愿服务组织及团队之间的交流合作，借鉴港澳志愿服务专业模式，促进穗港澳志愿服务协同发展，为"人文湾区"的建设贡献独特力量。

分 报 告
Topical Reports

B.2

新时代广州市社区志愿服务
体制机制建设与发展建议

邵振刚*

摘　要： 广州市社区志愿服务历经多年实践和持续发展，在新时代背景下，呈现党政统筹下的多元化参与新格局、服务内容兼具多样性与需求性、助老扶幼社区志愿服务品牌新拓展、抗疫社区志愿服务加大疫情防控新力度、更有效的资源整合增强社区志愿服务新动能等新特征。广州市社区志愿服务体制机制的主要内容包括统筹组织体制、综合运行机制、项目化管理机制、持续激励机制等，其功能特点主要有影响广泛性、联动传递性、社区适配性、成果有效性。进入新时代，推动广州市社区志愿服务的新发展，需要进一步加大社区志愿服务统筹机制新力度，进一步激发社区志愿服务工作体系新活力，进一步提升社区志愿服务联动体系新

＊ 邵振刚，广州市团校（广州志愿者学院）社会学助理研究员，中国青年志愿者赛会服务专家指导委员会委员，广州市文化和旅游志愿服务专家智库专家，主要研究领域为志愿服务基础理论、志愿服务组织运行管理、大型赛会志愿服务运行等。

效能，从而推动广州社区志愿服务事业繁荣发展，为广州经济社会高质量发展作出新贡献。

关键词： 新时代　社区志愿服务　广州市

习近平总书记在党的二十大报告中指出，拓宽基层各类群体有序参与基层治理渠道，保障人民依法管理基层公共事务和公益事业；完善网格化管理、精细化服务、信息化支撑的基层治理平台，健全城乡社区治理体系，及时把矛盾纠纷化解在基层、化解在萌芽状态；完善志愿服务制度和工作体系。[①] 这些新精神和新要求，为志愿服务事业发展指明了前进方向、提供了根本遵循，极大地点燃了社会公众参与志愿服务的热情。社区志愿服务在动员社会力量参与社会治理和社会服务中发挥关键作用，成为广州市基层公共服务供给机制创新的重要抓手。

一　新时代广州市社区志愿服务发展的新特征

广州社区志愿服务历经多年发展，在类别、方式、阵地建设等方面都取得了一定的成绩。随着"十四五"建设不断推进，新时代背景下的广州社区志愿服务事业亦不断发展，在2022年呈现出五个新特征：一是党政统筹下的多元化参与新格局；二是服务内容兼具多样性与需求性；三是助老扶幼社区志愿服务品牌新拓展；四是抗疫社区志愿服务加大疫情防控新力度；五是更有效的资源整合增强社区志愿服务新动能。

（一）党政统筹下的多元化参与新格局

作为党和国家事业的重要组成部分，新时代社区志愿服务是实现第二

---

① 《习近平：高举中国特色社会主义伟大旗帜　为全面建设社会主义现代化国家而团结奋斗——在中国共产党第二十次全国代表大会上的报告》，中国政府网，2022年10月25日，http：//www.gov.cn/xinwen/2022-10/25/content_ 5721685. htm。

个百年奋斗目标的重要力量之一，社区志愿服务事业发展同样离不开共产党的领导和政府部门的管理。进入新时代，党政统筹社区志愿服务的工作力度得到进一步加大。广州社区志愿服务的多年实践经验显示，党和政府领导下的社区志愿服务活动，日渐成为社区治理进程中不可或缺的重要组成部分，并持续发挥引领示范作用。共青团广州市委员会落实《社区青春行动方案》①的工作要求，围绕提升广州城乡社区治理社会化、法治化、智能化、专业化水平的工作主线，联合广州青年志愿者协会启动广州社区青春行动，通过将资源下沉到社区、搭建青年志愿服务平台、引领广大青年志愿者参与社区共建共治，为广州实现"老城市新活力"贡献青春力量，协助党和政府加强和创新社会治理。因此，2022 年，广州社区志愿服务呈现出多元化参与新格局，具体表现为"党政统筹、多方联动、资源支撑、社区发展"（见图 1）。

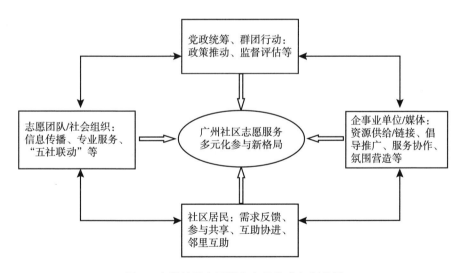

图 1　广州社区志愿服务多元化参与新格局

---

① 《社区青春行动方案》，2021 年 4 月 30 日，https：//www.gqt.org.cn/documents/zqbf/2021
05/P020210513582363047429.pdf。

（二）服务内容兼具多样性与需求性

截至 2022 年 12 月，在广州公益时间志愿服务平台（以下简称"广州'公益时间'"）注册志愿者超过 26 万名，已组建民政领域社区志愿服务队 1800 多支，全年累计贡献志愿服务时数超过 181.5 万小时，服务社区居民 3071.1 万人次，社区志愿服务规模化得到进一步发展。① 社区志愿服务以社区为活动场所，涵盖了社区居民日常生活的方方面面，服务内容包括助老助残、关爱青少年、垃圾分类、普法宣传、文明实践、疫情防控等，紧紧围绕社区居民"急难愁盼"的迫切需要开展有针对性的志愿服务活动。广州"公益时间"服务数据显示，疫情防控（123568 志愿者人次）、社区活动（90528 志愿者人次）和助老活动（46880 志愿者人次）处于 2022 年广州市社区志愿服务志愿者参与度的前三位，回应了社区抗疫需求和特殊困难群体的民生诉求。整体而言，2022 年的广州社区志愿服务更加贴近民生民情，更加结合社区服务阵地拓展和社区治理发展，呈现出服务内容兼具多样性与需求性的新特征。

（三）助老扶幼社区志愿服务品牌新拓展

习近平总书记在 2022 年 8 月考察沈阳时指出，社区服务要搞好，对老年人的服务要跟上，对孩子们的养育和培养等工作要加强。② 做好社区老幼群体的志愿服务，成为社区服务的重点工作之一。2022 年，广州市在多年实践经验的基础上，着力拓展助老扶幼社区志愿服务品牌，制定了《关于建立广州"时间银行"养老志愿服务机制的工作方案》等相关支持政策。

1. 用心推进"长者心声热线"特色服务阵地建设

广州"公益时间"服务数据显示，全国首条专门为长者提供心理咨询

---

① 《广州社区志愿服务年度盘点：新亮点、新态势、新活力!》，广州市人民政府网站，2023 年 1 月 10 日，https://www.gz.gov.cn/xw/zwlb/bmdt/content/mpost_8753244.html。

② 《习近平：社区服务要搞好 "一老一幼"的工作要加强》，人民网，2022 年 8 月 18 日，http://cpc.people.com.cn/n1/2022/0818/c64094-32505776.html。

和辅导的服务热线——广州市志愿者协会"长者心声热线",17 年来累计组织 2.2 万人次志愿者为超过 11 万名长者送去温暖问候。进入 2022 年,在广州市民政局的指导下,广州市志愿者协会开展"长者心声热线"社区志愿服务站点试点工作,将"长者心声热线"项目的服务经验推广、落地到社区,为社区有需要的长者提供适切的养老志愿服务。"长者心声热线"社区志愿服务站点建设工作主要分三步走:第一步,继续加强大东街、石井街等站点建设,总结推广经验,提高服务质量;第二步,优化建设程序,完善标准化指引、专业培训及配套资源支持;第三步,在市内增加建设到 10 个合作站点,使"长者心声热线"服务进一步走进社区、走进大众,提高服务成效,扩大服务覆盖面,让志愿者通过一根小小的电话线,为社区困境长者传递关心和温暖。广州市志愿者协会实行"以老带新"的模式,由党员志愿者带头,定期组织"长者心声热线"社区志愿服务队的队员到试点站点,"手把手"地辅导新加入的社区志愿者开展电访服务。

2. 精心培育"初老助老老""智慧助老"社区志愿服务队

鼓励老年人尤其是"初老"老年人参与社区养老志愿服务,是发挥银龄志愿者专长优势和服务优势、应对人口老龄化造成的志愿者人手不足的重要举措,它将社区养老服务需求和志愿服务供给进行有效对接。公开资料显示,截至 2022 年 8 月底,在广州"公益时间"注册的初老志愿者有 2.7 万名,累计志愿服务时数超过 249 万小时,服务超过 4159 万人次,为老志愿服务的成效显著。为进一步帮助社区长者解决运用智能技术的困难,提升长者在信息社会的获得感、幸福感和安全感,广州市志愿者协会在 2022 年 11~12 月,开展了"智慧助老"社区志愿服务队培育工作,培育对象条件除了要有依法成立的法人组织作为指导单位、在广州"公益时间"注册和归属志愿者人数不低于 30 人等要求外,还有一个特别要求:队伍成员中 50 岁及以上的初老志愿者人数占比不低于 60%。经过综合评议,5 个符合条件且具备发展潜力的社区志愿服务队脱颖而出。此外,在 2022 年"青苗计划"社区志愿服务项目资助中,培育了社区志愿服务项目 11 个、"初老助老老"社区志愿服务队 20 支。从上述工作来看,2022 年广州市的社区为老

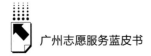

志愿服务队培育,一方面体现了科技智慧为老服务的新方式,另一方面彰显了"初老助老老"的社区志愿服务新理念。

3.贴心开展"全景式"儿童关爱社区志愿服务

广州市志愿者协会组织的"家社童行·家社同心"困境儿童关爱行动等一系列志愿服务活动,通过开设线上儿童心声聊天室、儿童心声热线以及组织实地参观体验科技馆活动等形式,联合儿童服务机构、心理健康服务机构、社工站、志愿服务队等多方力量,形成助力困境儿童身心健康成长的强大合力。第一,全市12个儿童图书阁陆续落地各社区,为缺乏阅读空间和阅读资源的困境儿童家庭提供就近、舒适的阅读环境,并由社区志愿者为困境儿童提供贴心的伴读服务。第二,开设线上儿童心声聊天室,由广州上馨心理志愿者服务队与社区儿童家长等服务对象进行交流,耐心地解答问题。第三,广州市志愿者协会联合专业心理健康服务机构设置了儿童心声热线,在越秀区洪桥街开展社区热线分点试点工作,邀请专业志愿者为有需要的儿童和家长提供心理咨询服务。第四,全市各社工站、志愿服务队依托广州"公益时间",围绕少年儿童尤其是社区困境儿童家庭需求,开展丰富多样的志愿服务活动,为少年儿童的茁壮成长创造有利条件。2022年6月28日至7月28日的暑假期间,全市累计组织近1500人次社区志愿者服务青少年儿童近1.7万人次,活动类型涵盖心理咨询、课业辅导、普法讲座、艺术创作等多个方面,合力为儿童撑起爱的天空,助力其健康生活、幸福成长。①

全市各社区志愿者依托2022年"社区青春行动",分别开展各具特色的青少年儿童关爱志愿服务,形成品牌效应。花都区花港社区打造"秀全青年妈妈团""秀全追风少年文化志愿服务队""秀青星火志愿服务队"等服务品牌,发挥家长专业特长、结合青少年的文艺技能、依托志愿公益活动,搭建亲子教育、文化实践、公共服务的参与平台,促进社区家庭和谐发展。黄埔区幸福誉社区打造"靠埔青年社区青春圆桌会"志愿服务品牌,常态化向街道反映如社区出现高年级学生欺凌低年级学生等热点事件,并形

---

① 数据源自广州公益时间志愿服务平台。

成建议提案推动相关职能部门进行处理，志愿助力"发现—呼吁—解决"的青少年权益维护工作闭环模式。它以志愿服务为切入口，通过"青少年点单、圆桌会议单、团支部派单、社会组织接单"的创新工作模式，切实解决了不少社区青少年教育存在的问题。

广州市各区的"青年地带"是广州共青团参与社会治理创新的品牌项目，是共青团服务青少年的专属阵地，亦是青年志愿者参与社区志愿服务的平台之一，在青少年心理支持、预防青少年违法犯罪等方面发挥了重要作用。"青年地带"服务站点已经在广州广泛铺开，11个区已建设23个市级站点、26个区级站点，共46个实体站点，通过"社工+志愿者"模式，着力为青少年提供深层次、精细化的社会服务。[①]

（四）抗疫社区志愿服务加大疫情防控新力度

受新冠疫情的持续冲击，回顾2022年中国社区志愿服务工作，离不开抗疫社区志愿服务"平战结合"的轮流切换，广州社区志愿服务同样如此。继2020年、2021年之后，广州市在2022年4月8日至22日、10月下旬至12月历经了两次较大的疫情，尤其是在第四季度发生的疫情，冲击更甚。疫情发生之后，在广州共青团和民政部门的联合指导下，广州抗疫社区志愿服务行动迅速展开。截至2022年12月18日，共青团广州市委、广州青年志愿者协会会同各级团组织，一共动员了86.74万人次志愿者参与防疫工作，开展重点人群信息排查、核酸采样、协助转运、卡口管理、物资配送、信息录入、方舱应急保障等志愿服务，上岗人次是2021年的2.23倍。2022年10月以来，广州青年志愿者协会共组织5049人次党员、团员志愿者在海珠区6个街道45个核酸检测点、62个卡口开展秩序维护、测温扫码等志愿服务；发动省属、市属高校3194人次大学生远程协助海珠区、白云区、花都区开展电话流调，累计排查73612条重点人员信息；组织150名党员、团

---

① 《广州已建设46个"青年地带"实体站点，心理专家线上线下解忧》，"广州日报"百家号，2022年11月14日，https://baijiahao.baidu.com/s? id = 174948216825 4001320&wfr = spider&for = pc。

员志愿者支援海珠区重点人员转运工作，完成 130 台车 3500 余名群众转运任务；组织 110 人共 618 人次青年突击队先后赴海珠大塘卡口、大塘临时方舱及番禺新造方舱支援防疫任务。在民政服务领域，广州市志愿者协会积极组织发动，引导广大志愿者、志愿服务组织有序参与"七大战疫"行动、"志在守护，齐心抗疫"社区志愿服务守护行动等一系列疫情防控志愿服务活动，持续保持"长者心声热线""心理咨询及援助热线""广州'公益时间'咨询热线"等多条热线畅通，为有需要的困难群体、志愿者及时提供支持。同时不忘关注困难群体需求，积极链接各方公益资源，为社区孤寡老人、低保低收入者、困境青少年等困难群体提供防疫物资。

（五）更有效的资源整合增强社区志愿服务新动能

社区志愿者根植于社区，比较了解社区居民和社区发展的现实需求。同时，社区志愿服务组织主要由社区志愿者自发组成，具有广泛的群众基础和独特的服务优势。广州社区志愿者和社区志愿服务组织，通过整合社会慈善资源等方式，丰富社区志愿服务"输血"渠道，弥补了社区志愿服务经费保障的不足，增强了社区志愿服务的新动能。2022 年 6 月，广州市志愿者协会、广州越秀康养产业投资控股有限公司（以下简称"越秀康养"）、广州越秀物业发展有限公司（以下简称"越秀服务"）联合主办"志愿服务进万家"系列活动，积极推动志愿服务与专业养老服务在物业社区的深度融合。试点期间，在两个试点小区设置"长者心声热线"社区志愿服务站点，组织越秀康养和越秀服务的企业志愿者以及社区志愿者一同为试点区域内的孤寡、独居、空巢、失能、半失能等困境长者提供电访和上门服务；开展困境长者"N+1"结对帮扶服务，发挥越秀康养的专业优势，组织其社工、医生、护士、康复治疗师、护理员等专业技能人员为有需要的长者提供精神慰藉、家居护理指导等服务。组建"老少帮帮团"，招募长者志愿者为青少年提供科普、书法、绘画等辅导服务，由青少年志愿者为长者提供手机、电脑等智能设备操作辅导，营造"老少互助"的社区氛围。此外，广州市志愿者协会通过广东永旺天河城商业有限公司 2022 年"永旺幸福的黄色小票"捐赠，获赠价值 16408.99 元的爱心物资（包括牙膏、牙刷等），全数用于关爱社区困难群体志愿服务活动，组织社区志愿者上门探访独居、空巢老人，送上爱心物资，在中秋节、重阳节等传统节日开展敬老志愿服务活动等，为社区困难群体送上温暖和关怀。制约社区志愿服务可持续发展的因素之一是欠缺服务经费的持续保障。2022 年，广州社区志愿服务通过有效链接、有机融合社会慈善资源，有效拓展了服务的资金来源，促进了服务效能的新提升。

二 广州市社区志愿服务体制机制的主要内容及功能特点

（一）广州市社区志愿服务体制机制的主要内容

1. 统筹组织体制

当前，广州市社区志愿服务统筹组织体制主要由民政、共青团两大系统构成，两者分别建立起市—区—镇街—社区/村居的纵向志愿服务组织体系和志愿服务阵地。其中，广州市志愿者协会、广州青年志愿者协会是统筹兼顾的市级志愿服务组织。此外，还有党团员志愿服务队、企业志愿服务队和社区居民自发组建的志愿者团体，它们共同形成了广州社区志愿服务的组织格局。在政策层面，根据 2021 年共青团中央办公厅发布的《社区青春行动方案》、广州市民政局印发的《广州市推动社区慈善发展行动方案（2021—2023 年）》以及 2022 年发布的《青年志愿者服务社区行动指引（2022 年版）》和《广州市城乡社区服务体系建设"十四五"规划》等文件精神，广州市进一步探索完善青年志愿者社区行动机制和"慈善+社会工作+志愿服务"融合发展机制。广州市各级各类志愿服务组织在 2022 年社区志愿服务实践过程中，充分发挥各自的组织优势，开展面向社区居民、形式丰富多样的志愿服务活动，助力社区治理、乡村振兴等领域的新发展。

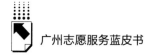
2. 综合运行机制

社区志愿动员机制是社区治理良性运行的重要机制，社区志愿动员的关键在于政策动员与主体动员的双向互动。[①] 广州市社区志愿服务活动的开展，离不开志愿者的广泛参与。为有效动员广大青年参与社区青春行动，共青团广州市委印发《团市委贯彻落实社区青春行动实施方案》，在全市 11 个区遴选 24 个社区（其中 17 个为团中央试点）实施社区青春行动，打造"4+3+3+N"的工作模式，高质量推进社区青春行动，打造品牌特色，展示社区共建共治的青春风采。[②] 在动员社区青年参与社区青春行动过程中，广州青年志愿者协会积极发挥主体力量和运行优势。此外，2022 年，广州市民政部门以及广州市志愿者协会在全市社区建立志愿服务站点，有效搭建供需对接平台，全市设立志愿服务站点的社区综合服务设施目前超过了 2800 个，按照"七有"标准，规范日常志愿服务管理工作，社区志愿服务建设朝规范化、立体化迈进。[③] 同时，2022 年 5 月，《广州市民政局关于建设社区慈善（志愿服务）工作站的通知》印发，要求进一步依托社区志愿服务阵地、队伍、项目和资源等综合运行机制，促进社区志愿服务的可持续发展。

3. 项目化管理机制

社区志愿服务项目化管理是提升志愿服务效能、提炼志愿服务品牌的重要方式，也是管理机制的重要组成部分。2022 年，共青团广州市委联同广州青年志愿者协会，以整合共享团内资源和社会资源为基础，依托广州 12355 青少年服务台、康园工疗站、志愿驿站对接各个社区青少年服务阵地和服务项目，组织全市 11 支"志愿在康园"核心团队，常态化地开设六大类基础课程及五大类特

---

① 黄君、黄禹：《国家服务社会：社区志愿动员机制与路径》，《中国志愿服务研究》2022 年第 1 期，第 50 页。

② 《广州社区青春行动打造"4+3+3+N"工作模式　为推动社区治理赋能量添动力》，广东共青团网站，2022 年 5 月 11 日，https：//www.gdcyl.org/article/showarticle.asp？articleid=250754。

③ 《喜迎二十大 | 全力推进志愿服务有序发展　激发社区志愿服务新活力》，"广州民政"微信公众号，2022 年 9 月 21 日，https：//mp.weixin.qq.com/s/macdtdkychhgfq8o8y3csg。

色课程，把 12355 青少年服务台线上咨询等服务项目引入社区。此外，广州市精神文明建设委员会办公室主办的 2022 年"种志计划"——广州市新时代文明实践志愿服务项目征集活动、广州市志愿者协会每年举办的"青苗计划"社区志愿服务培育项目、白云区首届志愿服务项目大赛、黄埔区第二届新时代文明实践志愿服务项目大赛和南沙区首届粤港澳青年志愿服务项目大赛等的顺利开展，都彰显了广州社区志愿服务项目化管理机制的基本特点。

4. 持续激励机制

在社区志愿服务开展过程中，志愿者需要全方位的激励，它既包括源于个人的自我激励，也包括来自外界的激励。第一，政府（包括党政机关、群团组织）激励机制主要是通过行政管理方式，对社区志愿服务给予政策法规、资金物资、购买服务、评先表彰等方面的激励支持。例如，推荐参评国家和广东省学雷锋志愿服务先进典型的广州代表、2022 年广州城中村治理志愿服务项目资助培育等举措，充分发挥正向激励引导作用。第二，社会激励机制是在社会层面营造激励社区志愿服务的社会氛围与建立奖励制度，它主要包括社会回馈激励、社会荣誉激励、激励媒体宣传报道等。例如，广州市志愿者协会发布"2022 年度广州社区志愿服务榜样"，分别颁发广州社区志愿服务站点榜样、队伍榜样、项目榜样、工作者榜样等荣誉称号，对本年度优秀社区志愿服务各类榜样进行表彰和宣传，并且联合多部门发布包括 12 个类别 30 个项目的志愿者首批礼遇计划清单，促进社会激励机制的持续健全。第三，志愿服务组织内部激励机制相较政府激励机制和社会激励机制来说，具有受众更广、可操作性更强等特点，一般包括典型表彰、赞扬肯定、参与管理、选拔输出等方面的激励措施，广州市多数志愿服务组织或团队会在年终总结会议或嘉许礼活动时，对参与社区服务的志愿者进行内部表彰和颁奖，加强自身组织的激励机制建设。

（二）广州市社区志愿服务体制机制的功能特点

1. 影响广泛性

无论是广州青年志愿者协会、广州市志愿者协会的会员单位、辖下志愿服务队，还是各社会组织组建的志愿者团队，志愿者的来源都极其广泛，涵盖各年龄段和各种职业，包括社区长者志愿者、青年志愿者、党团员志愿者、企业志愿者、社会组织志愿者等多种类型，在广州市社区志愿服务体制机制的统筹运作下，有序开展社区志愿服务活动，对社区服务、社会治理、社会传播等多个领域都将产生积极影响。此外，从社区志愿服务的领域来说，疫情防控、助残助老、帮扶特殊困难群体、关爱青少年儿童、生态文明保护、法律服务、文旅服务等都是广州市社区志愿服务体制作用和机制运转的外在表现，都会对受助对象群体、社区发展和社会治理产生广泛的影响。

2. 联动传递性

良好的社区志愿服务体制机制，在其运转过程中能促进辖下的各级组织机构共同联动、同频共振，进而达成共同的社区服务目标。不管是统筹型、枢纽型、综合服务型还是专业服务型的志愿服务组织，其运行机制的服务效能虽然有所差别，但联动传递性是基本一致的。广州市志愿者协会通过有序推动广州各区建立志愿者协会，统筹开展全区性的志愿服务工作，实现区级志愿者协会全覆盖，促进自身体系的组织管理和运行联动。广州青年志愿者协会依托各区青年志愿者协会、全市 310 个"青年之家"、24 个社区"青年地带"服务站点以及全市 77 个志愿驿站，持续开展各类社区志愿服务活动，联动传递广州青年志愿者的志愿服务精神和形象。

3. 社区适配性

根据广州市民政局公开资料，截至 2022 年 8 月，广州市有 2805 个社区服务站，[①] 伴随新时代社会发展和社区治理的新要求、新变化，社区志愿服务成为完善社区治理的重要方式，也是社区治理、社区善治的内在要求和基本目标。因此，其体制机制必须匹配社区各方面的需求，只有社区适配性强，才能更好地体现广州社区志愿服务的现实作用和社会价值。广州市志愿

---

① 《广州市民政事业统计季报公开发布数据（2022 年二季度）》，广州市民政局网站，2022 年 8 月 29 日，http：//mzj.gz.gov.cn/gk/zdlyxxgk/czzxxx/content/post_ 8587128.html。

者协会、广州青年志愿者协会以及其他组织在 2022 年度组织各类社区志愿服务，围绕社区服务、民生需求等持续开展有针对性的志愿服务活动，并提供适合广大志愿者参与的平台渠道，助力社区治理和城市发展。

4. 成果有效性

志愿服务是否产生社会功能，在于能否及时、有效地对接服务对象需求和志愿者服务意愿，并通过组织化管理和制度化安排，实现志愿服务的持续性，进而切实解决特定社会问题。[①] 同样，广州市社区志愿服务推动社区环境取得哪些改善、帮助服务对象群体解决哪些实际困难、普及传播哪些新时代文明实践内容以及协助社区治理发挥哪些方面的作用等目标成果，就成了广州市社区志愿服务体制机制是否有效的重要衡量指标。2022 年，广州经历两轮新冠疫情冲击，迅速集结并切换"平战结合"模式的全市抗疫社区志愿服务成效显著，得到广大社区和人民群众的高度认同。此外，常态化防控背景下的其他社区志愿服务活动，在关爱帮扶特殊困难群体、垃圾分类与环境保护、社区文化服务、促进社区融合发展等方面，都取得了一定的成果，得到媒体的广泛报道和肯定。

三　完善广州市社区志愿服务体制机制的几点建议

2023 年是"十四五"规划推进的中坚之年，也是贯彻落实党的二十大精神的开局之年。党的二十大报告提出了"完善志愿服务制度和工作体系"的新要求。[②] 此外，在"十四五"时期，党中央、国务院将加强城乡社区服务摆在更加突出的位置，首次将城乡社区服务体系建设规划列为"十四五"时期重点专项规划之一。国务院办公厅印发的《"十四五"城乡社区服务体

---

① 邵振刚：《广州志愿服务组织功能变迁研究》，涂敏霞、陈建霖、沈杰主编《广州蓝皮书：广州志愿服务组织发展报告（2018）》，社会科学文献出版社，2018，第 125 页。

② 《习近平：高举中国特色社会主义伟大旗帜　为全面建设社会主义现代化国家而团结奋斗——在中国共产党第二十次全国代表大会上的报告》，中国政府网，2022 年 10 月 25 日，http://www.gov.cn/xinwen/2022-10-25/content_5721685.htm。

系建设规划》提出，到 2025 年末，党建引领社区服务体系更加完善，服务主体和服务业态更加丰富，线上线下服务机制更加融合，精准化、精细化、智能化水平持续提升。① 总而言之，这些都需要广州乃至全国志愿者、志愿服务组织、志愿服务管理部门实践探索和持续发展。当前，广州社区志愿服务从组织注册数量提升阶段向高质量发展阶段转型工作正在稳步推进，广州市社区志愿服务体制机制的发展同样需要适应新时代的新要求，配合党政事业新征程，回应群众生活新需求，对广州市建设"志愿之城""慈善之城"发挥新作用。

（一）进一步加大社区志愿服务统筹机制新力度

历经多年实践发展，广州社区志愿服务的组织体制和工作机制逐步形成了党委政府领导、文明委组织协调、民政系统行政管理、各职能部门分工负责、社会协同参与的基本格局。然而，在目前的运作过程中，仍然存在社区志愿服务力量不均衡、社区志愿服务供需信息不对称、各部门各系统志愿者多头管理等问题，造成体制机制的综合优势得不到更大的释放。因此，建议在广州市志愿服务发展中心、广州志愿服务联合会等统筹协调全市志愿服务工作的基础上，进一步完善广州社区志愿服务统筹有力的工作机制。一是优化广州社区志愿服务统筹机制，主动了解和分析各成员单位在社区志愿服务发展中的关注点和兴趣点，适当扩大统筹范围、增加统筹内容、定期统筹协调等。二是探索由各区文明办牵头、各社区有关职能部门组成的、跨部门的社区志愿服务工作领导协调小组或协调联盟，及时协调解决重复服务、多头对接、服务信息"堰塞湖"等低效问题，推动广州社区志愿服务各类资源在管理层面、服务层面的无缝衔接与有效运用。三是构建好志愿者参与广州市社区治理的体制机制，搭建好志愿者开展广州市社区服务的综合平台，制定社区志愿服务的标准指引，实现社区志愿服务的制度化行动和便利化参

---

① 《国务院办公厅印发〈"十四五"城乡社区服务体系建设规划〉》，中国政府网，2022 年 1 月 21 日，http://www.gov.cn/xinwen/2022-01/21/content_5669722.htm。

与，推动社区志愿服务组织规范发展和社区志愿服务健康开展。同时，在强化统筹领导、加强协调配合之外，还要注重对广州社区志愿服务成效的考核评价机制建设。

（二）进一步激发社区志愿服务工作体系新活力

近年来，国家、省、市相继出台了关于社区服务和志愿服务的系列政策文件。例如，经广东省第十三届人民代表大会常务委员会第四十八次会议批准、自 2023 年 3 月 5 日起施行的《广州市志愿服务规定》①，对广州市志愿服务的信息管理、社区志愿服务发展、志愿服务组织等级评估等作出规定，为广州市志愿服务的专业化、规范化、制度化和常态化发展提供更有力的保障。2022 年 11 月，广州市民政局发布的《广州市城乡社区服务体系建设"十四五"规划》提出，"十四五"期间，广州将搭建志愿服务供需对接平台，大力开展邻里互助服务和互动交流等志愿服务活动。② 该政策的出台，在一定程度上促进了广州市社区志愿服务持续发展。进入新时代，广州市社区志愿服务工作体系面临进一步激发活力的发展阻力，亟须提出具有激励性、支持性的工作措施，调动各方的积极性，加大社区志愿服务工作体系的运行力度。

1. 社会化激发工作体系活力

与"体制内"管理机制不同，社会力量参与社区志愿服务需要科学、灵活的监督机制和培育机制。2021 年，广州市社会组织管理局印发《广州市社区社会组织管理办法（试行）》，广州市社区志愿服务组织数量开始呈现陆续增长态势。但在 2022 年，在两次抗击新冠疫情背景下，更多新增是临时性的志愿服务团队，将其松散型结构转化为常态化的社区志愿服务机制还需要进一步推动社会化的培育，从而激发其更大的活力。从社会治理和公众参与的角度来看，应构建具有开放包容、激励支持特征的社区志愿服务工

---

① 《广州市第十六届人民代表大会常务委员会公告（第 10 号）》，广州人大网，2023 年 1 月 18 日，https：//www.rd.gz.cn/zyfb/cwhgg/content/post_ 237706.html。
② 《广州市城乡社区服务体系建设"十四五"规划》，广州市民政局网站，2022 年 11 月 18 日，http：//mzj.gz.gov.cn/gkmlpt/content/8/8673/post_ 8673585.html#346。

作体系，让社会各种力量、各类资源都参与到社区志愿服务发展中，各自作出独特贡献和共同发挥社会化作用。

2. 数字化创新工作体系活力

在网络时代，数字化技术推动社会生活和公共服务的不断进步。构建和完善新时代的社区志愿服务工作体系，必须适应网络时代新发展，必须充分运用信息社会的数字化技术。由传媒机构创立的佛山市念响数字化志愿服务队，通过聚焦社区、乡村的志愿服务动态传播，利用短视频、H5小程序等数字化服务手段，定期公开推送服务信息，持续为当地志愿服务工作提供信息共享服务和智力支持，值得广州市社区志愿服务组织学习参考。佛山市念响数字化志愿服务队"1+2+3+X"的数字化志愿服务模式，反映出数字化公益志愿元素和网络传播渠道对于社区志愿服务事业发展、社区志愿服务文化普及具有重要的创新作用，应该成为广州市社区志愿服务工作体系的重要组成部分。

3. 专业化提升工作体系活力

中国特色社会主义进入新时代，广州市社区志愿服务工作体系需要重视专业化发展。一方面，社区群众对志愿服务的需求发生新变化，不满足于一般性的关爱帮扶活动，而是期望针对性强、适应个性的专项关爱服务。另一方面，广州乃至全国的各类型专业志愿者群体规模越来越大，专业化志愿服务日渐成为社区志愿服务的重要方式。因此，广州社区志愿服务要抓住新机遇，着力构建专业化的工作体系。一是专业人才参与机制，在现有教师、医生、律师、理发师等群体参与志愿服务的基础上，扩大更广泛的专业领域人才参与，例如，水电工程师、健康管理师、家电维修师傅、金融人才、新媒体技术人才等专业人士参与社区志愿服务，充分发挥各个专业领域志愿者的技术特长，同时延伸专业志愿服务组织的社区行动，更好地激发社区志愿服务的更多活力。二是专业培训督导机制，目前的广州社区志愿服务培训，既有广州市志愿者协会、广州青年志愿者协会的市级层面开展，也有相关职能部门、民间力量的内部范围实施，从实际效果反馈来看，志愿服务组织及其志愿者在集中培训的时候获得了一定启发，但是回到社区开展具体服务时仍然面临许多困难，缺乏具体指导。因而，在大力开展社区志愿服务培训的同时，也需要探索社区志愿服务的专业督导，进行"诊疗式"的专业辅导，提供解决问题的方法和提高水平的建议，构建起通过专业支持提高广州市社区志愿服务水平、增强广州市社区志愿服务活力的工作机制。

（三）进一步提升社区志愿服务联动体系新效能

志愿服务是第三次分配的重要方式之一，在促进共同富裕、精神文明建设和社区治理创新等方面发挥重要作用。社区是志愿服务的落脚点，社区志愿服务是广州市社区治理创新的有效形式之一。近年来，广州市大力推进的社区与社区志愿者、社会工作者、社会组织、社会慈善资源"五社联动"服务，为社区志愿服务在新时代创新发展提供了难得的机遇。如今，2816个城乡社区居民议事厅、488个社区慈善基金、176个社区志愿服务工作站、2.8万个社区社会组织遍布广州全市镇（街）、村（居）。[①] 社区志愿服务应该争取在完善基层治理"五社联动"模式中，通过提升联动效能，进一步深化融合发展。在广州市"五社联动"、社区志愿服务多元协作的格局下，建议进一步发挥联动体系下的服务新效能。一方面，要积极引导支持更多有意愿有能力的爱心企业、社会组织和个人参与社区志愿服务；另一方面，要继续创新社区志愿服务模式，健全社区志愿服务联动体系，进一步优化、细化广州市社区志愿服务制度，培育各具特色的社区志愿服务文化，促进广州市社区志愿服务制度化、常态化、专业化和可持续发展，将社区志愿服务与社区治理现代化相融合。着力推动服务阵地、服务队伍、服务项目和服务资源的多交汇和大汇流，并通过科学化的协调管理，围绕社区群众最关注、最迫切的民生需求以及社区治理需求，高效开展广州市社区志愿服务供需对接。广州要在新时代背景下、在服务民生和基层治理中展现新作为，进一步提升社区志愿服务联动体系新效能。

[①] 苏佩：《用"民政温度"标注民生"幸福刻度"》，中华人民共和国民政部网站，2023年2月15日，https：//www.mca.gov.cn/n152/n166/c47871/content.html。

B.3
广州市社区志愿服务组织参与
社区治理的实践探索

吴治平　王　玲*

摘　要： 社会治理在社区层面的体现就是社区治理，社区治理和社会治理是相辅相成的。在社区治理中志愿服务的重要性不言而喻，社区志愿服务在满足社区居民需要、提供公共服务、缓解矛盾纠纷、促进精神文明建设等方面发挥着重要作用，社区志愿服务组织在构建"共建共治共享"的社区治理格局方面也是必不可缺的力量。本文从广州市社区志愿服务组织参与社区治理的概况、特点以及存在的问题及其原因等方面进行了分析，并认为社工和志愿服务的联动是广州市社区志愿服务的重要特点，最后从制度和社区志愿服务组织磨炼自身等方面提出了促进社区志愿服务组织可持续发展的对策建议，从而不断推动社区志愿服务的高质量和可持续发展。

关键词： 社区志愿服务组织　社区治理　社工服务

一　引言

（一）社区志愿服务组织参与社区治理的政策导向

广州市作为我国改革开放的前沿地带，不仅经济的发展具有前瞻性，而

---

* 吴治平，广州市法泽社会工作服务中心理事长，高级政工师，主要研究领域为流动人口社区服务、社区融合、社区治理；王玲，广州市法泽社会工作服务中心秘书长，主要研究领域为流动人口社区服务、社区融合、社区治理、志愿服务。

且在社会服务发展和创新方面也一直走在全国的前列。广州社会组织起步早、发展快、创新多。从 1987 年开通国内第一条志愿服务热线开始,广州的志愿服务到现在已经有 30 多年的发展历史。在发展过程中,广州探索出了很多弥足珍贵的经验,并形成了独具特色的地方品牌,志愿服务成为家喻户晓、人人愿意参与的常态化的活动。在探索发展的历程中,广州的志愿服务逐渐与社区相结合,志愿服务成为满足社区居民需求、弥补政府在社区公共服务方面不足的重要手段,并且在社区治理中发挥越来越重要的作用。《中共广州市委关于制定广州市国民经济和社会发展第十四个五年规划和二〇三五年远景目标的建议》指出,提高城市文明程度,建设"志愿之城",① 把志愿服务提升到战略规划的高度。2023 年 3 月 5 日,新的《广州市志愿服务规定》实施,原有的《广州市志愿服务条例》废止,新的《广州市志愿服务规定》不仅在志愿服务的工作机制、活动规范和激励措施等方面进一步完善,而且把志愿服务的成果以立法的形式予以保留,是广州志愿服务发展过程中的重要里程碑。

社会治理现代化是国家治理体系和治理能力现代化的重要体现,党的十八大、十九大、二十大都将社会治理作为重要议题进行专门论述,从社会治理格局到社会治理共同体,我国对社会治理的认识逐步深化。党的二十大报告提出,"完善社会治理体系。健全共建共治共享的社会治理制度,提升社会治理效能……畅通和规范群众诉求表达、利益协调、权益保障通道……建设人人有责、人人尽责、人人享有的社会治理共同体"。② 社会治理共同体的形成离不开一个个社区治理共同体的建设,只有重拾社区的真正内涵,打破地理范围或者行政区划带来的物理分割,整合社区内的多元利益主体,形成社区参与合力,才有可能形成最终的社区治理共同体。目前的社区更多呈

---

① 《中共广州市委关于制定广州市国民经济和社会发展第十四个五年规划和二〇三五年远景目标的建议》,广州市人民政府网站,2020 年 12 月 21 日,https://www.gz.gov.cn/xw/gzyw/content/post_ 6981863.html。

② 《习近平:高举中国特色社会主义伟大旗帜 为全面建设社会主义现代化国家而团结奋斗——在中国共产党第二十次全国代表大会上的报告》,中国政府网,2022 年 10 月 25 日,http://www.gov.cn/xinwen/2022-10/25/content_ 5721685.htm。

现的是一种"区而不社"①的现象，也就是只有物理或地理实体，但是没有形成社区居民多元参与的局面。面对社区"区而不社"的问题，要想形成社区参与合力，让社区共治成为可能，就需要社区志愿服务组织发挥黏合作用，通过社区志愿服务组织提升社区居民的参与意识和参与能力，促进社区居民的共同行动，进而逐步形成共同体意识，最终形成社区治理共同体。

（二）社区志愿服务组织的概念

根据我国《志愿服务条例》中对志愿服务的界定，志愿服务是指"志愿者、志愿服务组织和其他组织自愿、无偿向社会或者他人提供的公益服务"。②基于此，对社区志愿服务组织可以综合社会组织和志愿服务组织的概念做如下界定：社区志愿服务组织是存在于社区中的并以志愿服务为主要服务内容的社区社会组织。

社区志愿服务组织类型多样，不同类型的社区志愿服务组织在社区治理中发挥的作用不同，学者们从不同角度提出了社区志愿服务组织的分类方法。高和荣根据志愿服务从输入到输出的过程，将社区志愿（服务）组织分为"行政主导型、社会主导型以及混合型"。③杨小云根据社区志愿服务在实践中的发展情况以及主体的不同，将社区志愿服务组织分为"政府主导型、居民主导型以及公益主导型"。④孙昌增等根据资源（资金）获取方式的不同，将社区志愿服务组织划分为"政府依赖型、独立获取型和半独立获取型"。⑤

① 顾东辉：《从"区而不社"到共同体：社区治理的多维审视》，《西北师大学报》（社会科学版）2021年第6期。
② 《志愿服务条例》，中国政府网，2017年9月6日，https://www.gov.cn/zhengce/content/2017-09/06/content_5223028.htm。
③ 高和荣：《论社区志愿组织与志愿服务的完善——以福建三个社区为例》，《福建论坛》（人文社会科学版）2011年第4期。
④ 杨小云：《论治理视域中的社区志愿服务体系建设》，《长春理工大学学报》（社会科学版）2016年第6期。
⑤ 孙昌增、张洪涛、李罡：《社区志愿服务组织的分型及其参与社区治理实践的特点与支持策略》，《中国志愿服务研究》2021年第2期。

本文研究的社区志愿服务组织，指的是社区内存在的一切包含志愿服务活动内容的组织，既包括在相关政府部门登记注册的正式社会组织，也包括居民自发形成的松散型的社会组织，在具体考察社区志愿服务组织在社区治理中的作用时，会根据组织的类型作出相应的功能区分。

二 广州市社区志愿服务组织参与社区治理的概况

（一）在参与范围方面，社区志愿服务组织介入的广度和深度并举

社区志愿服务组织参与社区治理的范围非常广，从社区居民的日常生活到社区公共服务再到属于基层政府管理的行政领域，都有社区志愿服务组织参与的身影。可以说除了界限非常明确、有特殊专业要求的领域之外，其他所有领域的公共服务，社区志愿服务组织都能够参与其中。目前，广州社区志愿服务组织参与的服务领域呈现出多样化的显著特征，包括社区照顾、环境卫生、综合整治、精神文化、矛盾纠纷调解、应急突发事件等。从社区志愿服务组织参与的深度来说，越来越多的社区志愿服务组织在社区公共事务中开始拥有一定的话语权，社区居民的声音通过志愿服务传递出来。因此，社区志愿服务组织成为向上传递民意、向下服务民生的重要载体，在社区治理中发挥着必不可少的作用。

（二）在参与定位方面，社区志愿服务组织的政策定位高

党和政府历来重视社区志愿服务组织在社区治理中的作用，这从近年来国务院的政府工作报告中就可见一斑。广东省和广州市政府陆续出台鼓励社区志愿服务组织参与社区治理的政策文件。如广州市政府规定，在购买社会组织服务的评估中，把社区社会组织培育以及志愿服务的成效列为项目评估的重要指标。广州市来穗人员服务管理局把志愿服务作为来穗人员获取积分从而申请入户的一个加分项。2011 年，《中共广东省委 广东省人民政府关于加强社会建设的决定》提出，发挥志愿服务组织在社会治理创新中的作

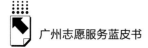
用，并把"注册志愿者占常住人口的比重"和"注册志愿者年人均志愿服务时数"纳入地方政府考核的指标。① 在教育领域，志愿服务成为大中小学生必备的社会教育实践。综上可见，广东省和广州市政府在推动志愿服务发展方面相继出台了很多政策，志愿服务和政府管理挂钩，社区志愿服务组织在政策定位上非常高。

（三）在参与模式方面，社区志愿服务组织与慈善组织和社工组织多方联动

社区志愿服务组织与广州各个街道的社工站深度融合，社工站成为社区志愿服务的重要参与平台，社区志愿服务的开展离不开社工站的协助。社工站在满足社区居民多元化服务需求、整合社区资源、发动社区居民参与社区治理、凝聚社区力量等方面发挥了重要作用。借由社工站，广州形成了市—区—街道—社区四级的志愿服务网络，志愿服务渗透到各个街道和社区，形成了强大的服务支持网络。社区志愿服务的发展经历了由"社工+志愿者"，到"三社联动"，再到"五社联动"，最后形成"慈善+社工+志愿服务"的模式。"慈善+社工+志愿服务"的服务机制为志愿服务的发展注入了强劲动力，形成了三者相互补充、相互促进的发展新格局。慈善为志愿服务的发展提供资源支持，社工为志愿服务的发展提供专业支持，志愿服务的开展又进一步促进了慈善资源的筹集和社工的专业化发展。"慈善+社工+志愿服务"模式成为广州在志愿服务探索过程中的重要创新。

（四）在参与成效方面，社区志愿服务组织的认可度高

不论是大型的社区活动或者赛事，还是具体的个人服务，社区志愿服务组织的参与成效都比较明显。如在广州亚运会期间，广州市掀起一股人人参

---

① 《中共广东省委 广东省人民政府关于加强社会建设的决定》，《南方日报》2011 年 7月 21 日。

与社区志愿服务的浪潮；在抗击新冠疫情中，社区志愿者的作用十分明显和突出，社区志愿服务甚至成为广州抗击疫情成功经验的重要组成部分。此外，志愿服务组织下沉到社区，从居民群众比较关注的日常小事入手，开展助老帮困、家政服务、心理疏导、文体活动、社区治理等，并逐渐在以上领域形成特色服务品牌。社区志愿服务组织以其持续和精细的服务受到政府和社区居民的高度认可。

三 广州市社区志愿服务组织参与社区治理的特点

（一）注重发挥党组织的领导作用

党的十九届四中全会提出，"必须加强和创新社会治理，完善党委领导、政府负责、民主协商、社会协同、公众参与、法治保障、科技支撑的社会治理体系"。① 其中，党委领导是社会治理体系中的根本保障。广州市社区志愿服务组织在参与社区治理的过程中，始终坚持党组织在所有服务领域中的领导作用。广东省发布的《省社会组织党委加强党的基层组织建设三年行动计划（2021—2023 年）重点行动》，明确了社会组织中党员管理办法以及开展党建工作方法。② 在党和政府一系列政策文件的指导下，有条件的社区志愿服务组织积极成立党支部，没有条件的社区志愿服务组织成立了联合党支部，党支部和联合党支部在社区志愿服务组织中逐渐建立起来，有力地保障了社区志愿服务组织的任何行动都在党的领导之下，保障了社区志愿服务的正确发展方向。社区志愿服务党组织通过与社区内其他党组织合作，可以最大限度地整合社区内的资源，帮助社区志愿服务组织解决资源和资金不足等问题。

---

① 《中国共产党第十九届中央委员会第四次全体会议公报》，共产党员网，2019 年 10 月 31 日，https：//www.12371.cn/2019/10/31/ARTI1572515554956816.shtml。
② 《省社会组织党委加强党的基层组织建设三年行动计划（2021—2023 年）重点行动》，2021 年 11 月 24 日，http：//smzt.gd.cn/attachment/0/498/498634/40011 66.pdf。

（二）扎根社区，以社区居民需求为导向

广州市社区志愿服务组织的一个最大特点是扎根社区，社区成为社区志愿服务组织的重要工作场域。在最新的"五社联动"机制中，社区是联动机制形成的平台，在社区党组织的领导下，通过资源整合，社区内的多元主体开展共同行动。因此，社区志愿服务组织只有扎根社区，从社区居民最基本的需求出发，才能保持自身的持久生命力。以往社区志愿服务组织普遍存在的一个问题就是所提供的服务与居民的需求不匹配，没有做到从居民的需求出发，导致其服务成效难以保证，也难以获得居民的认可。对社区志愿服务组织来说，社区是其成长和发展的土壤，有些社区志愿服务组织是从社区居民中孵化出来的，在了解社区居民需求、密切与社区居民联系方面具有天然的优势。近年来，借助网络信息平台等，社区志愿服务组织不断提高自身服务的便捷性和可达性，如广州市民政局推出的"社区随约服务网上驿站"，通过"点单式"的社区志愿服务，社区居民在网上就可以随时预约自己想要的社区志愿服务。可见，不论社区志愿服务的形式怎么变化，社区居民的需求永远排第一位，不以需求为导向的社区志愿服务就是无源之水、无本之木，不可能获得长久发展。

（三）依托社工站，与社工密切合作

广州市的社区志愿服务组织还有一个比较明显的特点，就是其与各个街道的社工站深度融合，社工站成为开展社区志愿服务、培育社区志愿服务组织的重要场所。社工也是培训社区志愿者、提升社区志愿服务专业性的重要助力者。2022年5月，《广州市民政局关于建设社区慈善（志愿服务）工作站的通知》[①]印发，要求进一步完善"慈善+社工+志愿服务"融合发展机制，鼓励广州各镇（街）"双百工程"社工站以及具备条件的其他社会组织

---

① 《广州市创新社区公益慈善载体在全市建立社区慈善（志愿服务）工作站点》，广州市民政局网站，2022年6月10日，http：//mzj.gz.gov.cn/dt/mzdt/content/post_ 8329671.html。

在本行政区域内设立集整合社区慈善资源、统筹社区志愿服务等功能于一体的社区慈善（志愿服务）平台，进一步织牢织密困难群体社区志愿服务网。从政策文件的相关规定中可以看出，志愿服务作为政府公共服务下沉社区的重要抓手之一，成为继社工之外的重要参与力量。并且，志愿服务作为与慈善、社工并列的主体被提出，它不再是辅助性的力量，足见政府对志愿服务的重视。

社会工作者是从事社区服务的专业人员，受过专业的训练，在服务项目的设计、运作和管理方面具有非常丰富的经验。社区志愿服务组织在运作过程中面临专业人才缺乏、服务专业性不强、组织运营专业化水平较低等问题，严重影响自身的可持续发展。首先，它会影响社区志愿服务的有效开展，使社区志愿服务始终保持较低水平，无法满足社区居民对高质量服务的需求，影响社区居民对社区志愿服务的认可度。其次，专业性的缺乏影响社区志愿服务组织的后续发展，社区志愿服务组织的专业性得不到体现，获得促进其生存发展所需要资源的可能性相对减少。基于此，应规范管理社区志愿服务组织，增强其专业能力，促进其可持续发展。2023 年 3 月，新出台的《广州市志愿服务规定》规定："社会工作服务机构和社会工作者可以发挥专业优势，在需求对接、项目设计、活动实施、队伍培育等方面支持志愿服务活动。"①

在以上文件的指导下，"社工+志愿者"的联动成为广州社区志愿服务的创新机制，在此基础上又陆续形成了"三社联动""五社联动"等更具完备性的创新模式，但不论模式怎样变动，志愿服务永远在多方联动中有一席之地，志愿服务在社区服务和社区治理中有着不可替代的位置。

（四）社区志愿服务向规范化和专业化发展

社工站不仅帮助社区志愿服务提升专业性，还在社区志愿服务项目运作

---

① 《广州市志愿服务规定》，广州市民政局网站，2023 年 2 月 3 日，http://mzj.gz.gov.cn/gkmlpt/content/8/8786/mpost_ 8786707. html#346。

和组织规范化运营方面提供协助。志愿服务与社工服务的各个领域深度融合，每个领域都形成了具有自身特点的志愿服务队，有自己专属的服务群体和服务内容。在这方面，大源社工站做得比较精细和专业。大源社工站的志愿服务结合其"首善社区"的战略构想，遵循"服务—志愿—参与"的逻辑，组建了不同服务领域的志愿服务队，如耆老志愿服务队、巾帼志愿服务队、大学生志愿服务队、党员志愿服务队等。在志愿服务队的管理方面，大源社工站建立了三级管理模式——"总队—分队—小队"。小队根据社区居民的兴趣、自身特长以及对社区公共事务关注点的不同进行归类，最后形成了文化娱乐、困难群体照料、社区网络防诈骗、医疗卫生、交通整治、环境美化等17支志愿服务小队，小队服务内容多样，涵盖社区的方方面面，在方便社区居民生活、促进社区居民参与方面起到了重要作用。分层分类的管理方式，不仅有助于志愿者厘清自己的参与需求，保持长期参与的热情，还可以对全社区的志愿服务内容进行梳理和摸底，减少志愿服务资源的重叠和浪费，促进志愿服务更高效运转。

社工站除了帮助社区志愿服务组织提升专业性外，还在引导社区志愿服务组织参与社区治理方面发挥积极作用。一些社区志愿服务组织由于是社区居民自发成立的，强调居民自身的兴趣爱好，在参与社区治理方面的意识相对薄弱。社工就需要对这样的组织进行意识提升培训，引导这些社区志愿服务组织把它们的兴趣爱好和社区公共事务相结合，鼓励它们积极参与到社区治理中来。大源社工站在这方面做得比较好，大源有两支本土的群众自发组成的文体娱乐队伍，一支是客家山歌队，一支是广场舞队，两支队伍都是本地人自发性的兴趣爱好组织。客家山歌队主要由热爱唱歌的老年人组成，广场舞队主要由本地爱跳广场舞的中年妇女组成。在社工站介入管理之前，客家山歌队和广场舞队经常会由于场地问题产生矛盾，甚至大打出手、互不相让，双方的多次争执让经济社和村委极为头痛，无法让双方做到和平相处，更谈不上让它们参与社区公共事务了。大源社工站发现这个问题后，多次开展两支队伍的协调工作，在大源社工站的引导下，两支队伍经过多次协商，最终达成一致，双方握手言和。在此基础上，社工又通过开展志愿服务培训，提升两支队伍的志愿服务意识，引导它们把队伍的服务内容和社区结合起来，志愿服务的内容由组织内的个人服务上升到社区服务。客家山歌队把大源传统的山歌和社区治理相结合，最后产出关于大源新风貌的歌曲并进行传唱，实现宣传大源的目的。广场舞队通过发动成员参与垃圾分类宣导工作，为大源的环境改善工作添砖加瓦。可见，作为专业人士的社工在引导社区内自发性群众组织参与社区治理并开展志愿服务方面具有很大优势。除了对社区内原有社区志愿服务组织进行改造外，大源社工站还孵化和培育了社区妈妈互助会，从社区内群体人数较多的妈妈出发，通过组织社区妈妈互助会，建立社区妈妈互帮互助的社会支持网络，从而引导社区妈妈参与社区公共服务。目前，社区妈妈互助会已经在街道备案，并在社区亲子育儿教育、困难妇女和儿童帮扶方面开展了众多志愿服务活动，丰富了社区的志愿服务内容，有利于社区居民的参与意识提升和共同体意识培养。

（五）常规服务和特色服务相结合，品牌化效应渐显

广州社区志愿服务组织服务内容广泛，基本上涵盖社区内与民生相关的所有服务内容，服务群体也非常多样。在社区志愿服务组织提供的服务中，既有一般性的常规服务，如关爱困难群体服务、参与交通整治服务、参与宣传社会正能量服务等，还有社区志愿服务结合自身的优势形成的特色服务，如广州市志愿者协会每年联合广州市慈善会举办的"微心愿"志愿服务项目，通过提供满足困难群体需要的"微心愿"志愿服务项目，解决困难群体的生活困难，"微心愿"已经成为品牌项目，还有大源社工站的社区妈妈互助会，其以多数家庭关注育儿问题为需求切入点，通过引入外部专家资源为社区居民科普育儿知识、宣传家庭教育政策，提高父母的育儿技巧，育儿志愿服务惠及社区内众多家庭，还有针对大源网络诈骗频发的问题，大源社工站联合大源村平安促进会组建防诈骗志愿服务队，通过邀请相关领域的专业人士如律师、电信工作人员、银行工作人员等参与防诈骗宣传志愿服务活动，帮助社区居民更

好地甄别网络信息，提高社区居民的防诈意识。总之，社区志愿服务组织在提供服务的过程中摸索出适合自身发挥作用的领域，并在这些领域深耕，慢慢探索出常规化、特色化的服务品牌，进一步拓展了志愿服务的深度、提升了志愿服务的品质。

四 广州市社区志愿服务组织参与社区治理存在的问题及其原因

（一）社区志愿服务组织参与社区治理存在的问题

1. 部分服务项目行政色彩较浓，服务形式较为单一

社区志愿服务组织是独立于政府和市场之外的第三部门，与社工组织等深度连接，社区志愿服务组织可以根据社区的需要独立开展服务。但在实际操作中，社区志愿服务组织开展的服务内容大多属于政府重点关注的领域，时常出现同一领域服务扎堆、资源重复和浪费的现象。如在社区创文创卫期间开展的志愿服务多是交通疏导类志愿服务，这类志愿服务往往是基层政府为了完成某项任务而开展的，实际上与社区居民的需求关联不大。并且，这种类型的志愿服务在实践中往往流于形式，导致这类志愿服务较难以招募到志愿者。同时，在志愿服务内容方面，时常存在形式单一化的问题。就关爱困难群体类的志愿服务来说，主要的服务内容就是赠送慰问物资，赠送的物资也大多是生活类物资，如米和油等，那些有利于促进社区困难群体发展的社区志愿服务内容则相对较少。

2. 组织依赖性强，自主性较为缺乏

社区志愿服务组织的依赖性主要体现在两个方面：一是对政府资源的过度依赖；二是对与其关系密切的社工站的依赖。在对政府资源的依赖方面，因为社区志愿服务组织属于社会组织的一种，资源是社会组织的生命线，社会组织的资源主要来源于政府，故其对政府有很强的依赖性。社区志愿服务组织因其自筹资源的能力比较弱，筹集资源的渠道较为单一，缺

乏可持续发展的能力。政府是广州社区志愿服务组织最主要甚至唯一的资源来源，政府掌控了社区志愿服务组织生存发展的核心命脉，导致社区志愿服务组织在服务内容和服务提供方式上高度依赖政府，难有自主运作的空间。就社区志愿服务组织与社工站的关系来看，双方的紧密结合在一定程度上促进了社区志愿服务的专业化发展。但是，这种结合在一定程度上也造成了社区志愿服务组织较高的依赖性，离开社工的规划和带领，社区志愿服务很难独立开展。尤其是那些社区居民自发形成的社区志愿服务组织，没有明确的组织发展目标和志愿服务发展规划，大多是组织内骨干人员一时兴起就去开展志愿服务活动，这种类型的志愿服务活动虽说对社区居民的参与有一定的促进作用，但是不利于志愿服务的常态化和专业化。社工站孵化和培育的社区志愿服务组织，其自主性也比较差，对社工站的依赖性比较强。以大源社工站的社区妈妈互助会为例，在前期的孵化和培育中，社工始终发挥着主导作用，组织内的成员参与度相对较高。在组织发展的后期，当社工有意识地退出中心位置走向边缘位置时，整个组织的运作几近瘫痪，会员之间矛盾重重，甚至发生争权夺利的现象，导致组织的服务也一度暂停。

3. 管理人才缺乏，人员结构不合理

社区志愿服务组织对外部资源的过度依赖导致其可持续发展的能力受限，发展的困难又会导致组织内人才的流失，缺少优秀的管理运营人才则会进一步加剧组织生存发展的困难，由此形成一种恶性循环。目前，广州市社区志愿服务组织的骨干大多是热心社区事务的社区居民，以有钱有闲的老年人居多，全职妈妈也占了一定的比例。但是，这些骨干大多从未有过公益项目运营管理的经验，不论是项目规划还是项目运营，都非常缺乏基本的专业知识。专业人才的缺乏导致社区志愿服务组织的运营主要依靠社工站，尤其是社区群众自发组建的社区志愿服务组织和社工站孵化和培育的组织，一旦专业社会工作者退出对它们的管理和引导，其往往会陷入无序和混乱的状态。除了缺乏管理人才外，多数社区志愿服务组织的人员结构也不甚合理。参加社区志愿服务的往往是老年人和全职妈妈，年轻人因忙于工作和生活，

参与的人相对较少。老年人因其自身身体状况，可以参与的志愿服务相对有限。社区全职妈妈因为优先顾及家庭，所以参与的灵活度不够。社区志愿服务组织人员结构不合理是大多数社区面临的共性问题，需要想办法吸引更多年轻人参与社区志愿服务，优化社区志愿服务组织的人员结构，促进社区志愿服务组织健康、良性发展。

4. 志愿者流失严重，组织凝聚力不强

社区志愿服务组织的生存发展需要资源的支持，除了物质资源之外，人力资源也必不可少。社区志愿服务组织的人力资源是其得以延续和发展的关键因素。如果没有社区志愿者的广泛参与，再好的制度设计、再好的服务项目都将归为零。社区志愿服务组织不仅要留住志愿者，更要让志愿者有持续参与的热情。通过对社工站中社区志愿服务实践的观察可以发现，在社区志愿服务发展的初期，社区居民参与的热情和积极性往往非常高，但是，随着社区志愿服务进入常态化发展阶段，社区志愿者的参与热情会慢慢减退，甚至一度出现志愿者招募困难的尴尬局面，原有参与度高的志愿者逐渐退出社区志愿服务活动，但新的社区志愿服务队伍尚未形成，志愿者出现严重断层现象，这也是各个街道社区志愿服务项目面临的共同问题。

（二）社区志愿服务组织参与社区治理存在问题的原因

1. 部分社区志愿服务组织发动能力不足，服务覆盖范围狭窄

社区治理需要社区内多元主体的共同参与，在参与的广度和深度上有一定要求。政府虽然是社区治理的主体，承担主要责任，但是政府服务不能覆盖居民需求的方方面面，尤其是社区居民多样化、个性化的需求。因此需要一个中间力量协助政府更好地完善社区服务，更好地发动社区居民参与社区治理。社区志愿服务组织就是这样的中间力量，它们与社区居民有天然的密切联系，在了解居民问题、满足居民需求方面有很大的优势，因此社区志愿服务组织可以进行最广泛的发动，让最活跃的社区因子参与社区治理。但是在现实生活中，部分社区志愿服务组织发动能力较弱，既不能大规模调动社区资源，也不能进行社区居民全员化的动员，社区志愿服务不论在广度还是深度方面都不足。这就导致服务只在小范围内重复进行，甚至有些社区志愿服务组织只是由本组织内固定的几个成员充当志愿者，其开展的社区志愿服务活动在影响力和成效方面都较差，更谈不上带动社区居民一起参与社区治理。

2. 社区利益矛盾复杂，社区治理共同体尚未形成

在"单位制"时期，所有的人都是"单位人"，单位负责每个人的工作和生活。但是，随着"单位制"的解体，社区成为个人生活的重要场所。然而，因为社区异质性的不断提升，社区居民的需求越来越多样化，社区内存在多元利益冲突，想要重新聚合整个社区并不是一件容易的事。社区治理的最终目标是形成社区治理共同体，打造"共建共治共享"的社区治理格局，这就需要社区内多元主体通过协商达成利益上的一致，并开展集体行动以解决社区问题。在这个过程中，谁来负责整合社区内的多元力量就显得尤为重要，社区志愿服务组织因其自身力量弱小，不能承担统筹责任。按照基层社会治理现代化的要求，党委领导整个社会治理体系的力量，政府对社会治理体系负责，社会力量协助党委和政府做好社会治理工作。可见，在社区治理中需要党委和政府承担主要的统筹责任，社区社会组织做好协同工作。

3. 组织力量弱小，发展不充分

志愿服务在我国并不是一个新生事物，古代就有朴素的利人思想，当下提倡的"雷锋精神"也是志愿服务的重要内涵。但是，真正意义上的现代志愿服务理念是从西方引入的，在我国的发展时间相对较短，社区志愿服务组织参与社区治理更是近几年才出现的事情。社区志愿服务组织由于自身的特点，其发展很不成熟，力量也普遍比较弱小，不论在组织结构还是项目运营方面都存在不足。让力量弱小的社区志愿服务组织整合社区多方力量，在现阶段有着较大的难度，其难以承担起充分参与社区治理并发挥重要作用的重任。

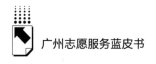

五 广州市社区志愿服务组织参与社区治理的对策建议

（一）突出党建引领，坚持社区治理的正确方向

党建引领是社区治理的重要保障，构建"共建共治共享"的社区治理格局，离不开党的领导，党的领导能够保障社区治理的正确方向。社区志愿服务组织同样需要党的领导，党组织也要覆盖到社区社会组织中。社区志愿服务组织成立党组织，不仅可以帮助自身始终把握正确的政治方向，还可以帮助筹集资源。社区志愿服务组织除了要建立党组织外，还可以充分发挥社区内党员的作用，组建党员志愿服务队。党员下沉社区，日益成为社区志愿服务的重要力量。在广州应对新冠疫情的实践中，社区内的党员发挥了非常重要的作用，党员志愿者始终站在抗击疫情的一线，是社区防疫网络的重要组成部分。社区志愿服务组织要善于利用党员志愿者，把党员志愿者纳入已有的志愿服务体系中，不断壮大志愿服务队伍，提高志愿服务的质量。

（二）优化组织人员结构，提高社区居民参与度

在社区志愿服务组织的人员结构中，老年人成为社区志愿服务的一个主要参与群体。社区老年志愿者大多处于退休状态，时间比较充裕，他们凭借自身的热情和经验参与社区志愿服务。有的社区也会充分利用老年人的特点开展有针对性的志愿服务，比如"初老服务老老"，健康低龄老年人为行动不便的高龄老年人提供服务，这逐渐成为现在的服务趋势。但是，从志愿服务的长期发展来看，老年人由于体力和精力的限制，较难跟上快速的社会发展节奏，这不利于社区志愿服务的创新和进一步发展。因此，要不断优化社区志愿服务组织的人员结构，想方设法吸引更多年轻人加入社区志愿服务组织，培育一些年轻人担任社区志愿服务组织的骨干。

（三）健全制度体系，完善培训机制和激励机制

针对社区志愿服务组织参与社区治理，政府相关部门出台了一系列支持政策。但是，这些政策大多停留在文字层面上，很多好的政策并没有落到实处，对社区志愿服务组织参与社区治理的实践并没有形成详细的工作指引。建议政府相关部门出台一些更为具体的工作指引，帮助社区志愿服务组织参与社区治理的相关政策落地生根。除了健全相关制度体系外，还要进一步完善志愿服务的培训机制和激励机制。完善培训机制是提升志愿者专业能力的关键路径之一，虽然社区内都有针对志愿者的培训，但这些培训大多是零散的、非系统化的，志愿者的专业性无法得到有效提升。因此，需要提前做好志愿服务的培训规划，建立常态化、系统化的培训机制。在志愿者激励方面，广州各社区普遍采用的是积分制度，通过广州公益时间志愿服务平台记录与认证志愿者的服务时数，并以积分兑换的方式回馈志愿者。但是，根据目前的情况来看，志愿者的激励和管理相对单一，积分兑换的方式所起的激励作用有限。应采取更加合理且多元化的志愿者激励方式，从根本上激发志愿者持续参与服务的积极性与热情。

（四）给予更多资源倾斜，增强其可持续发展能力

社区志愿服务组织资源和责任不匹配，社区志愿服务组织所拥有的资源极少，但是其肩上的担子却很重，再加上一些基层政府部门对其不切实际的期望，导致社区志愿服务组织处在一个非常尴尬的位置。要想改变社区志愿服务组织的这种尴尬处境，首先就要平衡其所拥有资源和承担责任之间的关系。因为社区志愿服务组织的发展尚处于起步阶段，其筹集资源的能力非常有限，在开展服务、组织运营和发展方面需要政府方面给予更多的资源扶持；政府部门或可通过加大服务购买力度等方式，使社区志愿服务组织获得更多生存发展所需要的资源。同时，社区志愿服务组织需要增强自身造血能力，创建多元化的资源筹集渠道。如可以通过打造品牌项目加强与基金会和企业的合作等；也可以充分利用所在社区的优势，与社区中的企业合作；还

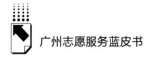

可以开发一些高质量的收费服务等。只有多渠道、多方面地开发其生存发展资源，社区志愿服务组织才能有源源不断的可持续发展的动力。

（五）注重品牌化建设，提升社区志愿服务品质

只有给社区志愿服务组织更多的资源倾斜，其才能更好地生存发展。但是，投放的资源要讲究使用效率，不能一视同仁、无差别对待。对于那些完全依靠政府，没有服务特色的社区志愿服务组织，给予再多的资源也难以发展，要把资源集中到那些有发展潜力的社区志愿服务组织上。社区志愿服务组织也要进行筛选，不能重量轻质，政府资源是有限的，要把有限的资源投放到优质的社区志愿服务组织当中。要想在众多社区志愿服务组织中脱颖而出，就需要依靠服务的品质。其中，品牌化是服务品质的一个典型体现，也是社区志愿服务获得社区居民认可和政府认可的关键。社区志愿服务组织要持续不断提升服务质量，并逐步形成特色服务品牌。只有过硬的服务质量才能帮助社区志愿服务组织获得生存发展所需要的资源，并在社区中获得一席之地。广州社区志愿服务经过多年的发展，逐渐形成了"社工+志愿者"联动的模式，在这个模式的指导下，还可以在长者服务、家庭服务、青少年服务、社区发展服务等领域中形成有自身特色的品牌。通过服务模式大品牌统领下的各服务领域小品牌，凸显社区志愿服务的品牌效应，从而吸引汇集社会各界资源，使社区志愿服务组织得以长期高质量发展，并形成品牌化可持续发展的良性闭环。

六 结语

随着社区治理被提升到国家战略高度，各地社区治理的探索如火如荼地进行，社区志愿服务组织参与社区治理创新做法层出不穷。广州作为社会组织发展的前沿地带，具有多年的社会组织发展经验，在这个基础上探索出社区志愿服务组织参与社区治理的特色。"慈善+社工+志愿服务"的模式是广州社区志愿服务组织参与社区治理的一个特点，慈善为志愿服务提供资源，

社工弥补了志愿服务的专业性不足，在这个模式指导下，社区志愿服务获得了极大发展，社区治理成效突出。但是，社区志愿服务组织参与社区治理还面临一系列的问题，这些问题都影响到社区志愿服务组织参与社区治理的质量和效能。因此，要从制度层面给予社区志愿服务组织以更多的支持。同时，社区志愿服务组织也要苦练自己的内功，不断提升自身的服务品质，走品牌化发展道路，以质取胜，这样才能获得更多的话语权，不断提升自己在社区治理中的参与水平。

专题报告

Special Reports

B.4
广州市机关党员参与社区志愿服务常态化机制探索

陈晓霞*

摘　要: 本文结合广州市机关党员参与社区志愿服务的现状，通过实证分析法和案例分析法，对现行党员志愿服务机制从制度建设、平台搭建、队伍建设、服务模式、服务成效等维度进行分析，梳理总结机关党员参与社区志愿服务的实践经验及亮点做法，提出完善机关党员参与社区志愿服务常态化机制的方法和策略，包括：创建"机关+社区+志愿服务队+N"多点联学共建模式、实施服务清单管理、建立全方位立体化服务矩阵、加快志愿服务全国平台搭建。

关键词: 机关党员　社区志愿服务　社区治理　常态化机制

---

* 陈晓霞，广州市国资委机关党委副书记，广州志愿服务联合会常务理事，多支党员志愿队创始人及队长，主要研究领域为宏观经济管理、志愿服务等。

一 广州市机关党员参与社区志愿服务的现状

（一）广州机关党员志愿服务总队概况

1. 成立市级学习雷锋总队，统筹开展"三关爱"志愿服务活动

从全市层面来看，广州市按照中央文明办开展"三关爱"[①]志愿服务活动的部署，在 2012 年 4 月出台"三关爱"方案，广泛组织、统筹推动全市开展"三关爱"志愿服务活动。2012 年，广州市已成立学习雷锋总队，全市各级文明单位，包括区、镇（街）成立的机关党员志愿服务队共 4346 支，有 10 万名志愿者参与植树造林，公共文明志愿者发放垃圾分类宣传单达 400 万份。[②]近年来，广州持续深入开展"三关爱"、"四进社区"、"邻里守望"、"三下乡"以及"3·5 学雷锋"等系列主题志愿服务活动，市、区、镇（街）组建的 4346 支机关党员志愿服务队成为志愿服务活动的重要力量。

2. 成立市直机关党员志愿服务总队，统筹推动"三服务"

从市直机关层面来看，2012 年 6 月，成立广州机关党员志愿服务总队和 86 个支队，总队设在广州市直属机关工委，支队依托市直各机关党组织设立。总队以"三服务"[③]原则，组织开展机关党员志愿服务。2012 年以来，广州机关党员志愿服务总队下面先后组建了 10 支专业队，结合各自特色提供常态化、专业化志愿服务，打造"红棉"特色服务品牌。截至 2022 年，在册党员志愿者 10.9 万多名，登记志愿服务时数 230 多万小时。

3. 成立市级联盟、区级总队，配备"8+N"志愿服务队伍推动专业化服务

2019 年，在市级层面成立广州市新时代文明实践志愿服务联盟，该联盟由先进模范人物发起、各志愿服务专业队组成，统筹服务新时代文明实践

---

① 即关爱他人、关爱社会、关爱自然。

② 任朝亮：《今年广州成立 4346 支机关党员志愿服务队》，《广州日报》2012 年 12 月 21 日，第 W1 版。

③ 即服务人民群众、服务公益事业、服务幸福广州。

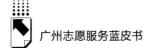
中心（所、站）的建设；同时，设立区一级志愿服务总队，其下配置"8+N"①志愿服务队伍。2021年，广州市各区、镇（街）、社区发动成立文明实践志愿服务总队，全市文明实践志愿服务队共1044支（88个支队、956个分队），②比2019年（680支）增加364支，增长53.5%。2022年，广州依托全市各区"8+N"志愿服务队伍，整合推动包括法律咨询、心理辅导、急救培训等服务资源下沉，巩固深化与拓展党史学习教育成果，持续推进"我为群众办实事"实践活动，累计组织志愿者80万人次开展1.65万场活动。

（二）广州机关党员志愿服务专业队概况

2012年以来，广州机关党员志愿服务总队陆续成立了10支志愿服务专业队，分别是：广州机关党员志愿者红棉暖心服务队、广州机关党员志愿者阳光心语服务队、广州机关党员志愿者小红棉服务队、广州机关党员志愿者星火服务队、广州机关党员志愿者翰墨丹青服务队、广州机关党员志愿者广博服务队、广州机关党员志愿者彩虹服务队、广州机关党员志愿者聚光穗影服务队、广州机关党员志愿者书和远方服务队、广州机关党员志愿者红棉花开合唱服务队（见表1）。

表1　广州机关党员志愿服务总队下面的专业队概况

单位：人

序号	专业队	成立年份	人数	服务对象	服务领域
1	广州机关党员志愿者红棉暖心服务队	2014	180	定向服务失独老人、自闭症儿童、单亲妈妈、残疾人等特殊群体，非定向服务青少年及市民群众	社区治理与邻里守望

---

① "8"指理论政策宣讲、文化文艺、助学支教、医疗健身、科学普及、法律服务、卫生环保、扶贫帮困8类常备队伍；"N"指具有自身特色的志愿服务队伍。《广州3063个新时代文明实践中心（所、站）惠及群众近1300万人次》，大洋网，2023年1月2日，https://news.dayoo.com/guangzhou/202301/02/139995_54399643.htm。

② 《400万志愿者传棒接力，擦亮文明广州"志愿之城"》，广州文明网，2022年3月7日，http://gdgz.wenming.cn/2020index/yw/202203/t20220307_7507845.html。

序号	专业队	成立年份	人数	服务对象	服务领域
2	广州机关党员志愿者阳光心语服务队	2018	92	广州市机关在职人员及其家庭	心理健康
3	广州机关党员志愿者小红棉服务队	2017	161	公园小游客、小读者和外来工子弟	青少年服务
4	广州机关党员志愿者星火服务队	2016	98	青少年	青少年服务
5	广州机关党员志愿者翰墨丹青服务队	2013	49	市民群众、机关企事业单位干部职工	文化共享
6	广州机关党员志愿者广博服务队	2016	103	市民群众	文化共享
7	广州机关党员志愿者彩虹服务队	2016	99	市民群众	文化共享
8	广州机关党员志愿者聚光穗影服务队	2015	71	市民群众	文化共享
9	广州机关党员志愿者书和远方服务队	2017	251	留守儿童、外来工子弟等家庭困难儿童	文化共享
10	广州机关党员志愿者红棉花开合唱服务队	2019	80	市民群众、机关企事业单位干部职工	文化共享

资料来源：笔者根据各专业队信息整理汇总。

以广州机关党员志愿服务总队下面的专业队为案例，重点对服务"社区治理与邻里守望""文化共享""心理健康"等领域的 3 支特色专业队进行实证分析，着重从队伍建设、服务对象、服务领域、服务模式、服务成效、社会影响等方面进行梳理总结。

1. 广州机关党员志愿者红棉暖心服务队

队伍建设：成立于 2014 年 3 月，[1] 是广州机关党员志愿服务总队下面的专业队。队伍由广州市国资委机关党员陈晓霞于 2014 年发起创立并担任

---

[1] 《广州机关党员志愿者红棉暖心服务队》，i 志愿网，2022 年 12 月 28 日，https：//www.gdzyz.cn/organization/detail. do? districtId=a1699a9e3d154abca9755277bbee0edb。

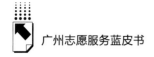

队长，队员以机关党员团员为主体（占70%），涵盖社工、志愿者、老师、学生及受助者等（队员180人[①]）。

服务对象：一是定向服务失独老人、自闭症儿童、单亲妈妈、残疾人等特殊群体；二是非定向服务青少年及市民群众。

服务领域：社区治理与邻里守望。

服务模式：围绕"五个惠民"[②]，依托"六个基地"[③]，建立"线上+线下"赋能增值机制，采取七共建七聚会八课堂八主题月志愿帮扶模式，满足不同群体在不同阶段、同一群体在不同阶段的需求，推动帮扶实现每周特色、每月主题的常态化，持续创新、贴近实际的长效化，精准定位、一户一策的精细化，聚焦特殊群体、特色服务的品牌化。

服务成效：线上开展初心学堂、惠民政策、惠民资讯、手工课堂、生活小妙招等惠民服务2013次，线下开展情暖社区关爱特殊群体、老旧城区微改造（乐安居行动）、"双微"（微心愿、微项目）行动等系列志愿服务2333次，带动1.5万人次参与，服务全市156个社区（村）特群及市民群众，惠及40万人次，打通服务群众"最后一公里"。打造红棉暖心、红棉惠民、逆行守护特群、梅姨创意手工坊、霞思妙想创意手工坊、星伴成长、星光手工坊、星妈才艺秀、长者课堂、周末一家亲等20个特色服务项目；挽救失独家庭婚姻和抑郁症患者生命，实现特群灵活就业，增加困难家庭收入11.4万元；引导一批受助者转为助人者，弘扬正能量。疫情期间，协助社区开展核酸检测、电话流调、门岗值守、就医转诊、发放生活物资等服务，为特殊群体提供心理疏导、买菜送餐、送教上门、家居安全微改造等便民为民服务885次。

社会影响：红棉暖心等多个项目获评全国第二届党建创新成果交流活动十佳案例银奖、第六届中国青年志愿服务项目大赛铜奖、广东省最佳志愿服务项目、2022"益苗计划"广东志愿服务组织成长扶持行动暨志愿服务项

[①]　参见党员 i 志愿小程序"广州机关党员志愿者红棉暖心服务队—志愿队详情—志愿队员"。
[②]　即先锋惠民、爱心惠民、帮扶惠民、抗疫惠民、政策惠民。
[③]　即新时代文明实践中心（所、站）、党群服务中心、图书馆、妇干校、老人院、社工站。

目大赛省级示范项目、2019"益苗计划"——新时代文明实践专项赛示范项目；队伍获评广东省最佳志愿服务组织、广东省新时代文明实践志愿服务首批百佳团队；队长获评全国最美志愿者、中国好人、广东省岗位学雷锋标兵等。项目、队伍及个人累计获国家及省市各类荣誉70多项。

2. 广州机关党员志愿者翰墨丹青服务队

队伍建设：成立于2013年，[1] 是广州机关党员志愿服务总队下面的专业队，队伍由市直机关退休党员领导干部发起组建（队员49人[2]）。

服务对象：市民群众、机关企事业单位干部职工。

服务领域：文化共享。

服务模式：开展书画惠民等志愿服务活动，将书画文化带进社区、企业、乡村、图书馆，通过一支支的"妙笔"把中华优秀传统文化的"火种"播撒到社会的每一个角落。

服务成效：坚持每逢重大节日前后，在全市重点街道和社区设立服务基地，先后在广州博物馆、广州市儿童公园、广州少年儿童图书馆、广州银行总部以及军营、市委市政府机关大院等地开展活动，累计开展书法惠民活动过百场，广受社会各界好评。

社会影响：服务队先后获评2018年广州市学雷锋志愿服务先进典型——最佳志愿服务组织、2020年羊城最美银发志愿服务团队；队长获评2020年广州市学雷锋志愿服务先进典型——最美志愿者等多项荣誉。

3. 广州机关党员志愿者阳光心语服务队

队伍建设：成立于2018年，[3] 是广州机关党员志愿服务总队下面的专业队，由市干部健康管理中心心理咨询师团队组建（队员92人[4]）。

服务对象：广州市机关在职人员及其家庭。

---

[1] 《羊城最美系列报道10》，广州老干部幸福网，2020年5月8日，http：//www.gzswlgbj. gov.cn/xjdx/lgbdx/content/post_ 146951. html。

[2] 参见党员i志愿小程序"广州机关党员志愿者翰墨丹青服务队—志愿队详情—志愿队员"。

[3] 《广州机关党员志愿者阳光心语服务队》，i志愿网，2022年12月28日，https：//www.gdzyz. cn/organization/detail.do？ districtId=de9481fb1704475cb387d6b8bc18a2d5。

[4] 参见党员i志愿小程序"广州机关党员志愿者阳光心语服务队—志愿队详情—志愿队员"。

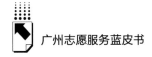

服务领域：心理健康。

服务模式："线上+线下"提供多样化的心理关爱服务，改善服务对象的心理健康状态，缓解服务对象的心理压力，促进心理健康，提升心理能力。

服务成效：秉承"促进心理健康，提升心理能力"服务宗旨，深入社区开展40余场志愿服务活动，通过心理趣味游戏、心理咨询等体验式、沉浸式的志愿服务，帮助机关干部了解自我、激发心理正能量。2022年7月，成立"阳光心语工作室"，为全市机关干部提供多样化、多维度的心理关爱服务，更广泛地普及心理健康知识。

社会影响：服务队先后荣获2020年"红心抗疫护卫团队"、2021年"最佳志愿服务组织"等称号。

4.其他专业队概况

广州机关党员志愿服务总队下面的其他7支专业队的队员均以机关党员团员为主，党员发挥了先锋模范作用。从服务领域来看，有2支专业队专注青少年服务领域。广州机关党员志愿者小红棉服务队（队员161人①）依托广少图、市儿童公园等服务基地，开展"大手拉小手"等特色服务，采用第二课堂形式，以孩子为中心，传播正能量；队长获评省最美志愿者，队伍获评多项市级荣誉。广州机关党员志愿者星火服务队（队员98人②）依托广少图等服务基地，开展名家朗诵分享会、创意星火绘等特色服务，"一个故事一国文化——各国领事讲故事"系列活动获评文化和旅游部文化志愿服务示范活动典型案例，队伍获评广州市最佳文旅志愿服务团队等多项荣誉。有5支专业队服务文化共享领域。广州机关党员志愿者广博服务队（队员103人③）以广州博物馆为服务基地，开展星星儿走进博物馆等特色活动，传播广府文化，队伍获评广州市最佳文旅志愿服务团队、广州市优秀文化志愿服

① 参见党员 i 志愿小程序"广州机关党员志愿者小红棉服务队—志愿队详情—志愿队员"。
② 参见党员 i 志愿小程序"广州机关党员志愿者星火服务队—志愿队详情—志愿队员"。
③ 参见党员 i 志愿小程序"广州机关党员志愿者广博服务队—志愿队详情—志愿队员"。

务团队等多项荣誉。广州机关党员志愿者彩虹服务队（队员 99 人①）依托广州图书馆等服务基地，开展"音乐零距离""阅读体验荟""羊城学堂"等特色服务，弘扬中华优秀传统文化，获得广州市最佳志愿服务组织等多项荣誉。广州机关党员志愿者聚光穗影服务队（队员 71 人②）依托广州少年儿童图书馆等服务基地，开展"'奋斗在第一线'镜头背后的故事"专题志愿服务活动，用心展现广州实现老城市新活力、"四个出新出彩"的生动实践，获评广州市最佳志愿服务项目等多项荣誉。广州机关党员志愿者书和远方服务队（队员 251 人③）依托广州少年儿童图书馆和大元帅府等服务基地，开展"牵手外来工子弟走进阅读世界""书和远方大学堂"等系列活动，丰富青少年文化生活，获评广州市最佳文旅志愿服务团队等多项荣誉。广州机关党员志愿者红棉花开合唱服务队（队员 80 人④）通过参加文艺演出、文化交流等活动，丰富群众精神生活，传递正能量；推广宣传广州市直机关文化成果，展示机关风采。

二 广州市机关党员参与社区志愿服务的主要经验

自 2012 年成立市、区、镇（街）各级机关党员志愿服务队以来，广州全市机关党员在下沉社区参与社区治理和为民服务方面发挥了先锋模范作用，成为为基层减负、为民解困不可或缺的重要支撑力量，充分体现了以党建引领推动社区治理效能提升。十年的实践经验证明，"党建引领、服务升级、规范管理、机制支撑、经验交流"是推动机关党员参与社区志愿服务常态化、专业化、精细化、长效化的关键因素。

---

① 参见党员 i 志愿小程序"广州机关党员志愿者彩虹服务队—志愿队详情—志愿队员"。
② 参见党员 i 志愿小程序"广州机关党员志愿者聚光穗影服务队—志愿队详情—志愿队员"。
③ 参见党员 i 志愿小程序"广州机关党员志愿者书和远方服务队—志愿队详情—志愿队员"。
④ 参见党员 i 志愿小程序"广州机关党员志愿者红棉花开合唱服务队—志愿队详情—志愿队员"。

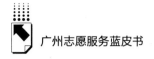

（一）党建引领，落实"双报到"制度，是推动在职党员下沉社区常态化服务的重要保障

自 2019 年 6 月以来，在广州市委组织部、市直机关工委等有关部门的统筹下，广州在全市部署推动"双报到"工作，一是在职党员回社区报到及开展服务，二是单位党组织向属地镇（街）报到及开展服务，全市超27.9 万名在职党员回社区报到，超 3000 个单位党组织向属地镇（街）报到，围绕疫情防控、心理疏导、扶贫济困、敬老助残、关爱特群、应急救助、加装电梯、公共文明、垃圾分类、乡村振兴、送餐上门、送教上门等开展服务 5.1 万多次，参与服务的在职党员达 79 万多人次，为群众办实事 27万多件。[①] 把机关党组织的体制优势转为工作优势，把深入开展党员志愿服务活动作为机关党建工作的中心内容，把机关在职党员回社区报到参与社区治理和志愿服务作为"规定动作"，纳入在职党员年度考核以及所在党组织年度评星定级的考核体系。实践证明，机关党员已成为社区志愿服务的主力军，尤其是疫情期间，在广州市委组织部、市直机关工委的统筹组织下，全市党员集中下沉社区支援核酸检测、电话流调、物资派送、门岗值守、服务封控区、服务隔离酒店、服务方舱医院、居民诉求收集、入户发放抗原、垃圾转运等防疫工作，充分发挥了党员先锋模范作用。

（二）服务升级，实施"双微"行动，是推动党建引领基层治理效能提升的重要支撑

"双微"行动是党组织、党员"双报到"升级后的"2.0 版"。根据广州市委组织部和市直机关工委的统一部署，为深化"令行禁止、有呼必应"党建引领基层共建共治共享社会治理格局，解决好群众身边的操心事、烦心事、揪心事，2021 年 4 月，广州市出台《"您的心愿、我的志愿"——党组织、党员为群众办实事"双微"行动工作方案》，把党史学习教育与"我为

---

① 何道岚：《"双微"心愿卡筑"幸福底线"》，《广州日报》2021 年 6 月 22 日，第 A6 版。

群众办实事"实践活动充分结合，发动全市各级党组织和党员，广泛开展征集、认领和办好民生微项目、实现群众微心愿的"双微"行动。① 据统计，"双微"行动启动当天就收集了上万个微心愿、微项目，涵盖 8721 个微心愿、1894 个微项目；运作一年以后，截至 2022 年 5 月，广州市各级党组织和党员已认领完成微心愿 124876 个、微项目 10325 个，② 解决了市民群众衣食住行等需求。实践证明，实施"双微"行动，通过党组织承接民生微项目、党员认领群众提出的微心愿，精准对接及有效满足群众需求，真心实意办实事解民困，充分发挥基层党组织的战斗堡垒作用、党员的先锋模范作用，成为推动党建引领基层治理效能提升的重要支撑。

（三）规范管理，加强队伍建设，是推动党员下沉社区常态化、专业化服务的重要手段

当前，由市文明办、市直机关工委等牵头组建的涵盖总队、支队、专业队及分队等的各类党员志愿服务队众多，具体涵盖学雷锋服务队、文明实践服务队等党员志愿服务队。它们统筹开展"3·5 学雷锋"、"三关爱"、"三服务"、"文明实践"和"我为群众办实事"等各类主题志愿服务。在市委组织部、市文明办、市直机关工委等职能部门的统筹组织下，全市 27.9 万名在职党员可结合各自技能与专长，加入 1 支或多支志愿服务队，在各志愿服务总队、支队、专业队及分队的统筹组织和规范管理下，积极参与社区治理和志愿服务，服务文化共享、生态文明、疫情防控、应急救护、邻里守望、扶贫济困等各领域。队伍的多样化，有利于党员更好结合自身知识与技能，选择并提供更到位的服务，助推党员服务群众本领、实效提升。实践证明，规范管理，加强队伍建设，是推动党员下沉社区常态化、专业化服务的重要手段。

---

① 《广州开展"双微"行动　在职党员至少领办一个微心愿》，广东省人民政府网站，2021 年 4 月 13 日，http：//www.gd.gov.cn/gdywdt/dsdt/content/post_3259919.html。

② 《巩固拓展党史学习教育成果　广州市"双微"行动持续为民办实事办好事》，广州市人民政府网站，2022 年 7 月 1 日，https：//www.gz.gov.cn/zt/qzzggcdcl100zn/gzzxd/content/post_8384952.html。

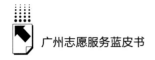
（四）机制支撑，强化平台建设，是推动党员下沉社区精细化、长效化服务的重要举措

以广州机关党员志愿服务总队为例，建立健全机关党员志愿服务机制，强化志愿服务信息化平台建设，构建规范管理体系，是推动党员下沉社区精细化、长效化服务的重要举措。一是加强建章立制。制定《广州市直属机关党员志愿服务实施方案（试行）》等相关制度，开发党员 i 志愿小程序，对机关党员志愿服务队及其成员实施统一平台管理，规范志愿服务活动发布、志愿者注册及招募、志愿服务时数登记等。二是规范队伍管理。实行队长负责制，强化队员管理，关注党员志愿者的成长；建立定期培训制度和学习交流制度，定期分享交流志愿服务经验，共同促进队伍、项目以及志愿者的提升。三是建立激励机制。根据机关党员志愿者志愿服务的时数、成效以及服务对象给予的评价等综合评价标准，广州机关党员志愿服务总队每年评选星级志愿者、优秀志愿者、优秀志愿服务团队、优秀志愿服务项目，对有突出贡献的机关党员志愿服务组织、志愿者授予相关荣誉称号，使之发挥示范带动作用。

（五）经验交流，特色案例分享，是推动机关党员社区志愿服务水平共同提高的重要方式

1. 总队管理模式分享——以广州机关党员志愿服务总队为例

广州机关党员志愿服务总队采取总队统筹指导、"支队+专业队"组织落实的管理模式，采用"基地+项目"的服务模式，以及"集中+分散"的服务方式。由市直机关党组织设立的 86 个支队和总队下面的 10 支专业队结合各自特色，开展常态化、专业化服务。一是统一行动日，集中开展服务。每年在 3·5 学雷锋日、七一前后、国际志愿者日，由总队牵头，组织全市机关党员志愿者在同一时间、不同片区，以"集中+分散"方式开展志愿服务。自 2012 年成立以来，总队先后组织开展关爱特群、应急救护、文化共享、政策咨询、乡村振兴、环保同行、法律援助、公共文明等系列志愿服

务。二是采取"基地+项目"的服务模式，打造特色服务。目前，已建立广州少年儿童图书馆、广州图书馆、广州博物馆等 24 个服务基地。

2.专业队服务案例分享——以广州机关党员志愿者红棉暖心服务队为例

广州机关党员志愿者红棉暖心服务队在志愿服务队伍建设、项目运作、模式升级、机制构建等方面均有所创新，并取得显著成效，多个志愿服务项目、志愿服务队伍成为全国及省市先进典范，实践经验值得借鉴。亮点主要体现在以下五个方面。一是创建"志愿者资助+总队资助+赛事扶持+N"模式，队长带头出资 26 万元，筹集 93.5 万元，实现项目可持续发展。二是创建"党员+团员+群众+受助者"队伍，党员团员占 70%，凸显"党员+"队伍凝聚力、影响力、战斗力，弘扬"奉献、友爱、互助、进步"的志愿服务精神。三是创建"机关+社区+志愿服务队+N"多点联学共建模式，在关爱特群、疫情防控、微心愿、稳就业等惠民服务上精准发力，打造多元主体参与社区治理模式，发挥基层党组织的战斗堡垒作用、党员的先锋模范作用。疫情期间，发动企业捐赠物资超 100 万元，联动多方推动国企云聘平台建设，招聘 2123 人。四是创建四大"红棉"特色服务品牌：通过常态化开展主题服务，用爱关怀群众，打造红棉关爱品牌；通过整合多方资源改善生活，用力支持群众，打造红棉帮扶品牌；通过走进群众长情陪伴，用情感动群众，打造红棉牵手品牌；通过搭建才艺展示平台，用心引导群众，打造红棉绽放品牌。五是创建党员志愿者与服务对象共同成长机制。通过党员志愿者精准帮扶，服务对象实现"四个转变"——不孤独、不封闭、不消极、不抵触；党员志愿者在服务中实现"两个提升"——提升贴近和服务群众的能力、提升践行为民服务宗旨的能力，发挥实践育人作用。

3.广州市直机关党员志愿服务支队特色服务分享

近年来，广州市直各机关志愿服务组织合理有效设置志愿服务项目、志愿服务内容，打造多个特色服务，推动机关志愿服务的常态化和专业化。一是税务部门开展"税爱学子"志愿服务活动，向困难家庭的学生开展助学帮扶。二是市规划和自然资源局成立 9 支专业队，到各区、街道、居委会开展结对志愿服务，做参与社区更新改造和品质提升的"微智库"。三是市国

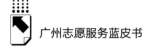

资委在疫情期间统筹指导国资系统成立党员突击队 366 支，建立临时性党组织 213 个，党员干部 1556 批 38.9 万人次对口支援广州 11 个区 393 个街道 379 个村的疫情防控工作，织密织牢广州疫情防控网。自 2022 年 10 月 12 日以来，广州市国资系统共向全市派出支援力量 38.7 万余人次，配合完成核酸检测 2787.0 万余人次，通过流行病学电话调查 56.6 万余人次，"扫楼"大排查 82.2 万余户、195.6 万余人次，为封控区、管控区的居民输送各类物资 440 余万份。

三　完善机关党员参与社区志愿服务常态化机制的思考

2021 年，推进新时代基层治理现代化建设的纲领性文件——《中共中央　国务院关于加强基层治理体系和治理能力现代化建设的意见》明确"坚持党对基层治理的全面领导，把党的领导贯穿基层治理全过程、各方面"。[①]

党的二十大报告指出"要实现好、维护好、发展好最广大人民根本利益，紧紧抓住人民最关心最直接最现实的利益问题，坚持尽力而为、量力而行……着力解决好人民群众急难愁盼问题"。[②]应深入贯彻落实党的二十大精神，以习近平新时代中国特色社会主义思想为指导，坚持以人民为中心的发展思想，推进以党建引领基层治理。党员要做表率，积极参与社区治理，为民办实事，全面构建"令行禁止、有呼必应"党建引领基层共建共治共享社会治理格局，打通服务群众"最后一公里"。

（一）创建"机关 + 社区 + 志愿服务队 + N"多点联学共建模式，推动以党建引领社区治理效能提升

推动"双报到"工作长效开展，让"工作在单位，服务在基层，奉献

---

① 《中共中央　国务院关于加强基层治理体系和治理能力现代化建设的意见》，中国政府网，2021 年 7 月 11 日，http://www.gov.cn/zhengce/2021-07/11/content_5624201.htm。
② 《习近平：高举中国特色社会主义伟大旗帜　为全面建设社会主义现代化国家而团结奋斗——在中国共产党第二十次全国代表大会上的报告》，中国政府网，2022 年 10 月 25 日，http://www.gov.cn/xinwen/2022-10/25/content_5721685.htm。

双岗位"成为广州市基层党建的新常态。以"双报到"机制为连接点，有效链接整合各类资源，进一步发挥党组织的战斗堡垒作用和在职党员的先锋模范作用。与社区党组织共同参与社区治理，为民办实事，让居民群众享受共建成果。疫情期间，联动志愿服务队等资源，协助社区开展核酸检测、电话流调、门岗值守、就医转诊、发放物资、赠送"暖心包"等服务，为封控区居民、特殊群体提供心理疏导、买菜送餐、康复训练、送教上门、家居安全微改造等便民为民服务。

（二）实施服务清单管理，推动党员服务群众由被动向主动转变

党员戴党徽、亮身份、做表率，深度参与社区治理，主动对接群众需求，主动与新时代文明实践中心（所、站）、党群服务中心等对接需求，发动党员团员积极参与社区治理，联动志愿服务队、社工站、村居、国企、民企等资源，在协助换届选举、关爱特群、疫情防控等领域精准发力，提供接地气的惠民服务。

（三）建立全方位立体化服务矩阵，打造全年无休惠民服务

一是"基地服务+项目服务"。借鉴广州机关党员志愿服务总队管理模式，以定点基地为载体，定期在基地开展特色志愿服务项目，打造基地特色服务品牌。二是"文明实践阵地服务+品牌项目服务"。以新时代文明实践中心（所、站）为支点，建立文明实践主阵地，开展文明实践主题志愿服务，弘扬社会主义核心价值观。目前，全市已建成新时代文明实践中心（所、站）3063个，中心城区平均0.5公里就有一个，已开展各类活动7万多场次，惠及群众近1300万人次，构筑起"全市覆盖、出户可及、群众便利"的文明实践阵地网络。三是"线上服务+线下服务"。拓宽志愿服务的覆盖范围，丰富志愿服务的内容与形式，适应信息化的趋势，采取"线上服务+线下服务"模式，提升志愿服务质量与实效。四是"集中服务+分散服务"。借鉴广州机关党员志愿服务总队的服务方式，结合春节、3·5学雷锋日、七一、国际志愿者日等主题日，统一行动日，集中在不同片区，以

"集中服务+分散服务"方式开展特色服务。同时，各队伍常态化开展分散服务，打造特色服务品牌。五是"定期服务+按需服务"。借鉴广州机关党员志愿者红棉暖心服务队的模式，针对服务对象以及服务社区的实际需求，遵循实事求是原则，采取"定期服务+按需服务"模式，提供接地气的便民服务。推动实现群众帮扶服务常态化、专业化、精细化、长效化。六是"定向服务+非定向服务"。借鉴广州机关党员志愿者红棉暖心服务队的模式，精准对接需求，针对各类服务群体的需求，提供定向服务和非定向服务，让更多群体受益。七是"定制服务+个性服务"。针对老年人的习惯，社区保留电话咨询、诉求收集、服务对接等定制服务，实现精准对接群众需求。

（四）加快志愿服务全国平台搭建，实现数据互通互认

目前，广州市机关党员志愿服务公告一般可以通过党员 i 志愿小程序、i 志愿、广州"公益时间"等平台发布。志愿活动人员招募及志愿服务时数登记未能实现统一平台管理，存在同一志愿服务活动需在各平台分别发布情况，志愿服务时数各平台单独统计，在一定程度上影响效率。在省市多个志愿服务平台同步运作的情况下，建议平台间党员志愿服务信息实现互认，减少信息重复录入，提高效率。

B.5
企业力量参与广州社区志愿服务的
实践探索

王忠平　张　营　谭伊雯*

摘　要： 志愿服务是第三次分配的重要方式之一，对于推动共同富裕具有重要的价值和作用，其中社区志愿服务是企业志愿服务的重要形式之一。广州的志愿服务水平在国内一直名列前茅，广州企业在"五社联动"以及"慈善+社会工作+志愿服务"融合发展背景下，积极践行社会责任，参与社区志愿服务，探索形成了依托阵地常态化参与、"组团+独立"应急式参与、专业技能式参与、多元联动式参与、"慈善+社会工作+志愿服务"创新参与等一部分特色鲜明的参与路径和模式。但是在推动社区志愿服务高质量发展过程中，也暴露出政策支持、资源联动、品牌建设等方面的短板。未来，广州在引导企业参与社区志愿服务中需要在丰富供给、提升成效、引领发展等方向上加强探索。

关键词： 企业力量　社区志愿服务　广州

　　在抗击新冠疫情的过程中，我国以社区为单位的防控模式取得了显著成效，社区志愿者在社区疫情防控中发挥了重要作用。2021年，《中共中央　国

---

* 王忠平，北京林业大学副教授，和众泽益创始人，主要研究领域为志愿服务、企业社会责任、新时代文明实践等；张营，和众泽益志愿服务与共同富裕研究院高级研究员，主要研究领域为志愿服务、新时代文明实践等；谭伊雯，和众泽益志愿服务与共同富裕研究院助理研究员，主要研究领域为志愿服务、新时代文明实践等。

务院关于加强基层治理体系和治理能力现代化建设的意见》明确提出，要"完善社会力量参与基层治理激励政策，创新社区与社会组织、社会工作者、社区志愿者、社会慈善资源的联动机制"。[①] 同年 12 月，国务院办公厅印发的《"十四五"城乡社区服务体系建设规划》强调，"充分调动社会组织、社会工作者、志愿者和慈善资源等社会力量，引导市场力量，更好发挥政府作用，构建多方参与格局"。[②] 此外，《中华人民共和国慈善法（修订草案）》规定，大力鼓励社区志愿服务发展，"鼓励社区与社会组织、社会工作者、社区志愿者、社会慈善资源建立联动机制"。在一系列政策推动下，社区志愿服务发展潜力和空间巨大。

广州市志愿服务发展水平一直在国内位居前列，在社区志愿服务方面也有诸多的创新举措，如发布了首部《广州志愿服务蓝皮书：广州社区志愿服务发展报告（2022）》，自 2019 年开始，连续总结发布广州市社区志愿服务十件大事等。2022 年，广州以社区慈善为切入点，不断完善社区志愿服务机制建设，积极出台支持社区志愿服务长效发展的政策法规。2022 年 5 月，《广州市民政局关于建设社区慈善（志愿服务）工作站的通知》印发，对社区慈善（志愿服务）工作站的建设等提出了具体要求；2022 年 11 月，《广州市城乡社区服务体系建设"十四五"规划》印发，明确提出发展社区志愿服务，深化"慈善+社会工作+志愿服务"融合发展机制，促进社区志愿服务资源整合。

企业志愿者是广州志愿服务的一支重要力量，据广州公益时间志愿服务平台数据，自 2018 年以来，广州企业志愿服务队数量持续增长，截至 2022 年底，企业志愿服务队达 235 支，这些有生力量在助力社区发展方面不断探索新模式和新经验。

---

① 《中共中央　国务院关于加强基层治理体系和治理能力现代化建设的意见》，中国政府网，2021 年 7 月 11 日，http://www.gov.cn/zhengce/2021-07/11/content_5624201.htm。
② 《"十四五"城乡社区服务体系建设规划》，中国政府网，2022 年 1 月 21 日，http://www.gov.cn/zhengce/content/2022-01/21/content_5669663.htm。

一 企业力量参与社区志愿服务概况

《中国志愿服务大辞典》将社区志愿服务界定为：社会组织和个人自愿用自身的时间、技能等资源，在社区为居民和社区慈善事业、公益事业提供帮助和服务的行为。[①] 企业参与社区志愿服务，即以企业志愿者为主体力量，以社区为服务场域，围绕社区居民需求和社区慈善事业、公益事业开展的志愿服务。主要工作是为社区居民提供助老、环境卫生、助残、教育等相关公共服务，着力于提高社区居民的生活质量，改善社区生活环境，完善社区公共服务。随着企业志愿服务逐渐朝常态化的方向发展，其呈现出明显的本地化和社区化趋势。2017年，《中国企业志愿服务的十大发展趋势》指出：企业志愿服务活动的常态化、本地化和社区化成为第五大趋势。[②] 根据参与基地和服务类型两个维度，可将企业力量参与社区志愿服务的主要方式分为四种（见图1）。

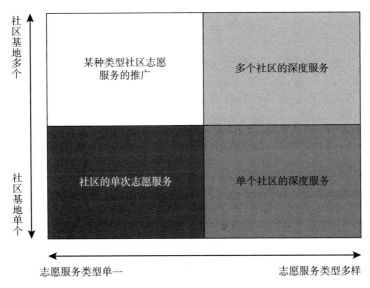

图1 企业力量参与社区志愿服务的主要方式

---

① 北京志愿服务发展研究会：《中国志愿服务大辞典》，中国大百科全书出版社，2014，第34页。
② 王忠平、李颖、周海倩：《中国企业志愿服务的十大发展趋势》，《青年探索》2017年第5期，第44页。

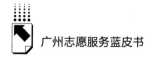

（一）社区的单次志愿服务

此种方式下，企业组织员工志愿者以单个社区为服务场域，聚焦社会救助、慈善公益、优抚助残、敬老扶幼、治安巡逻、环境保护等某一领域开展单一性志愿服务活动或项目。在此类参与中，企业服务社区的数量以及服务的类型都比较单一。目前，鉴于很多企业受多种因素限制，以此种方式参与社区志愿服务的现象较为普遍。

（二）某种类型社区志愿服务的推广

此种方式下，企业融合其价值观和文化，结合其优势，聚焦特色领域，开发设计专属化的志愿服务活动或项目，落地服务于多个社区，利用标准化的流程提供较为规模化的服务。如星巴克秉承"激发并孕育人文精神，每人，每杯，每个社区"的价值观，利用规模优势服务社区。2022年，围绕"同心抗疫""绿色低碳"等主题，星巴克利用全球服务月，承袭12年来不变传统，将好意蔓延至全国多个社区。

（三）单个社区的深度服务

此种方式下，企业结合自身专长和社区实际需求，整合多种资源，集中力量，通过建立社区志愿服务专属空间、开展类型丰富的志愿服务活动，深度服务于某一特定社区。随着服务的日益深入和拓展，逐渐形成常态化、可持续的路径和模式。如宜家公司在国内推动成立宜家社区中心。2018年，成都宜家与和顺社区共同打造社区儿童之家，多方共建多功能的社区中心。宜家负责场地设计与装修，与社会组织联动开展儿童、为老、文明实践等社区志愿服务活动，以深度服务延伸社区公共服务。

（四）多个社区的深度服务

此种方式下，企业结合自身优势和社区实际，充分整合企业的场地、人员、技术等资源，通过一系列的统筹安排，依托类型丰富的社区志愿服务，深度服务于多个社区。如北京链家集团利用中介优势，发起了"社区好邻居"项目，通过动员链家的员工作为社区志愿者积极参与社区建设，并且把社区门店打造成为"城市补给站"，为社区提供应急打印复印、应急电话、走失人员临时联络站、爱心图书捐赠接收点等十项服务，深度服务于多个社区。

二 企业力量参与广州社区志愿服务的路径和模式

（一）依托阵地常态化参与

2020 年开始，广州推出"慈善空间"创益计划，慈善空间打造成为广州"慈善之城"建设的重点工作。借此契机，广州市部分企业积极行动，采用阵地共享等形式，参与社区发展和社区治理。部分企业大胆探索，利用自有空间资源或依托各类社区公共服务平台建设志愿服务社区基地，打造了一批立足于社区、特色鲜明的志愿服务共享式空间，大力营造社区慈善场景，持续推动慈善资源对接和志愿服务活动开展，培育良好的社区慈善生态。2022 年 1 月，广东好家康药业有限公司的 19 个慈善空间正式挂牌，好家康新城分店等 3 个慈善空间被授牌。这些空间，依托扎根社区的优势，联合企业志愿者、社区志愿者等积极开展健康类志愿服务。广州周大福金融中心 53 层的"盈科慈善空间"成立，成为广州市律师行业首个慈善空间，普法宣传、情景模拟等社区志愿服务活动在此开展。这些志愿服务共享式空间的创建，搭建了基金筹款、组织展示、项目推广、民众参与的平台，[①] 也是企业志愿者的奉献平台。又如基盛万科肯德基打造的"幸福口袋小屋"，肯德基利用门店特色优势服务社区，开展丰富多彩的亲子志愿服务活动以及传递家庭教育知识活动。"幸福口袋小屋"里包含了亲子沟通、激发儿童梦想等四方面内容的"教材"，旨在不断提升社区群众的获得感、幸福感、安全感。

除了利用企业自有空间资源外，个别企业也在向外扩展服务阵地，探索

---

① 《广州新一批"慈善空间"挂牌，居民家门口参加慈善｜周报》，"善城广州"微信公众号，2022 年 1 月 29 日，https://mp.weixin.qq.com/s/oemLze9l3sJiKD1KPhiIFQ。

常态化阵地、人员共享路径。广东烟草广州市有限公司从 2016 年起，组建了一支以党员、团员为主要力量的企业志愿服务队，先后在广州增城区派潭镇大埔村和七镜村建立志愿服务基地，结合当地社区居民的需求，分别援建了"冬日暖阳"阅览室和农村长者饭堂，并以开展"冬日暖阳"关爱计划为载体，持续深入开展关爱社区留守儿童、困境儿童及帮扶留守长者和困难老党员等志愿服务活动，打造出"冬日暖阳"志愿服务品牌，以常态化、共享的方式参与社区志愿服务，仅 2022 年一年的志愿服务时数就超过 3000 小时，用实际行动践行了企业的社会责任。

（二）"组团+独立"应急式参与

2020 年以来，面对不断反复的新冠疫情，广州的企业结合自身实际，或跨企业组团，或企业独立组团，纷纷派出员工组建防疫志愿服务队，履行疫情防控的企业社会责任，助力搭建社区应急志愿服务体系。

一种是跨企业的组团式参与。在此种参与类型中，企业的精干员工志愿者，打破原有归属，联合起来作为组织化、社会化的储备力量，通过链接志愿服务供需，进行组合式支援，应对突发事件。2021 年，广州市成立常态化待命的防疫应急志愿者储备队（以下简称"储备队"）。储备队创建了"1+3+N"的组团支援模式，包括由广州青年志愿者协会各直属总队以及社会化招募的志愿者组成的社会化储备队，由 154 家在穗央企、省属企业及团市委直属企业团组织、非公企业团组织组成的组织化储备队以及为封控区、管控区紧急组建的突击型储备队。储备队还对志愿者统一落实安全防护、岗前培训、专项保险等五项服务保障。储备队建立了市—区—街道（镇）—社区（村）四级调度机制，按组织层级纵向联动调配队伍、物资资源，按属地原则横向连通各直属团组织突击队就近服务。①

另一种是企业独立式的常规参与。在此类型中，企业积极动员员工志愿

---

① 《全国首支常态化待命的防疫应急志愿者储备队——链接更多志愿者个体 打通志愿服务供与需》，中国青年网，2022 年 6 月 9 日，http：//news. youth. cn/gn/202206/t20220609_13757579. htm。

者，结合自身实际，协助开展核酸检测、电话流调、物资配送、应急处置、信息录入等服务，为社区防疫提供人力支援，以满足社区疫情防控的常规需求。广州水投集团党委组建"水善旗红"志愿队，投入疫情防控的基层支援工作，接连派出 200 余名志愿者支援南沙抗疫工作，5 天内累计完成 100 余栋、7000 余户的入户排查，4000 余通电话流调，5000 余条信息录入，近 10 万人次的核酸检测工作。① 广州农商银行号召各区干部职工就地转化做好服务，组织"金穗向阳"疫情防控党员突击队、预备队，投身广州各区的抗疫一线。先后组织了 2100 名志愿者，坚守在广州 11 个行政区近 700 个社区，协助做好疫情防控工作，累计完成 9500 余人次的服务，时长超过 10 万小时。②

（三）专业技能式参与

一是企业自主发挥专业技术优势，助力社区发展。广东电信广州分公司团委建立"中国电信广州分公司志愿服务队"，并依托各基层单位团组织成立了 29 支志愿服务小分队，各小分队依托专业方向开展具有专业特色的志愿服务项目，整个团队拥有超 1000 名志愿者。自 2014 年起，中国电信广州分公司志愿服务队即以"爱有天翼"为主题开展了老人智能手机使用等众多志愿服务活动，截至目前，服务超 1 万人次。③ 在新冠疫情期间，中国电信广州分公司开展"科技抗疫"志愿服务。抽调 150 名志愿者为白云区大岗村安装防疫门磁。组建 30 人抗疫先锋队，发挥员工专业技术优势，利用 5G＋智能无人车穿行保供一线，以科技抗疫彰显责任担当。④ 此外，广州水投广州自来水公司发挥自身所长，结合员工和自身资源优势，从广州自来水

---

① 《同舟共济抗疫情丨"水善旗红"志愿队驰援南沙抗疫纪实》，"广州国资"微信公众号，2022 年 10 月 14 日，https：//mp. weixin. qq. com/s/kWB04PvOqvHzMaXECfkgiw。

② 《南方＋：广州农商银行集结 2100 名志愿者驰援社区抗疫》，广州农商银行网站，2022 年 4 月 20 日，https：//www. grcbank. com/grcbank/gywx/mtbd/2022042011563488437/index. shtml。

③ 《广东电信提升综合智能服务》，网易网，2021 年 3 月 15 日，https：//www. 163. com/dy/article/G54A1HP30550037C. html。

④ 《广州 5G＋智能无人车深入一线保障防疫物资供应》，"潇湘晨报"百家号，2022 年 4 月 17 日，https：//baijiahao. baidu. com/s？id＝1730316833046667000&wfr＝spider&for＝pc。

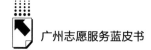

发展历史和水知识普及出发，设计和开展"自来水学堂"特色活动，通过对接社区和学校，开展线上线下科普宣传活动，2017~2021年，一共开展自来水学堂活动110场，服务约7000名市民和师生。[①]

二是企业联合专业组织，放大专业优势，共同支持社区志愿服务。华浔品味装饰集团联合广州市慈善会、广州市善城社区公益基金会等，开展"安居计划"居家微改造志愿服务项目。该项目立足集团24年装修装饰服务经验和工程施工、设计服务等专业优势，对越秀区等3个区100个社区、1300户长者家庭以及900户困境儿童家庭开展适老化微改造服务和居家学习空间微改造服务。通过"小改造"撬动"大幸福"，切实地改善居民的生活环境。此外，还利用企业的辐射带动作用，吸引更多社会力量参与其中。[②] 如大参林携手广州青年志愿者协会成立了"传城"志愿服务总队，举办"传城·大参林海珠接力帮帮团"活动，以线上方式细心指导购药用药，并以线下"店员+志愿者"的方式实现送药到家，帮助客村6个片区的居民享受到送药到家服务。[③] 广州市新一方物业管理有限公司从2016年开始因公司发展需要成立志愿服务队，主要为社区提供如磨刀、剪头发、维修小家电等爱心便民服务。目前，该志愿服务队主要通过与广州市志愿者协会、社工站等进行合作，从社区社工站收集和了解社区需求后，企业志愿服务队提供相应的精准化专业服务。

（四）多元联动式参与

一是传统型社工主体联动式。广州在"五社联动"中，依托社工站，通过发挥社工组织链接资源的优势，积极整合企业、社区、志愿者等多元主体力量服务基层。如"如愿集市"是在海珠区民政局等部门的指导下，由

---

① 《关于自来水还有这么多有趣的知识！2021年广州"自来水学堂"走进广雅小学》，网易网，2021年10月28日，https://www.163.com/dy/article/GNDRD1TU0527BOJ0.html。

② 《华浔集团：企业"小改造"，撬动居民"大幸福"｜企业》，"善城广州"微信公众号，2022年8月11日，https://mp.weixin.qq.com/s/Ghdsi4V4VcccxfU8sZwZ1A。

③ 《大参林：捐赠防疫物资超83万元，线下"店员+志愿者"送药到家｜疫情防控》，"善城广州"微信公众号，2022年11月21日，https://mp.weixin.qq.com/s/S4LVj-Fiej9HlbpBr8xoUg。

海珠区各社工机构及社工站协办的专项行动。"如愿集市"以社工站为阵地平台，联动和凝聚社区、社工、社会组织、社区慈善（企业）、社区志愿者的力量，策划和实施便民活动。海珠区18条街道社工站积极响应，纷纷联合企业资源，为居民提供便捷化的公益服务。首场"如愿集市"活动，吸引了中国建设银行泓景花园支行、广州大洋传媒有限公司、广州舒客科技有限公司、寻梦天下摄影俱乐部等的参与，为海珠区居民提供义修、义卖、口腔检查、养老服务宣传等便民服务。"如愿集市"共吸引了153个公益资源参与其中，包括提供公益服务和物资的爱心企业、公益组织、志愿者队伍等。"如愿集市"通过积极整合企业资源，进行联动式参与，搭建公益服务平台，为群众提供直接服务，解决民生所需所困。

二是"互联网+"广泛联动式。广州市社区志愿服务的多元联动式参与，不仅体现在社区、社工组织驱动下的联合行动上，还体现在更大范围的联动上。媒体、企业等社区外力量的加入，为社区志愿服务的发展注入了新动能，一定程度上减轻了政府资金投入有限给基层志愿服务带来的制约。"益企撑广州"由CSR环球网、和众泽益等联合《羊城晚报》发起，连续两年为广州市疫情防控链接企业捐赠资源。2022年，入选广州社会创新十大事件。"益企撑广州"的参与企业助力广州市社区抗疫行动，通过"线上+线下"的模式，探索搭建社会互助网，为企业和一线社区工作者搭建资金、物资对接平台。通过共享文档打通需求与供给两端的信息壁垒，帮助解决疫情期间市民的个性化需求，同时，利用线上渠道，提供生活经验支持、心理支持等服务。自2021年启动以来，"益企撑广州"分别发起3次行动，发动伊利集团、壹心理、东升实业集团等企业积极参与（见表1）。2022年11月，发动37家爱心企业、机构实现对接捐赠，沟通解决22项需求。[1]"益企撑广州"依托互联网平台，以媒体、企业等作为联动主体，打破信息壁垒，解决市民迫切需求。

---

[1] 《"益企撑广州"，2022感谢有你!》，"羊城活动派"微信公众号，2023年1月6日，https://mp.weixin.qq.com/s/nQicCaEp-CW-5M5SWatFRQ。

表1　2022年参与"益企撑广州"的爱心企业名单（部分）

序号	企业名称	序号	企业名称
1	伊利集团	11	广州惠众小额贷款有限公司
2	维他奶有限公司	12	有点牛
3	香雪制药	13	商道纵横
4	广州赛壹便利店有限公司	14	大事件科技
5	壹心理	15	广州高盛会议服务有限公司
6	美赞臣中国业务集团	16	广州绰粤食品科技有限公司
7	大都会人寿广东分公司	17	红餐网
8	广州塔	18	大参林医药集团股份有限公司
9	广州市醒目医药科技有限公司	19	中食安泓（广东）健康产业有限公司
10	广东宝桑园健康食品有限公司	20	东升实业集团

注：排名不分先后。

资料来源：笔者根据"'益企撑广州'特别鸣谢机构及个人名单"进行整理。

（五）"慈善+社会工作+志愿服务"创新参与

广州市具有良好的慈善生态，2021年，"广州慈善捐赠榜"上榜单位536个，上榜单位和个人捐赠总额达18.23亿元，与2020年相比增长23.2%，其中，上榜单位捐赠额达到13.98亿元，占捐赠总额的76.7%。此外，"社区慈善基金"数量也持续增加，截至2022年底，广州全市在市、区两级慈善会设立的"社区慈善基金"数量达到488个，筹集善款4834.51万元。[①] 2021年，"广州慈善捐赠榜"首次将企业志愿服务纳入申报范畴。

广州市慈善会作为本土枢纽型慈善机构，统筹培育和运作良好的慈善生态，为企业参与慈善事业提供多元化的支持，引导慈善资源下沉社区，与社会工作和志愿者的志愿服务实现对接，逐渐探索出"慈善+社会工作+志愿服务"的融合创新参与机制。为推动企业的参与，广州市慈善会大胆探索，形成了"设计项目吸引""大赛创投驱动"等创新性的"慈善+社会工作+

---

① 《广州公益慈善蓝皮书梳理2021年度慈善事业发展》，"慈善公益报"百家号，2023年1月9日，https：//baijiahao.baidu.com/s？id=17545227248741662l6&wfr=spider&for=pc。

志愿服务"模式。

在"设计项目吸引"方面。自 2019 年以来，广州市慈善会发起"微心愿·善暖万家"项目，采用"慈善+社会工作+志愿服务"的运作模式，积极联动市民政局、市妇联、全市社区慈善捐赠站及公益慈善机构等主体，通过入户探访、电访等方式收集困难群体的"微心愿"。在此基础上，面向社会公开募集款物，联动志愿者帮助受助居民实现各自的微心愿。该项目截至 2022 年已累计帮助超 3 万户困难家庭实现"微心愿"，直接受惠近 8 万人次。又如"大参林益耆计划"，由广州市慈善会和大参林医药集团股份有限公司联合发起，通过"大参林益耆健康"慈善空间、"大参林益耆圆梦"、"大参林益耆关爱箱"和"大参林益耆志愿"等系列活动，鼓励和引导公司的员工、客户和供应商共同向暖向善。该项目还结合"微心愿·善暖万家"项目在腾讯公益平台上发起"大参林益耆圆梦"子计划，通过邀请客户扫码随捐或零钱进募捐箱等方式进行劝募，善款服务于群众微心愿的实现。[1]

在"大赛创投驱动"方面。2022 年，首届"羊城幸福家园"行动暨第八届广州市福彩公益慈善项目大赛启动，广州市慈善会联合广汽集团、大参林等计划总投入 500 余万元，选拔资助 40 个与社区慈善等有关的优质项目，发动 200 多个社区慈善基金参与。在项目培育方面，创新性地设立了广州市慈善会合作伙伴项目，吸引更多企业参与其中。此次大赛是组织发动广州市慈善组织、社会力量积极参与"幸福家园"工程建设、整合社区慈善资源的一次全新尝试，[2] 成为社会组织、自治组织等开展志愿服务活动的重要支撑。此外，广州市还连续三年举办"创善·微创投"广州市社区公益微创投活动，积极撬动企业等资源，采用线上评审和路演评审结合的方式，重点围绕特殊人群兜底保障、促进社区可持续性发展等领域，通过"慈善+社会

---

① 《"大参林益耆计划"，关爱羊城万名长者》，"广州市慈善会"微信公众号，2022 年 6 月 10 日，https://mp.weixin.qq.com/s/UwGG2wwuS62Jh1c_ -9ebew。

② 《5 大赛道慈善项目竞相角逐，项目大赛比拼号角正式吹响》，"广州市慈善会"微信公众号，2022 年 8 月 26 日，https://mp.weixin.qq.com/s/r4H1R8Frf5S3PDiuBpO-PA。

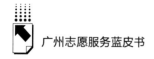

工作+志愿服务"的融合创新参与机制,深耕社区慈善服务,助力解决社区困难、激发社区活力。其中,还探索了爱心企业需求定制、创新微创投等模式。如广东省敏捷公益基金会定向捐赠 30 万元支持与儿童和青少年成长相关的社区服务项目。

三 企业力量参与广州社区志愿服务的难点

(一)政策支持有待进一步完善

尽管广州的志愿服务发展水平走在全国前列,但是目前还没有明确的支持和激励企业社区志愿服务的相关政策法规。最新发布的《广州市志愿服务规定》中对企业志愿服务的表述也较少,这不利于企业参与社区志愿服务的长远发展。在社区志愿服务细化性政策方面,2017 年,成都把社区志愿服务纳入社区发展治理体系中,出台《成都市深化社区志愿服务的实施方案》;2022 年,湖北省文明办、省民政厅联合印发《关于完善"五社联动"机制 助力新时代文明实践志愿服务的意见》等。这些针对性更强的政策有力推动了当地社区志愿服务的发展。此外,在企业参与社区志愿服务实践方面,成都在市文明办的统筹下,2019 年成立了成都市企业志愿服务联盟,2021 年发起首届"成都企业志愿服务大赛",有力推动了成都市企业志愿服务的发展;北京市朝阳共青团连续三年发起"CVSC 计划"暨社企融合志愿服务创投项目,推动企业志愿服务项目与社区对接;东莞市发起了志愿服务项目大赛暨"企业员工文明共享计划"公益创投项目大赛。这些探索都在政策和实践层面,助力企业志愿服务的良性发展,取得了良好的效果。反观广州,亟须进一步统筹规划企业志愿服务的发展,尤其是为企业服务社区、深扎基层提供专项的政策保障。

(二)资源联动有待进一步加强

《中共中央 国务院关于加强基层治理体系和治理能力现代化建设的意

见》《"十四五"城乡社区服务体系建设规划》等一系列顶层设计，强调要创新社区与社会组织、社会工作者、社区志愿者、社会慈善资源的联动机制，构建多方参与格局。但在实践层面，就目前的广州市来看，企业参与社区志愿服务的联动机制仍然不够健全。多数企业仅仅进行慈善捐赠，对于善款的利用和追踪关注不够；部分企业仅限于组织自己的员工志愿者，临时性地为社区提供少量人力支撑，开展单次性、常规式活动，或为社区志愿服务活动开展提供场地等临时性支持；个别企业有参与社区发展的强烈愿望，但缺乏有效参与的渠道和平台。诸如此类问题，都不同程度地制约了企业参与社区志愿服务效能的发挥。无论是慈善资源驱动社区、社工、社会组织等主体方面，还是社区、社工等主体联动企业方面，广州都还有很大的发展空间。

（三）品牌建设有待进一步强化

随着企业志愿服务的深入发展，国家、行业、媒体层面都在积极推动企业志愿服务品牌建设，某些政府部门、群团组织、行业组织和媒体日益重视对所属领域的企业开展品牌志愿服务的评比，以此推动企业志愿服务品牌建设。中国青年志愿服务项目大赛专门设立了中央企业志愿服务奖项，以表彰先进。在调研中发现，广州大部分企业比较关注企业志愿服务品牌打造的问题，但现实情况是，2019~2021年，在全国"四个100"评选中，仅有"华润万家星星守望计划"入选2019年的最佳志愿服务项目；在近3届中国青年志愿服务项目大赛中，仅有中国南方航空股份有限公司、南方电网调峰调频发电有限公司等企业荣获银奖，无金奖项目入围。相较于北京、上海等地区，广州市企业志愿服务品牌建设需要进一步强化。企业可以借助社区志愿服务，为企业志愿服务赋予鲜明的品牌辨识度，打造企业志愿服务品牌。

四　企业力量参与广州社区志愿服务的建议

广州应充分运用其优质的营商环境和丰富的企业资源，秉承敢为人先的

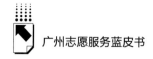

创新精神，立足社区志愿服务的现有基础和优势，持续探索企业力量参与社区志愿服务的创新路径。

（一）推动更多企业积极参与，进一步丰富供给

党的二十大报告提到："引导、支持有意愿有能力的企业、社会组织和个人积极参与公益慈善事业。"① 尽管广州企业在积极参与社区志愿服务上持续探索，但整体而言，参与企业的数量、服务的广度和深度还是不够。一方面，政府层面要出台相关政策和措施，为更多企业参与社区志愿服务提供更具针对性的支持。在顶层设计上，为企业社区志愿服务的资金投入、活动开展、权益维护等提供法治保障。同时，立足"十四五"规划，将企业社区志愿服务纳入营商环境建设、社会治理创新等制度设计，细化配套措施。在实操上，可以积极组织、吸纳国企、民企、外企等组建企业社区志愿服务联盟，组织化、集群化地下沉社区，开展专业化社区志愿服务。另一方面，企业层面要积极主动融入社区治理。立足《广州市城乡社区服务体系建设"十四五"规划》，企业应该将参与社区志愿服务的重点聚焦在"推动社区服务运行机制更加顺畅、社区公共服务更加均等化、社区服务更加可及便捷、社区服务人才队伍更加壮大"等方面，积极作为，不断加大软件和硬件投入，融入社区发展大局。

（二）不断升级现有特色模式，进一步提升成效

目前，广州市在企业力量参与社区志愿服务方面，探索出了依托阵地常态化参与、专业技能式参与等特色化的路径和模式，这些经验为进一步动员和深化企业力量参与社区发展提供了一定的借鉴。未来，为进一步发挥示范带动作用、强化成效，一方面，需要进行提炼总结，促进成果转化与交流。建议组织专业力量进一步梳理现有特色经验和挖掘潜力项目，通过案例集、

---

① 《习近平：高举中国特色社会主义伟大旗帜　为全面建设社会主义现代化国家而团结奋斗——在中国共产党第二十次全国代表大会上的报告》，中国政府网，2022 年 10 月 25 日，http：//www.gov.cn/xinwen/2022-10/25/content_5721685.htm。

项目展示、分享沙龙等形式，促进交流互鉴。另一方面，需要持续升级现有特色模式，进行评估追踪和成效监测。建议通过精细化的设计、流程化的管理、科学化的评估，进一步提升服务成效，引领更多企业履行社会责任，参与社区志愿服务，助力社区发展。

（三）继续探索创新广州模式，进一步引领发展

伴随着中国式现代化新征程的开启，企业志愿服务也迎来了新的发展期，社区志愿服务已然成为企业志愿服务的重要切入点。不管是全国整体部署的"五社联动"还是广州特色化的"慈善+社会工作+志愿服务"融合创新参与机制，都为企业创新性地参与社区志愿服务提供了更加广阔的空间。一方面，需要企业树立服务民生的理念，将企业志愿服务在共同富裕、"双碳"目标实现、应急救援等方面的优势与社区发展相结合，以创新思维持续探索广州市企业志愿服务新模式。另一方面，需要进一步提升品牌意识，打造广州市企业志愿服务专属品牌。通过结合自有专业领域开展特色服务、深耕专属领域开展持续服务等举措，提升服务的专业化和可持续化水平，夯实品牌化发展的基础，引领行业发展。

B.6
社区志愿服务织密兜牢困难群体保障网的实践探索

——以广州市恒福社会工作服务社为例

范洁珊　李水芳　王　凡*

摘　要： 织密兜牢困难群体保障网，打通为民服务"最后一公里"，是改善民生的重要举措，而社区志愿服务在兜底性社会服务中非常必要也非常重要。通过对社区志愿服务织密兜牢困难群体保障网的实例探索，本文发现了社区志愿服务在织密兜牢困难群体保障网中的新发展。通过坚持党建引领、"慈善+社工+志愿服务"融合发展的方式，广州市恒福社会工作服务社在织密兜牢困难群体保障网中有很多新的尝试和突破，也切切实实解决了困难群体的很多问题和需求。最后，本文通过反思，探索新的发展路径。

关键词： 社区志愿服务　困难群体　社会保障

2022 年 5 月，《广州市民政局关于建设社区慈善（志愿服务）工作站的通知》印发，要求进一步夯实"慈善+社工+志愿服务"体系，指导广州各镇（街）"双百工程"社工站以及具备条件的其他社会组织，在本行政区域内设立集整合社区慈善资源、统筹志愿服务等功能于一体的社区慈

---

* 范洁珊，广州市恒福社会工作服务社总干事，主要研究领域为志愿服务基础理论、志愿服务组织运行管理、大型赛会志愿服务运行等；李水芳，广州市恒福社会工作服务社江海街社工站主任，主要研究领域为社会组织社区参与、青少年心理健康介入；王凡，广州市恒福社会工作服务社增江街社工站主任，主要研究领域为社区服务与治理、青少年与家庭社会工作。

善（志愿服务）平台，进一步织牢织密困难群体志愿服务网。这是广州市深入推进志愿服务开展的一项新举措，将会更好地汇聚社会资源、凝聚社会力量、激发志愿服务活力，为构建共建共治共享的社会治理新格局助力。本文总结广州市恒福社会工作服务社（以下简称"市恒福社"）自2020年至2022年在广州社工站项目开展期间以社区志愿服务织密兜牢困难群体保障网的实践经验，为社会工作服务机构开展社区志愿服务提供经验参考。

一 市恒福社保障性社区志愿服务项目概况

（一）项目服务的主要内容

近年来，广州社工站以习近平新时代中国特色社会主义思想为指导，全面贯彻党的二十大精神，坚持以人民为中心的发展思想，充分发挥社会工作在基本民生保障、基层社会治理、基本社会服务等方面的积极作用，立足镇（街）、深入村（居），健全完善具有广州特色的民生兜底服务体系，切实增强人民群众的获得感、幸福感、安全感，为保障和改善民生、加强和创新社会治理、推进国家治理体系和治理能力现代化提供重要基础支撑。

市恒福社通过政府购买服务的方式，承接运营社工站项目。以服务困难群体为主，以家庭为本，以社区为基础，提供专业化的社会工作服务。社工站主要职责有：一是宣传习近平总书记关于民生保障的重要论述、党和政府的民生保障政策；二是在各级党委、政府的领导下，推进党组织建设、党员思想教育和优秀社工发展党员等工作；三是为辖区内居住的困难群众和特殊群体统筹提供政策落实、心理疏导、资源链接、能力提升、社会融入等社会工作专业服务；四是扎根社区，结合村（居）委会和社区群众对社会工作服务的需求，发展社区社会组织，动员社区志愿者参与服务，链接整合社区公益慈善资源，全面激发社区活力，推动社区治理专业化、精细化，助力建

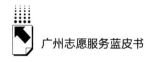

设人人有责、人人尽责、人人享有的社会治理共同体；五是完成乡镇人民政府（街道办事处）交办的其他民生服务工作。

（二）项目服务的主要目标群体

市恒福社在2012年开始探索"社工+志愿者"服务模式，依托社工站，结合社区需求，通过专业社工引导志愿者开展服务，引导志愿者协助专业社工提供服务。在街道政府的管理和指导下，项目服务主要面向以下目标群体。①少年儿童：主要是社区里的中小学生，尤其是流动儿童、问题少年、困境儿童、残障儿童、特殊儿童等，开展四点半课堂、周末学堂等志愿服务项目。②社区长者：社区里居住的长者，尤其是孤寡长者、五保户、失独长者、失能长者、空巢高龄长者等，开展耆英触电计划、居家安全环境排查等志愿服务项目。③残障人士：社区里居住的残疾人、精神障碍人士、无法独立生活人群等，开展轮椅之行、残障人士家属照顾计划等志愿服务项目。④困难群众：社区里居住的困难群众，如低保户、低收家庭、单亲家庭等，开展帮扶自强计划等志愿服务项目。⑤优抚对象：社区里居住的现役军人、复员军人、退伍军人、烈士遗属等，开展人文关怀等志愿服务项目。其中，保障性社区志愿服务项目主要围绕社区困境长者、困境儿童等困难群体开展。

（三）项目服务取得的主要成效

1.党员志愿者在关爱社区困难群体中的先锋模范作用进一步凸显

自2020年开始，在职党员被要求下沉社区，党员回社区报到后，积极参与社区的疫情防控、慈善公益、困难群体帮扶等志愿服务。他们利用自身的优势和资源将服务带到社区，为社区困难群体排忧解难。尤其在新冠疫情期间，党员志愿者为社区困难群体送饭、送药，解决他们最急切的问题，先锋模范作用进一步凸显。例如，江海街社工站成立了"四个一"关爱行动党员志愿服务队，通过日常电探访关怀、主题探访、节日探访关怀行动，及时了解和关心社区困难群体的困难和需求，并通过主题探访，解决社区困难群体的同类需要和个别化需求，如居家安全改造主题探访活动，对社区困境家庭进行居家安全环境排查、链接资源为有居家安全改造需求的困境家庭进行居家安全改造，并给其细致地讲解居家安全知识以及提供发生情况时求助渠道，很好地解决了社区困境家庭的居家安全问题。

2. 社区志愿服务在困难群体保障性服务中的作用日益突出

随着社会的发展，困难群体的需求呈现复杂化和多元化的特点，除了基本生活保障的需求外，健康、教育、心理、精神方面的需求也逐渐凸显，单靠社区的力量已无法满足他们的多元化需求。近几年，通过"慈善+社工+志愿服务"的形式，社区志愿服务在困难群体保障性服务中的作用日益突出。社工站通过培育和发展社区志愿服务队，激发了社区志愿服务的活力，社区及社工站充分发挥社区志愿服务队在困难群体保障性服务中的作用，通过建立专项志愿服务队、困难群体专项公益慈善项目等多种形式，织密兜牢困难群众保障网。例如，增江街社工站组建了"独居长者应急支援志愿服务队"，为社区内的50多名独居长者提供上门排查、安装紧急呼叫铃、讲解紧急应急知识服务，为他们搭建了社区应急支援网；江海街社工站联动了"省二医医务志愿服务队"，通过结对帮扶定期上门义诊的方式，为社区存在多种基础疾病的孤寡独居长者上门提供药物管理、健康咨询、康复建议等方面的专项志愿服务，使得社区困境长者不用走出家门就能获得专业健康方面的支持。

3. "慈善+社工+志愿服务"机制在困难群体保障性服务中得到同步发展

社工利用社区慈善基金平台，通过开展针对困难群体的公益慈善项目，与志愿者一起募集善款，改善困难群体的生活困境。江海街社工站、增江街社工站、白云街社工站等依托本街的社区慈善基金，设立了专项志愿服务项目，参与推动公益慈善项目，让更多的困难群体受益。例如，江海街社区慈善基金设立了针对困境儿童学习空间改造的"点亮前程"公益慈善项目，培育了公益慈善志愿服务队，使之参与到项目的宣传、筹款、困境儿童的学习环境走访等志愿服务工作中，合力改善困境儿童的学习空间。

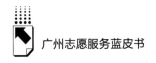
（四）项目服务存在的主要不足

社区志愿服务在困难群体帮扶服务中的作用逐渐凸显，服务也越来越多元化，回应了困难群体在健康、教育、照顾、就医、心理、精神方面的需求，但也存在以下不足。

1.社区志愿服务的持续性有待加强

织密兜牢困难群体保障网是一项长期的工作，需要志愿者或志愿服务团队的长期坚持，才能让困难群体获得更好的帮扶。只有在与困难群体建立良好关系后，才能更好地了解他们的需求，从而提供更加适合他们需要的志愿服务。而要建立及维护良好关系，就需要持续性的投入。此外，关怀需求、健康需求、帮扶需求等都是长期存在的，需要志愿者或者志愿服务团队持续对接，提供相应的服务，才能精准地解决困难群体的需求。

2.社区志愿服务的专业性有待加强

困难群体在生活和经济等各方面都遭受着不同程度的困难，面临的困境和问题也比较多元，除了物资帮扶外，他们还需要政策性资源帮扶、心理帮扶、教育帮扶等，因此，对社区志愿服务的专业化要求也越来越高。但是，目前的社区志愿服务内容以探访慰问类、活动协助类为主，对困难群体的政策性资源帮扶、心理帮扶、教育帮扶等专业志愿服务的开展还比较少。

3.社区志愿服务的系统性有待加强

随着"慈善+社工+志愿服务"的提出，人们对社区志愿服务的系统化要求也越来越高。面向困难群体的兜底服务是系统性的服务，需要社会组织等多方参与，更需要有针对性的服务项目。例如，根据困难群体的需求清单，对应设计志愿服务项目，并以此链接整合资源，带动社会参与。目前，成规模和体系的志愿服务项目还比较缺乏，志愿服务活动较为零散，规划性不足，需要根据困难群体的需求开展系统化的志愿服务项目设计，才能更好地满足困难群体的需求。

二 市恒福社以社区志愿服务织密兜牢
困难群体保障网的经验

（一）发挥党员的先锋模范作用

市恒福社注重整合党组织及党员志愿者资源，促进党建共建。各社工站结合思想引领、组织引领、服务引领的基本要求，让党组织在困难群体兜底服务方面发挥党建优势，发动党员志愿者以实际行动纾民困解民忧。

1. 建立常态化服务机制

基层党委是困难群体兜底服务中的关键角色和战斗堡垒，社工站将服务下沉到社区和村（居），需要与基层党委密切合作。社工与志愿者活跃在街坊邻里、田间地头，成为政府和居民之间的桥梁。为困难群体宣传政策、链接资源，建立常态化服务机制，探索对接困难群体兜底服务的机制和模式，职责清晰，覆盖全面，与基层党委对接及时有效。对低保低收入家庭、困境儿童和青少年、五保户等特殊困难群体建立了动态信息档案及商定跟进频率，根据服务对象在不同阶段面临的问题进行分类分级管理，针对服务对象的需求提供及时的志愿服务，使得对困境人群的帮扶更加精准有效。

2. 党建共建联动服务

根据广州市出台的《"您的心愿、我的志愿"——党组织、党员为群众办实事"双微"行动工作方案》，以"党组织+公益项目"的形式，联动辖区党组织，发挥社区党组织及党员志愿者的优势和作用，参与社区困境家庭需求调研和帮扶工作。一是强化党建共建契约式合作，签订党建协议，发挥党组织在参与困难群体帮扶中的战斗堡垒作用；二是运用镇（街）组织办中枢力量，按需联动各党组织，发挥组织力量，通过"线上+线下"的"双微"形式，联合党组织开展内容丰富、形式多样的主题党日活动；三是加强困难群体兜底服务项目化，将党组织与公益项目结合，提升党组织在参与困境人群帮扶工作中的持续性。目前，市恒福社各项目点与机关党组织、高校党组织、社区党组织、新经济组织和新社会组织党组织等不同类型的党组织对接，联动党组织参与形式多样的党员志愿服务，如困难群体的居家安全改造服务、重大节日关爱困难群体的党员志愿服务、困难群体的送清凉及防寒保暖服务、困难群体的微心愿对接服务、独居长者应急支援网络服务、困境儿童的学习空间改造服务等，有效满足辖区内困难群体的实际生活需要。

（二）培育专项志愿服务队

在对困难群体日常走访中发现，除了满足其基本生活保障方面的需求外，还要满足他们在子女教育、心理健康支援、兴趣发展、精神文化等方面的需求。为了更好地满足困难群体的多元化需求，市恒福社的社工通过激活和培育社区不同的专项志愿服务队，满足了困难群体在日常关怀、健康保障、居家安全等方面的需求，织密兜牢困难群体保障网。2022年全年，市恒福社一共培育志愿者825名，志愿服务时数达18855小时，培育志愿服务队伍10支，组织开展志愿服务643次，45624人次从中受益。

1. 独居长者应急支援志愿服务队

增江街社工站和江海街社工站均成立了独居长者应急支援志愿服务队，关注困难群体中独居长者的居家安全问题，解决紧急就医、紧急送药、紧急送餐等应急安全方面的需求，织密安全网。服务队成员包括社区党员、社工、居家养老服务员、家属亲人、邻居、社区专职人员、医生等。在新冠疫情期间，协助心脏不舒服的独居长者顺利入院，保障了其生命健康安全。在日常探访过程中，志愿者们根据独居长者的需求，为他们安装呼叫铃、安全扶手、小夜灯等，有效降低了独居长者的居家安全风险。

2. 健康专项关爱志愿服务队

江海街社工站成立了3支健康专项关爱志愿服务队，关注困难群体在健康方面的需求，织密兜牢困难群体健康网。3支健康专项关爱志愿服务队分别是由医院医生组成的上门问诊关爱志愿服务组、健康知识宣讲志愿服务组以及由"精神科医生+心理机构心理咨询师+社工"组成的心理健康关怀志愿服务组。通过定期上门服务，为困难群体提供健康方面的支持。2020年以来，上门问诊关爱志愿服务组共对接孤寡独居长者、重度贫困残疾人等困难服务对象60多人，通过定期上门提供药物管理、健康管理咨询及服务，使得他们在家就能获得医疗资源的支持，缓解了他们对健康的焦虑。在2021年新冠疫情严峻期间，社工保持与省二医医务志愿服务队的沟通，遇到孤寡独居长者在省二医开药存在困难时，社工及时向医院医务志愿服务队的医务志愿者了解医院的开药流程及代开药流程，迅速给缺药的服务对象开药，解决了疫情期间开药困难的问题。

3. 困难群体关爱志愿服务队

市恒福社对社区志愿者为困难人群提供的恒常关爱服务进行探索，组建困难群体关爱志愿服务队，关注困难群体的日常需求，织密日常关怀网。各志愿服务队主要由社区爱心人士组成，如由党员组成的广九关爱帮扶先锋队、由热心居民组成的"爱在一起"亲子志愿服务队、由维修能手组成的白云街小家电义修服务队、由高校师生组成的柔济爱心志愿服务队、青社队等。各志愿服务队根据困难群体的需求情况，建立探访频率机制，每月实现电探访100%全覆盖。采用入户探访、微信问候等方式，了解困难群体近期生活状况及困难诉求，及时与社工沟通和商量后续跟进计划。各类志愿服务队参与困难群体兜底帮扶，积极协调解决孤寡独居长者、困境儿童等特殊困难群体因天气寒冷、疫情防控等而产生的突发性生活困难，使困难群体获得持续的关心和支持。

4. 公益慈善志愿服务队

江海街社工站成立了公益慈善志愿服务队，组织、策划、开展公益慈善活动，使得困难群体兜底帮扶活动持续化及系统化。社工通过培训和培育，让社区志愿者成为爱心大使，参与"99公益日""爱心公益集市"等活动的组织和筹划，依托街道社区慈善基金，为困难群体的公益慈善项目筹集善款，协助项目的推进和实施，让更多的困难群体受益。2022年，该队伍为"点亮前程"困境儿童学习空间改造计划筹集善款15400元，将在2023年为20户家庭的困境儿童改善学习环境，志愿者也将持续参与后续服务。

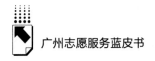

（三）以助困专项项目撬动社区志愿服务资源

为了更好地撬动社区志愿服务资源，为困难群体提供有针对性的志愿服务，市恒福社的社工站通过设置助困专项项目，有效整合社区志愿服务资源。

1. "红棉暖心"困境人群关怀计划

从 2012 年开始，市恒福社与市直机关党员志愿服务队联合实施"红棉暖心"困境人群关怀计划。该计划主要针对社区困难群体中的孤寡、独居、残障及失独家庭，由社工协助机关党员志愿者分组对接，进行定向帮扶。除了元旦、春节、清明节、端午节、中秋节等五大节日必须开展探访外，还定期举办生日会、展能、融合等暖心活动，持续为服务对象提供关怀，协助他们融入社会。该计划对接帮扶 25 户困境家庭，持续为其提供关怀及融入社会等服务，不仅让他们在物资上获得帮扶，更重要的是让服务对象获得了能力的提升，能够积极自信乐观地面对生活。几年来，一共上门探访 363 次，邀请参与活动 8 次，有 4 户困境家庭在对接帮扶后，走出人生低谷，积极乐观地面对生活。如二级肢体残障人士杨小姐表示自从遇到红棉暖心服务队队长陈女士后，自己的生活发生了非常大的改变，原来生活可以这么有希望、这么精彩。目前，她也会参与红棉暖心服务队的活动，分享自己积极乐观面对生活的故事，激励更多的残疾人乐观面对生活。单亲家庭的残障人士小飞在新冠疫情期间，罹患癌症的妈妈因病情复发在家中去世，由高龄的婆婆照顾其日常起居，后来社工与红棉暖心服务队党员志愿者、居委会一起与小飞的亲人确定了监护人，并定期上门探访关心其生活，协助小飞度过哀伤期，学会了更多的自我照顾技能，并愿意走出家门，加强了与他人及社会的互动。

2. 儿童安全友好社区项目

增江街社工站和白云街社工站开展儿童安全友好社区项目，该项目主要关注辖区内 6~12 岁儿童的安全问题。以儿童为纽带、以家庭为支点、以社区为平台建设儿童安全友好社区，改变儿童安全环境的弱势形势，积极回应儿童对安全服务的需求，增进儿童福祉。通过挖掘及培育社区骨干，搭建儿童及其家庭与社区志愿者之间交流互助的平台，推动儿童安全环境的微改造，充分调动社区内部资源以解决儿童安全问题。项目在推进过程中，得到社区爱心人士的积极参与，如社区志愿者玲姐，多次号召邻里和朋友参与社区儿童安全工作，协助社工进行社区项目推广，让社区居民了解建设儿童安全友好社区的内容和意义。同时，玲姐还积极参与儿童安全友好社区宣传阵地打造、儿童安全宣传长栏绘画等活动，提出自己对于社区儿童安全环境改造的想法，并积极带动家人和邻里一起参与社区儿童安全环境改造，培养孩子们的安全意识和对社区的归属感，以主人翁的形象参与志愿服务及儿童安全友好社区的打造。通过该项目的开展，带动更多的社区居民成为志愿者并参与到困境儿童的安全关注行动中，助力儿童安全友好社区的打造。

3. 耆英触电计划

江海街社工站从 2018 年开始开展耆英触电计划项目，通过社工培育社区志愿者，教导社区内孤寡、独居、双老长者使用电子化服务，让他们和年轻人一样享受到便利的现代化数字生活。该项目先后培育了 60 多名志愿者持续参与到耆英触电计划中，通过上门探访的方式提供教授长者学习挂号、生成穗康码和粤康码、线上买菜、设置和使用一键呼叫等便民及应急电子化服务，直接服务 750 人次，间接服务 1500 人次，上门探访 500 人次，协助电子化服务 300 次，帮助超过 400 人次解决使用手机的问题。通过该项目的带动，热心社区居民、党员、学生化身为志愿者，教授困境长者使用电子化服务，让他们享受到了电子化服务给生活带来的便利。

（四）链接整合社区慈善资源

在广州市慈善会的带动下，市恒福社陆续开展各类公益慈善志愿服务项目，如"微心愿·善暖万家"项目、"助梦成真"助力困难群体微心愿项目、"点亮前程"困境儿童学习空间改造计划、冬日送暖关爱困难群体行动等。通过摸查困难群体的需求，组织社区志愿者从衣食住行等方面全力保障困难群体的日常生活所需，通过"慈善+社工+志愿服务"形式，竭尽所能

为困难群体排忧解难。

1. 发挥社区慈善基金功能

在广州市慈善会的指导下，社工站协助街道成立了社区慈善基金。这是社区慈善服务的专项基金，可由街道、社区（村）居委会、社工机构、志愿者等发起。社工站依托社区慈善基金，筹划专项服务，挖掘社区志愿服务资源，倡导社区居民、爱心企业等参与社区慈善服务。增江街社工站发动志愿者，通过开展线上线下宣传、募捐，倡导社区居民参与慈善，为社区慈善基金募集款项。2022年共筹得善款152552.46元，用于帮扶困难群体。如增江街一位八旬拾荒老人遭遇车祸，为了帮助该老人及其孙女渡过难关，凤塔社区慈善基金发起救助专项，通过线上线下的捐款方式，收到223位爱心人士和部分单位捐赠的53410.57元，用于支付老人的医疗费用及其孙女在学习及生活上的费用，协助他们走出困境。

2. 发挥社区慈善捐赠站作用

社区慈善捐赠站提供了一个社区爱心人士、团体、企业以及机构奉献爱心的平台，方便居民在家门口做公益，更好地为社区困难群体提供社区服务。市恒福社成立的四个社工站均建立了社区慈善捐赠站，打造社区居民参与慈善活动、链接慈善资源的服务平台，使之承担社区慈善捐赠功能，并引导和鼓励社工站与具有公开募捐资格的慈善组织合作开展募集款物活动，打造"慈善+社工+志愿服务"品牌服务项目。如增江街社区困难党员卢叔的孙子刚出生，就遭遇母亲精神病复发、家庭经济拮据的困难，社工站积极联动爱心企业，为该困境家庭捐赠奶粉并支持其成长到1岁半。在社会的关注和支持下，企业主动为社区其他特殊困难群体捐赠奶粉，共计468罐，折合人民币106386元，由社工与社区志愿者一道派发到156户困境家庭人员手中，降低了困境家庭的育儿压力，减轻了他们的生活负担。

3. 公益助农促销

增江街社工站发起"一元助荔"项目，通过"助农+公益"的形式，以线上线下多种方式帮助农民销售荔枝，并为社区慈善基金募捐。通过公益助农的形式，借助线上直播等一系列宣传推广活动，打造荔枝品牌。如与广州地铁合作在广州地铁 21 号线增城广场中心站的乘客必经之处，以实景加文字图的形式展示了增城风采及荔枝独有的文化，让近 77 万人次的市民通过视觉上的参与了解更多增城荔枝文化。让更多的人了解四丰荔枝、购买四丰荔枝。每卖出一箱，农业合作社就捐赠 1 元到社区慈善基金，用于帮助辖区的困难群众。

三　强化社区志愿服务织密兜牢困难群体保障网的路径

各级党委和政府按照习近平总书记的要求："为志愿服务搭建更多平台，给予更多支持，推进志愿服务制度化常态化，凝聚广大人民群众共同为实现'两个一百年'奋斗目标、实现中华民族伟大复兴的中国梦贡献力量。"① 中国特色社会主义进入新时代，志愿服务在实现党的第二个百年奋斗目标、实现中华民族伟大复兴、实现全社会共同富裕等方面具有积极作用。民生兜底是建设社会保障安全网的重要内容，社区志愿服务在民生兜底工作的各个环节中都发挥着越来越重要的作用，故本文在实践经验的基础上思考强化社区志愿服务织密兜牢困难群体保障网的路径。

（一）凸显党建引领的地位和作用

一方面要发挥党建志愿服务在关心和帮扶困难群体方面的作用，在解决他们实际困难的过程中传递党的关心和爱护，弘扬党为人民服务的宗旨，全面提高民生兜底服务的准度、温度、厚度，不仅要解决困难群体眼前的困难，更要帮助他们树立生活的信心和希望，满足他们日趋多样的精神文化生活需求。如倾听他们的需求和困惑、答疑解难、提供帮助等，通过微小的、普通的、零碎的志愿服务，传递党的关爱，提供社会的温暖。

---

① 《习近平致信祝贺中国志愿服务联合会第二届会员代表大会召开》，中国政府网，2019 年 7 月 24 日，https：//www.gov.cn/xinwen/2019 - 07/24/content _ 5414383. htm？tdsourcetag = s _ pcqq _ aiomsg。

另一方面要重视发挥社区党组织与社会组织的党建共建作用，结合党员"双报到"发挥在职党员志愿服务的优势和作用，整合党建资源与困难群体的需求，利用菜单式公益服务项目进行更精准的资源对接，发挥共建党组织的优势开展困难群体帮扶，进一步凸显党建志愿服务在困难群体兜底帮扶中的引领作用，发挥党组织优势。如机关党组织协助特殊人群开展社会政策、救助政策解读及需求回应志愿服务，医院党组织及基层党组织做好疾病防控、困难群体就业培训或者资源链接等服务，通过组织共建，提供菜单式公益服务项目对接，不断拓展困难群体的支持网络。

（二）建立社区联动长效融合机制

2022 年 5 月，《广州市民政局关于建设社区慈善（志愿服务）工作站的通知》印发，对社区慈善（志愿服务）工作站的建设等提出了具体的工作要求和指引。在建设和运作的过程中，要充分发挥社区慈善基金募集善款和整合资源的优势、社会工作的专业优势、社区志愿者广泛参与的优势，利用优势主导，进一步发挥"慈善+社工+志愿服务"的作用，建立社区联动长效融合机制，树立"谁优势谁主导"的原则，过程中相互协助，合力织密兜牢困难群体保障网。

（三）构建邻里互助网络

新时代的城乡发展和变迁带来一些新挑战和新问题。一方面，城市化进程和人口流动加速，让越来越多的物业小区、新建社区呈现"陌生人"社会的特征，缺乏邻里互助的安全感。另一方面，农村中青年外出较多，留下老人、妇女和小孩，缺乏邻里互助的活跃力量。所以，无论是城市社区还是农村社区，大力倡导邻里守望相助的志愿服务，对于解决群众困难、改善群众生活都具有非常重要的作用。为此，我们要积极探索重建睦邻友好互助的网络，推进群体网格化志愿服务，通过"社区党委+网格员+楼栋长+社会组织+社区志愿服务队伍"结对的形式，构建邻里互助网络。采用"在社区照顾"模式，发动邻里对困境家庭关注和帮扶，特别需要对农村社区的孤寡老人、空巢老人、残疾人等困境人士提供帮助，营造"志愿为人人，人人皆志愿"的睦邻友好型社区氛围。

（四）激发社会创新活力

志愿服务是激励城乡群众自发参与、自主服务，从而弘扬奉献、友爱、互助、进步的志愿服务精神的有效形式。近年来，市恒福社一直在探索"三农"服务，关注农村问题和发展，期望有更多社会组织重视农村社区志愿服务组织的发展。如培育农村本土人才、策划实施各项农村困境家庭生活水平提升志愿服务、开展农业技能培训、拓展就业渠道等。以"助农+公益"形式引导广大群众通过公益消费，培育发展新型农业合作社，创新线上线下多样化营销方式，帮助和支持更多农村困难群体增收，探索建立长效化、精准化的助农增收机制。

（五）促进专业化和组织化

社区志愿服务发展需要不断回应新情况和新问题，因此要推出适应新形势发展要求的社区志愿服务项目，提高社区志愿服务组织的专业度和组织能力，使供需精准对接，让供需科学匹配。对于政府而言，需要大力扶持与社区需求精准对接的志愿服务组织，提升其专业化和组织化水平，营造社区志愿服务的良好环境，提升帮扶困难群体的志愿服务水平。对社会组织而言，需要不断增强现有资源的整合能力，积极培育社区志愿服务骨干，搭建发展平台，争取政府、社区和辖区各类资源，通过政府购买、公益创投、爱心企业资助等方式，推进多样化的服务，针对不同困难群体、不同个人的愿望需求，提供个性化的关爱和帮助。对于志愿服务队伍而言，需要强化其应急专业能力。作为民间力量，志愿者及志愿服务队伍具有灵活、信息传递迅速、反应迅速等优势。需要不断加强志愿服务队伍应急专业能力培训，避免困难群体因为遇到突发紧急状况而出现生理和心理应激反应，及时提供心理救助服务。

B.7
广州市社区志愿服务品牌建设的
经验、问题与对策

郭　媛[*]

摘　要： 品牌建设是事业做大做强、可持续发展的必由之路。本文基于广州市不同类型社区志愿服务品牌建设案例，归纳总结社区志愿服务创建品牌的实务经验及运作成效，分析当前社区志愿服务品牌建设面临的主要问题和挑战，并就社区志愿服务规范化建设、品牌化发展深入剖析，提出推动广州市社区志愿服务品牌建设的优化路径。

关键词： 社区志愿服务　品牌项目　品牌建设

一　广州市社区志愿服务品牌建设概况

（一）广州市社区志愿服务品牌建设背景

我国的志愿服务最早从社区志愿服务起步，随着社会服务、公益慈善、志愿服务日益强调社区视角，社区志愿服务事业向纵深、长远、高质量发展的要求亦日益显现。2022年10月，党的二十大胜利召开，报告中提出了"完善志愿服务制度和工作体系"的新要求，[①] 为志愿服务事业的进一步发

---

* 郭媛，广州市社会服务发展促进会执行会长兼秘书长，主要研究领域为公益慈善、社区志愿服务等。

① 《习近平：高举中国特色社会主义伟大旗帜　为全面建设社会主义现代化国家而团结奋斗——在中国共产党第二十次全国代表大会上的报告》，中国政府网，2022年10月25日，http://www.gov.cn/xinwen/2022-10/25/content_5721685.htm。

展指明了前进方向、提供了根本遵循，极大地点燃了社会公众参与志愿服务的热情。同年11月，住建部、民政部发布通知，要求各地重点探索推进社区适老化、适儿化改造，开展完整社区建设试点。① 试点任务主要包括：开展美好环境与幸福生活共同缔造活动，培育社区文化，凝聚社区共识，增强居民对社区的认同感、归属感。这表明社区居民的精神生活成为全龄友好社区的重要组成部分。以社区为载体开展的志愿服务，充分联动政府、企业、社会组织、学校和媒体等多方社会力量，恰是实现睦邻共治的有效方式之一。广州最早以项目化形式开展志愿服务，并在志愿服务发展进程中，展现出了培育创建、可持续运营社区志愿服务项目的综合实力，涌现出一批优秀的社区志愿服务品牌项目。在广东省加快推进"志愿广东"建设、向志愿服务强省跨越的工作部署下，志愿服务尤其是社区志愿服务的"广州经验"成为前进道路上的重要参考。

由项目升级到品牌，从创立志愿服务社会组织到推动党政机关、企事业单位、文化场馆等各行各业的组织机构陆续建立起志愿服务队伍，再到不断创新项目、延伸服务范围、协助基层社区治理、建设为市民提供各类"专业化、常态化"社区志愿服务的阵地，广州志愿服务的品牌建设始终围绕队伍与项目两大抓手展开。截至2022年12月，广州市实名注册的志愿者达468万人，累计贡献志愿服务时数超过17000万小时；② 广东省依法登记并标识的志愿服务组织2425家，志愿服务队伍超过14万支，③ 位居全国前列，逐渐形成广州志愿服务事业跨越式发展的重要支撑。广州自1987年开通国内第一条志愿服务热线——"中学生心声热线"至今，在品牌意识较为淡薄的早期发展阶段，仍领先国内其他城市一步，培育了多个志愿服务品牌。2022年7月，广州市首个社区慈善（志愿服务）工作站在越秀区北京街盐

① 《两部门：推进社区适老化、适儿化改造　开展完整社区建设试点》，"光明网"百家号，2022年11月1日，https://m.gmw.cn/baijia/2022-11/01/1303183070.html。
② 《国际志愿者日｜广州实名注册志愿者达468万人》，"广州日报"百家号，2022年12月5日，https://baijiahao.baidu.com/s? id=1751359414841549319&wfr=spider&for=pc。
③ 《广东：持续擦亮"志愿广东"品牌，推进志愿大省向强省跨越》，腾讯网，2023年2月6日，https://view.inews.qq.com/a/20230206A0811K00。

运西社区正式成立。广州志愿服务在组织体系保障上迈出了向社区深度下沉、参与社区治理的坚实步伐。广州各级社区志愿服务组织围绕社区居民的实际需求，推动设立可持续运行的社区志愿服务项目，开启了自主品牌建设之路。

（二）广州市社区志愿服务品牌建设情况

广州市社会服务发展促进会开展的"广州市社区志愿服务品牌建设情况"问卷调查结果显示，对于"成功创建自有社区志愿服务品牌的主要经验"这一问题，有85%的受访者选择了"机构负责人品牌建设意识强"，在所列选项中占比最大，其次是"特色突出"，占比为65%，再次是"品牌传播方式多元"，占比为55%，最后是"重视品牌建设的人才培养"，占比为20%（见图1）。调查结果表明，社会组织在打造社区志愿服务品牌时的经验较为多元化，其中，机构负责人的主观意识最为关键。

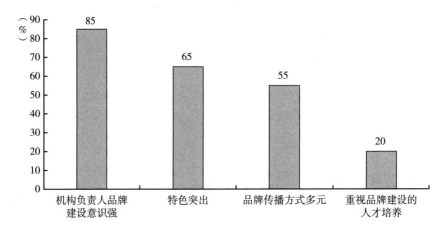

图1 成功创建自有社区志愿服务品牌的主要经验

在社区志愿服务品牌传播渠道上，自媒体渠道已实现100%全覆盖。有57%的受访对象借力大众媒体进行品牌的传播。有24%的受访对象为品牌传播开设了专门的公众号。调查结果表明，广州市社会组织在社区志愿服务品牌传播渠道的选择上较为多样化。

广州市社区志愿服务品牌的主要特点体现在以下四个方面。一是长期性。短期、临时、分散的形态无法成就品牌，品牌通常被视为项目成功的样本，具有连续性和示范性。目前，广州市社区志愿服务品牌化的队伍、项目普遍持续了10年以上。二是高辨识度。品牌视觉体系成熟，具有完整、成功的IP形象，能在公众心中建立强烈的品牌联想，如广州青年志愿者协会的"绿羊羊"形象深入人心，并演变成为广州青年志愿者的代名词。三是高知名度。如广东省首支以个人名字命名的志愿服务队伍——赵广军志愿服务队，依托全国道德模范赵广军的个人魅力持续强化社会影响力，获得公众的广泛认可。四是特色化。如广州图书馆视障人士多感官阅读志愿服务项目始于2014年，在多支助残爱心志愿服务队的共同努力下，形成了"口述电影""触读世界""非视觉摄影"等志愿服务品牌。为创新服务模式，广州结合新时代文明实践，打造了一批具有区域特色的志愿服务精品项目。如越秀区打造全市首个连接羊城红色印记的新时代文明实践红色文化移动宣讲站；黄埔区打造"靠'埔'青年　志愿同行"志愿服务专项行动；从化区打造全省首个"如愿行动"众扶互助平台，建立"互联网+慈善+志愿+N"的启航模式。

二　广州市社区志愿服务品牌项目典型案例及其经验

近年来，广州市社区志愿服务不断向专业化、常态化、全覆盖发展，品牌建设进程明显加快。以打造"志愿之城"、推动志愿服务全民参与的工作为契机，广州市多措并举，倡导多元主体联动，强化社区志愿者队伍建设，创新社区志愿服务模式，培育精品社区志愿服务项目，助力美好和谐社区的建设。

（一）跨界融合，青年力量深度参与

1.广州市政府："青年地带"

2008年初，为向青少年群体提供专业的"社工+志愿者"服务，团中

央、民政部、中央综治委在海珠区设立了首批5个全国青少年事务社会工作者试点，"青年地带"项目由此诞生，截至2011年，共开设了9个试点，成为政府购买公共服务的示范项目。"青年地带"项目在2012年9月结束试点并正式在全市推广，于2015年实现转型，将重点聚焦于为全市特定年龄段青少年群体提供超前预防、临界预防和矫正预防的社会服务，承担起预防青少年违法犯罪的重任。截至2022年，全市已经建成24个"青年地带"社区服务站点，根植在"社会化运作，职业化发展"的道路上。14年来，各站点累计服务青少年超220万人次，品牌知名度日益提升。仅2020年1~11月就开启个案1887个，开展服务小组355节，组织社区活动481场，探访家庭1150户，累计服务青少年19.79万人次，在预防青少年违法犯罪领域作出了巨大贡献。[①]

能够获得这样的成就，离不开提供专业服务的社工，但作为"社工+志愿者"服务模式的典范，"青年地带"背后数量庞大的志愿者群体也值得关注。在2020年，其登记及持续维系的志愿者数量达21710人，其中包含大量的青少年志愿者。"青年地带"开展的各类服务不仅服务于青少年，也让青少年群体有机会参与到社区志愿服务中来。如发动青少年志愿者通过热线形式为中考考生缓解心理压力，助力平安中考；招募青少年志愿者为中小学生提供课业辅导、教老人使用手机等。这些服务充分发挥了青少年群体的特长与力量，让青少年群体能够全角度深入参与到社区志愿服务中，从社区志愿服务中受益，打造了以青少年群体为主的品牌核心价值，让青少年成为"青年地带"品牌构建的一部分，成为这一品牌的标志，为品牌注入旺盛的活力。

2.广州市社会服务发展促进会："同心传善计划"

"同心传善计划"项目开启于2020年下半年，依托广州市社会服务发展促进会"善德计划"项目所提供的咨询、研究、传播等专业技术支持，

---

① 《2020年广州青年地带服务青少年近20万人次》，"广州日报"客户端，2020年12月22日，https://oss.gzdaily.cn/site2/pad/content/2020-12/22/content_1453283.html。

以"慈善文化"为聚焦点,旨在通过社区志愿服务的方式,"线上+线下"推动各方力量参与,多维度全方位助推"五社联动"机制在社区治理方面发挥更大作用,共同推广传播优秀慈善文化,助力番禺"慈善之区"建设,打造"人人做慈善 慈善为人人"的全龄友好社区。开展的服务活动有"同心传善计划——慈善番禺 有你有我"、"同心传善计划——慈善番禺 薪火相传"以及"同心传善计划——慈善番禺 友好社区"等。该项目在社区志愿服务实践中的经验主要体现在以下三个方面。

一是作为"五社联动"机制的探路器,更好地发挥"五社联动"机制为社区居民服务的功能。项目以专业力量介入传播这一专业领域,吸引了番禺区各类社会组织以及热心慈善的本地居民、企业家、青年人等各界志愿群体参与到慈善文化的传播中;开展丰富多彩的社区志愿服务活动,以增进社区居民对番禺慈善文化的了解。

二是作为"五社联动"机制的补充品,以慈善文化作为切入点,充分体现番禺特色。项目搭建了一支"榜样我来当"番禺慈善文化领军人才志愿者队伍,把脉"文化传播"并提升慈善番禺品牌影响力。招募了来自广州市番禺区各社会组织、热心企业、高校和媒体等的工作人员、大学生、记者以及番禺区各社区的热心居民,组建了一支"好事传千里"番禺慈善文化传播通讯员队伍。

三是作为"五社联动"机制的活化剂,充分激发"五社"的主体性。项目培育建立了一支以大学生为慈善文化传播主力的"'禺'爱同行"番禺慈善文化传播官队伍,持续挖掘具有创新性、延续性和可复制推广性的番禺区在地公益慈善项目,让青少年志愿者的力量能够充分展现出来。

在政、商、社、学、媒等跨界多方支持联动的良好氛围下,"同心传善计划"品牌志愿服务日益扎根社区、深入人心。

(二)多方共建,创新服务各有特点

1.广东岭南至诚社会工作服务中心:"一顿饭的陪伴"

2018年,广东岭南至诚社会工作服务中心在天河区长兴街社工站启动了"一顿饭的陪伴"志愿服务项目，为社区长者提供特别的陪伴。社区中有不少行动不便的长者长期处在"与世隔绝"的状态中，与外界缺乏沟通的境况让长者们难以获得外界的关注和支持，社区里的其他人无法了解长者们的真实生活状况。为解决孤独给长者们带来的身心健康问题，广东岭南至诚社会工作服务中心发起了"一顿饭的陪伴"，让长者们能够得到来自社会的支持。

项目受益者是社区中高龄、患病或者孤寡的空巢老人。社工站通过由"党员+社工+志愿者"组合而成的志愿服务队，为社区老人提供个性化的情感关怀服务。志愿服务队以结对帮扶的形式定期上门看望老人，帮助结对老人买菜，陪伴老人做饭用餐，用"一顿饭的时间"为空巢老人创造美好时光，让老人感受到家庭的温暖氛围。除了固定的志愿者探访外，长兴街社工站还开展了敬老感恩宴围餐活动等大型社区活动，吸引、呼吁更多的社区居民、爱心商企等多方力量关爱独居长者、创造友爱社区。

从项目发起至今，"一顿饭的陪伴"已为社区长者提供探访服务300余次，志愿服务队包括30余位固定志愿者及众多机动志愿者。志愿者群体的构成非常多样化，有学生群体和青少年志愿者，甚至还有网络主播等充满活力的年轻人，为老人带去青春快乐的气息；有社区退休党员，老老相助，相互理解；还有亲子家庭一起上阵，为老人带来家庭温暖；更有爱心商企、公益基金会等的志愿者参与，聚集社会力量关爱老人。[①]

从志愿者人员的构成来看，多方共建、多元主体参与让整个社区都能够投入长者关怀活动中，服务不再仅仅是单个机构、少数工作人员的任务，而是家人、朋友、邻里共同参与，相互关照，让关怀充满整个社区。"一顿饭的陪伴"这一品牌用最纯朴、真挚的方式将社区居民凝聚在一起，发挥出了远超"一顿饭"的社会能量。

2. 广州市合木残障公益创新中心：合木有学残障青年心智成长学院

该项目始于2016年广州市合木残障公益创新中心开设的"合木计划"

---

① 《一顿饭的陪伴暖人心！这里的空巢老人多了一群"儿女"》，"广州日报"百家号，2019年11月27日，https://baijiahao.baidu.com/s? id=1651347085947659021&wfr=spider&for=pc。

残障成长营与"重塑 DNA"残障青年成长营,在 2020 年迭代成为"合木有学残障青年心智成长学院",为广东及其周边地区视力障碍、肢体障碍、听力障碍的青年群体提供志愿服务与专业支持。

合木有学残障青年心智成长学院发展了线上和线下成长学习营,组建社群,通过咖啡、摄影、健康等主题进行交流,开展志愿服务,辐射社区,促进残障群体就业,满足社群的切实需求,并推动实现残障青年群体的自我成长。项目在社群中还培养出骨干成员,鼓励其发挥组织能力,与学员相互支持。[1]

广州市合木残障公益创新中心对该项目进行了广泛的宣传,通过在残障主题日开展公众倡导活动等方式链接社会资源,建立社会对残障人士的积极认识。独特的服务内容与宣传风格,吸引了大量志愿者的参与,通过开展残障人群探访、模拟面试、盲文书籍转录等志愿服务,项目为志愿者带来线上和线下均能够深度参与的体验感和成就感,进一步激发了人们参与社区志愿服务的热情,长久地陪伴项目成长。

3. 广州酒家集团利口福食品有限公司:党建引领社区志愿服务

广州酒家集团利口福食品有限公司有一支在党旗下集聚而成的企业党员社区志愿服务队。这支服务队由企业的党员、入党积极分子、青年团员等党团员志愿者组成。在长者探访、困难家庭关怀、疫情防控、社区便民服务、环境卫生治理等各个方面均有涉及,服务内容多样化、细致入微。这支服务队在充分了解社区群众需求的基础上,设计实施了各类社区志愿服务活动,满足了社区里不同人群的生活需求,为人们营造了一个更美好的社区。

企业党员社区志愿服务队开展过衣物缝补、小家电维修、暖心理发等便民服务,参与过向行动不便的长者和残障人士送餐的"爱心待餐"活动,还组织过超 100 名志愿者参与的无偿献血活动,以及从 2020 年起就多次开展的抗疫支援服务,形式多样。[2] 这些志愿服务活动让志愿者的"红马甲"成为社区里一道亮丽的风景线。作为一支企业党员社区志愿服务队,其充分

---

① 《合木有学》,http://www.hemucenter.com/col.jsp?id=115。
② 《四方党建共建谱新章 "学雷锋"结对送温暖 | 红联共建》,腾讯网,2022 年 3 月 4 日,https://view.inews.qq.com/k/20220304A0COH800?web_channel=wap&openApp=false。

发挥所长，结合成员自身特长一呼百应，依托主题党日、"五社联动"等各类形式不断创新，活动也纷纷被各路媒体报道。企业党员社区志愿服务队在党建引领下，勇当雷锋精神的传播者、弘扬者和践行者，为社区治理服务注入更多温暖和希望，也让公司的名字作为社区志愿服务品牌变得愈加响亮。

（三）助人自助，美好社区全民共建

1. 广州市志愿者协会：广州公益时间志愿服务平台

广州公益时间志愿服务平台（以下简称"广州'公益时间'"）项目开始于 2019 年 8 月，由广州市民政局主导推动，广州市志愿者协会负责运营，打造出了一个全新的养老志愿服务综合平台。平台坚持"党建引领、政府主导、社会协同、公众参与、科技支撑、制度保障"的养老志愿服务发展模式。与一般银行一样，广州"公益时间"也有存取功能，只不过存入的不是金钱而是志愿服务时间，取出的则是志愿服务、奖励物资等。

广州"公益时间"的建立是为了鼓励更多志愿者参与到养老服务中，不仅是为了激励青年志愿者，更是为了激励老年人，尤其是低龄老年人参与养老志愿服务，实现养老服务需求与社区志愿服务的有效对接，为实现"初老服务老老"提供强有力的支撑。各年龄段的志愿者共同投入到广州"公益时间"的建设中去，织密织牢社区长者志愿服务保障网络。

广州"公益时间"养老志愿服务的对象主要包括家庭经济困难、孤寡、失能、残障、高龄的老年人等，志愿者参与广州"公益时间"养老志愿服务，其社区志愿服务时数将按 1∶1 生成"时间积分"，"存入"广州"公益时间"，"时间积分"的"取出"可按照志愿者本人意愿进行服务或物品兑换、赠予直系亲属或向平台捐赠。[①]

广州"公益时间"可以兑换丰富多样的物资及服务，可以满足老年人不同的需求，提供个性化定制服务。既可以兑换日常生活用品、纪念徽章等

---

① 《广州市推进"时间银行"养老志愿服务机制》，"广州日报"百家号，2022 年 6 月 2 日，https：//baijiahao.baidu.com/s？id＝1734532546305001883&wfr＝spider&for＝pc。

物品，也可以兑换陪同外出、代办、送餐等服务，甚至个人护理、安全援助、医疗保健、康复护理、心理咨询、法律咨询等专业类志愿服务，还可以选择自行或委托他人提出服务需求申请，并且能够在服务完成后进行满意度评价，功能十分齐全，充分展示出了广州"公益时间"品牌的可持续发展潜力。

2. 广州市妇联："广州家姐"巾帼志愿服务队

"志愿之城"的打造少不了巾帼力量，"广州家姐"正是其中一道活跃的身影。"广州家姐"的称号第一次出现是在 2022 年 3 月，但在此之前，一批优秀的妇女志愿者就已经在广州市开展了 14 年的社区志愿服务，她们组织的名字叫作"巾帼志愿服务队"。广州市第一支巾帼志愿服务队始于 2008 年，截至 2021 年底，全市 11 个行政区的巾帼志愿者总人数已经超过了 180 万人，全广州拥有超过 1000 支巾帼志愿服务队，还指导发展形成了广州 5A 级社会组织、广州市妇女志愿者协会。[①]

"广州家姐"代表着广州市巾帼志愿者们互助友爱、无私奉献的美好形象，也让巾帼志愿服务队的形象变得更亲切、更立体。"广州家姐"巾帼志愿服务队主要的五个活动是帮扶困境家庭、关注女性健康、为妇儿圆心愿、护女童成长、守护妇女群众远离邪教，截至 2022 年服务人数已超过百万人次，展现了广州市社区志愿服务中的女性力量。在美好寓意和长期服务积累的基础上，"广州家姐"这一品牌也迅速被大众所接受。巾帼志愿服务队的服务形式让女性志愿者能够有机会专注服务于社区中的妇女儿童及其家庭，这不仅会为受到帮助的妇女儿童及其家庭带来积极影响，也能凝聚广大女性志愿者，吸引更多妇女群众参与到社区志愿服务中来，让"广州家姐"的队伍更加壮大、品牌愈加鲜明。

从上述案例可以看出，一个社区志愿服务品牌的建设，离不开其核心价值与优秀的志愿者队伍。无论是针对哪一类群体展开的社区志愿服务，都离

---

① 《广州巾帼志愿者超 180 万人 志愿服务队过千支》，新快网，2021 年 12 月 5 日，https://www.xkb.com.cn/article_675645。

不开对服务对象需求的了解与回应。一个品牌的设立与成长始终立足于其最主要的服务理念，即它的核心价值。例如，服务青少年的品牌应将目光始终聚焦青少年群体，服务长者的品牌将长期关注长者的需求，不能失去重心，必须保持品牌核心一以贯之。此外，紧跟时代步伐，利用好媒体宣传平台展示自身特点，才能既提升自身品牌知名度，又凭借品牌影响力更多地吸引志愿者参与，助力社区志愿服务建设。

赋能培训是志愿者队伍组建的重要一环。其中，几个案例还将服务对象与志愿者群体进行了融合，青少年志愿者服务青少年、长者志愿者服务长者、妇女志愿者服务妇女，相似的服务对象与志愿者不但能更好地互相理解，甚至能够互相转换，让助人者与受助者都能从中获得成长，达到更好的互助效果，也能够形成品牌特征，为项目成长和品牌建设引来或储备优秀的人才。

三 广州市社区志愿服务品牌建设的问题及挑战

当前，广州市社区志愿服务在政策法规、组织形态、人力资源保障体系方面取得了长足进步。依托品牌创建的早期探索和实践，广州市社区志愿服务有条件进入更成熟的品牌建设道路，实现品牌化升级，激发社区志愿服务新活力。但由于现实因素的影响和体制机制的制约，广州市社区志愿服务品牌建设工作仍然面临诸多问题及挑战。

（一）社会组织品牌运营经费筹集困难

倡导社会力量参与社区建设和基层社会治理是新时代我国政策导向的主流趋势。多年来，除少数重点项目建设由政府或相关职能部门牵头主抓外，绝大多数社区志愿服务的实施主体是社会组织。尤其自 1995 年广州青年志愿者协会成立以来，其承担了全市多领域多类型的志愿服务，民间志愿服务队的作用和声誉不断凸显。但由于社会组织先天性质、法律地位等仍有亟待突破的难点，多数组织面临筹资压力，挣扎在生存线上，很难担负成本相对高的品牌建设，尤其像青年社会组织，其虽然在调动社会资源和动员能力方面显现优势，但由于发展政策和支持力度的双重不足，职业保障基础薄弱、发展能力不足等问题仍旧突出，运营举步维艰，常常为存活而倾向"赚快钱"的短期行为。

（二）品牌建设专业人才队伍搭建困难

近年来，我国公益慈善事业加速发展，吸纳了社会各类人员就业，每年均有不同程度的扩容。但面对庞大的社会工作服务和公益慈善事业发展需求，这种增长还远远不够，人才缺口大一直是行业的困扰。而且从社会组织的现状来看，人才紧缺也是一种普遍问题。品牌是用抽象化的、特有的、能识别的心智概念来表现差异性，综合反映项目在民众意识中占据的一定位置。打造成功品牌要解决同质化问题，必须结合特性加以创造性发挥，构建品牌体系往往需要品牌策划、视觉设计、品牌传播等专业人力支撑，这是一个持续发展的"慢"过程，而"钱少人少"的社会组织恰恰"等不起"。人员频繁更换、人才不断流失，队伍不稳定成为品牌发展极为不利的影响因素。

（三）社区志愿服务品牌活动可持续性弱

社区志愿服务工作的目标之一是让志愿服务走进千家万户，吸引更多居民加入志愿服务行列。为实现这个目标，必须以活动项目为支撑，以体制机制作保障。当前，社区志愿服务同质化、形式化等问题较为严重。社区志愿者队伍建设过分追求速度和数量，队伍整体技能水平不高，社区志愿服务结构单一、水平有限，难以满足人们的多元化需求。而且社区志愿者队伍的"松散型"特征，同样不利于形成规范有效的管理制度和工作机制，很难调动社区居民的参与热情，进一步削弱了品牌活动的可持续性，服务成效也受影响。同时，近年来的社区志愿服务项目主要依托公益慈善创投、社区微公益创投等平台开展，服务的周期性、指标化特点明显，对于建立长效工作机制和加强组织结构稳定性，以及形成品牌所需的连续性都有所制约。

（四）社区志愿服务同质化、形式化问题严重

特色化是确立品牌辨识度的基础。能否形成自身独一无二的鲜明特色，决定了品牌打造的成功与否。尚未搭建形成的品牌形象往往是总括性、抽象性的，是一种笼统而模糊的形象。大而全的品牌形象较难在公众心中留下深刻印象。创建品牌不是简单地贴标签，而是要分析服务各要素的自身优势、发展方向、价值理念。对于社区志愿服务的品牌建设而言，要从社区志愿服务视角识别最具特色、最能吸引公众关注、最能调动公众情绪引发共鸣的内容，并加以聚焦塑造。由于社区志愿服务不同主体间的依存关系尚未形成，组织信息、资源共享程度较低，在缺乏整体规划的"快餐式"状态下，社区志愿服务大部分集中于"老年关怀""社区卫生""扶贫济困"等领域，更为关注兜底性的社会议题，服务较为同质化，居民所需的"文化精神生活""社会信息"等方面缺乏深度拓展，更富创造力的特色内容难以呈现。

（五）社区志愿服务的社会认可度较低

从全国首条志愿服务热线设立，到率先创建"慈善之城"，继而将创建"慈善之城"与"社工+"战略结合，推动慈善向社区下沉，既是广州对善城建设的深化提升，也是广州同步深化社区志愿服务的良机。建设一个好的品牌，可以赋予项目独特性和可识别性，这是项目高质量发展的基础，是深化社区志愿服务所需。在社区志愿服务形成新发展格局的今天，品牌化迎来更高要求。尽管广州市志愿服务走在全国前列，社会组织或社区社会组织负责人、从业人员的品牌意识也普遍高于其他地区，但仍然离自主树立打造"百年老店"的品牌意识存在一定差距。而在现实困境面前，品牌建设自主性表现不佳，不愿意投入成本或者投入很少，对于社区志愿服务的宣传工作较少，难以在社区居民心中形成对志愿者和志愿活动的深入认知。

四 广州市社区志愿服务品牌建设的优化路径

(一)完善品牌战略规划和品牌建设工作制度体系

制度建设是发展的保障和基础。近年来,广州市在宏观层面出台一系列志愿服务法规条例,为志愿服务组织的品牌化发展提供了有法可依的制度保障,使得广州市志愿服务的品牌化发展明显提速。长远的品牌化发展需要战略眼光,品牌战略一般通过品牌定位、形象识别、品牌联合以及品牌传播实现。社区志愿服务品牌建设的首要任务是完善品牌战略规划,树立进一步打响品牌的目标,厘清阶段性发展的脉络。把握阶段性特征,分步部署实施,更好地巩固品牌成果,发挥品牌效应。对于公益组织来说,在打造服务品牌的不同时期,应考量社会的发展现状,积极地对服务项目进行调整。

同时,要建立健全品牌建设工作制度体系,让其成为塑造品牌的主要机制与载体,以专业的系统规划推动具体工作,建立社会责任与业务工作有机融合的工作模式以推动品牌建设,保障队伍的稳定性和工作的连续性,促进信息和资源共享,加快社区志愿服务品牌建设进程。建立品牌保护机制。每一次的品牌活动,都是对品牌塑造、品牌传播成果的一种保护,这种保护机制的关键是建立完善的组织体系、危机处理机制和清晰的协同工作机制。

(二)为社会组织品牌建设提供全面保障

除以专业社工带志愿者的模式开展社区志愿服务外,社区社会组织作为开展社区志愿服务的新载体在广州开始发挥更大作用。同时,鼓励更多民间组织加入创建"志愿之城"的行动也是政策及大势所趋。鉴于目前社会组织、社区社会组织普遍存在"用人难,用专业人才更难"的问题,社区志愿服务品牌对社工、社区志愿服务团队增能赋能,提高相关工作人员的品牌意识和品宣技能，结合品牌发展需要开展差异化培训，在志愿者团队里培育发现好苗子好种子，组建传播官志愿队，让其成为品牌传播活动开展的主体，提高社区志愿服务团队的专业性和创新性，以"专业引领非专业"，为打造社区志愿服务品牌建造"人才库"。

（三）建设社区志愿服务示范项目

志愿服务需要志愿者投入一定的时间和精力，因其自愿性、无偿性等特点，参与主体以社区长者、全职妈妈居多，尤其老年人是当前参加社区志愿服务的主体力量，这个现象在全国十分普遍，需要得到关注和改变。该类群体对于新媒体运用、品牌建设的认知普遍不足，为深化社区志愿服务品牌建设，一方面需要主动吸纳、引导具有品牌传播技能的中青年力量参与社区志愿服务——社区志愿服务发展特别需要中青年力量参与，这才是可持续发展之道，另一方面应当积极利用在册党员资源，打造优质品牌样板，建设社区志愿服务示范项目，引领社区志愿服务品牌"多点开花"——广州市自2019年起积极推动在册党员回社区报到并开展志愿服务，建立起"党建+社区志愿服务"的新机制。社区志愿服务进入深化品牌建设阶段，更要依托党员回社区报到的重要契机，凝集党员力量，与中青年群体紧密互动，挖掘骨干力量并将中青年党员带动起来，发挥其专长优势，强化党员力量在品牌化进程中的作用。

（四）打造社区志愿服务特色

在同质化的社区志愿服务中，只有树立自身独特的品牌形象，才能成功打响品牌。树立独特的品牌形象，需要因应现实需要，对品牌进行战略定位，挖掘最契合自身优势和愿景的内容要素。内容建设上重点打造特色服务，特别是要形成属于广州市的社区志愿服务特色，打造地域性、本土化志愿服务品牌，树立较好的社会形象，沉淀时间，加大原有志愿服务品牌的资源整合力度等，进一步增加社区志愿服务品牌项目在市民心中的分量。品牌策略上强调差异化，强化"横向联动+纵向贯通"模式，多元主体协同，各取所长联手推进活动，如推动党组织参与项目建设，引导广大党员积极投身活动的策划和运营，以党建为抓手，推动形成"党建+社区志愿服务"品牌效应，擦亮"党建+社区志愿服务"特色品牌等。

（五）搭建"互联网+"综合性品牌传播平台

以"互联网+"模式为桥梁，拓宽社区志愿服务的信息传播渠道。充分运用"互联网+"等品牌传播手段，结合网站、微信、微博等宣传途径，有效利用"大众媒体+自媒体平台"的矩阵式推广形式，扩大社区志愿服务品牌活动的覆盖面和影响力。实施多向度品牌传播策略，提升多介质新闻生产能力，构建多渠道、立体化对外传播格局；以多元化、多维度形态向公众传递品牌理念与价值诉求，提升品牌美誉度。同时，也要将广泛传播与垂直传播相结合，持续集纳相关报道，形成强大宣传声势，增强社区志愿服务品牌宣传成效，增加与社区居民、社会群体的互动活动，促进社区志愿服务理念的传播，以品牌建设推进社区志愿服务高质量发展。

B.8

广州市社区志愿服务动员能力
和组织机制的经验探索

广州市社区志愿服务和组织研究课题组*

摘　要： 通过对广州市社区志愿者参与社区志愿服务的调查，本文分析了其现状和特点，发现当前广州市社区志愿服务动员参与有"5P"类型。同时，结合资源动员理论，本文从组织管理角度发现当前广州市社区志愿服务组织存在志愿服务资源（资金、物资等）不充足、志愿服务培训不到位、志愿服务分工不明确、对志愿者的激励不足等困难；从组织内部动员角度发现社区志愿服务组织在动员过程中存在团队合作程度较低、志愿者身份认同感不足等挑战。为进一步推动广州市社区志愿服务动员能力和组织机制的持续发展，本文从社区志愿服务的资源动员、成员动员和框架动员三个维度进行了经验探索。

关键词： 社区志愿服务组织　社区志愿服务　资源动员

　　广州作为我国志愿服务的发源地之一，自 1987 年诞生第一条志愿服务热线开始，已走过 30 多年的发展历程。据广东省志愿者联合会下属的"志

---

* 广州市社区志愿服务和组织研究课题组组长：陈美招，广东外语外贸大学社会工作系主任、硕士生导师，主要研究领域为社会工作与社区治理、乡村振兴、土地政策与管理。组员：唐晓容，华南农业大学社会工作系教师，主要研究领域为儿童青少年社会工作与服务；赵钰浩、鸡娜娜，广东外语外贸大学 2022 级社会工作系硕士研究生，主要研究领域为社会工作与服务。

愿广州"统计，截至 2022 年 10 月 10 日，广州全市已注册志愿者组织 2541 个，已发展志愿者服务团体 16346 个，注册志愿者超过 447 万人，累计志愿服务时数达 5974 万小时。社区志愿服务是广州志愿服务的重要组成部分，对于积极发展社区基层民主，完善基层直接民主制度体系和工作体系，加强城乡社区群众自我管理、自我服务、自我教育、自我监督助益不小。

为进一步了解当前广州市社区志愿服务动员能力，探索广州市社区志愿服务动员能力和组织机制的未来发展方向，本研究采用自编问卷的方式对广州市参与社区志愿服务的志愿者展开了调查，共回收有效问卷 662 份。通过调查，本研究在全面总结广州市社区志愿者参与社区志愿服务的现状和特点的基础上，分析了广州市社区志愿服务动员参与的"5P"类型，梳理了广州市社区志愿服务组织管理的困难和挑战，并结合资源动员理论对广州市社区志愿服务组织机制进行了经验探索。

一　广州市社区志愿者参与社区志愿服务的现状和特点

（一）社区志愿服务组织吸纳参与主体的口径宽

一方面，社区志愿服务组织中志愿者的年龄结构呈现出年龄涵盖范围广且两头小、中间大的特点。在对社区志愿服务组织的调查中，15.7% 的志愿者为 6~19 岁；19.2% 的志愿者在 50 岁及以上；而在本次调查中，65.1% 的志愿者年龄段在 20~49 岁（见表 1）。

表 1　社区志愿者年龄结构

单位：人，%

年龄段	计数	占比
6~12 岁	17	2.6
13~19 岁	87	13.1
20~29 岁	132	19.9

续表

年龄段	计数	占比
30~39 岁	158	23.9
40~49 岁	141	21.3
50~59 岁	65	9.8
60 岁及以上	62	9.4
总计	662	100.0

注：表中"占比"是指占参与调研总数的比例。

另一方面，根据社区志愿服务组织中成员政治面貌分布可知，54.7%的社区志愿者为群众，超过半数（见表2），可见社区基层群众在参与志愿服务时表现非常活跃。

表 2　社区志愿者政治面貌分布

单位：人，%

政治面貌	计数	占比
少先队员	45	6.8
共青团员	139	21.0
中共党员	113	17.1
民主党派	3	0.5
群众	362	54.7
总计	662	100.0

注：表中"占比"是指占参与调研总数的比例。

综上可见，广州市社区志愿服务组织对志愿者的吸纳上呈现出年龄覆盖范围广、志愿者资源相对充足，且年龄方面形成了两头小、中间大的橄榄形结构。社区志愿服务组织年龄覆盖范围广，从儿童到退休老人均有所吸纳，体现出社区志愿服务组织吸纳参与主体的口径宽和可动用志愿者资源相对充足。其次，在广州市社区志愿服务发展成熟阶段，中共党员、共青团员和少先队员的带头参与依然较为明显。

（二）参与渠道较为多样

志愿者参与渠道方面，社区志愿服务组织招募是志愿者参与频率最高的渠道，占比93.8%；其次，45.6%的志愿者通过邻里朋友介绍参与；值得关注的是，选择学校组织参与和单位组织参与的也较多，分别占比35.8%和31.0%（见表3）。

表3 社区志愿者参与社区志愿服务的渠道

单位：人，%

参与渠道	计数	占比
学校组织参与	237	35.8
单位组织参与	205	31.0
社区志愿服务组织招募	621	93.8
邻里朋友介绍	302	45.6
其他	77	11.6

注：表中"占比"是指占参与调研总数的比例。

社区志愿服务组织招募是绝大部分志愿者参与社区志愿服务的渠道选择，这表明广州市的社区志愿服务组织招募方式多样，并且被人们所熟悉、知晓，足以招募大量的社区志愿者资源。同时，社区志愿服务组织深入企业、单位、学校中，通过i志愿平台、公共社交媒体平台等渠道发布志愿者招募消息，体现了覆盖范围广、沟通协作多、招募效率高等特点。

70.8%的志愿者经常或总是动员身边的人参与社区志愿服务（见表4），表明了邻里朋友介绍渠道的重要性。广州市在社区志愿服务招募环节非常重视搭建并完善人际网络，灵活发动社区成员参与并经由他们再发动其他成员参与其中，这样能达到扩展社区成员参与社区志愿服务的良好效果。

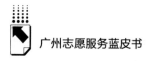

表4　社区志愿者动员身边的人参与社区志愿服务频率

单位：人，%

动员频率	计数	占比
总是动员	91	13.7
经常动员	378	57.1
很少动员	175	26.4
从未动员	18	2.7
总计	662	100.0

注：表中"占比"是指占参与调研总数的比例。

（三）社区志愿服务组织积极号召、促进自愿参与

社区志愿服务组织通过多样的招募渠道，积极号召社区成员参与到社区志愿服务当中。社区志愿服务组织中93.7%的志愿者在了解社区志愿服务内容后自愿参与社区志愿服务，6.3%的志愿者因学校或单位要求参与到社区志愿服务当中（见表5）。这表明社区志愿服务组织中绝大部分的志愿者主动响应并自愿参与社区志愿服务。其不但是后期驱动社区志愿服务的宝贵资源，还可充当间接动员媒介，以动员其他社区成员参与到社区志愿服务当中，有利于社区志愿服务组织进一步扩展社区志愿者网络。

表5　社区志愿者社区志愿服务自愿参与情况

单位：人，%

自愿参与情况	计数	占比
自愿参与	620	93.7
学校或单位要求参与	42	6.3
总计	662	100.0

注：表中"占比"是指占参与调研总数的比例。

（四）社区志愿服务组织类型多元

为满足社区需要，社区志愿服务组织的类型呈现多元化。如表6所示，

由社会公益组织发起成立的组织最受志愿者欢迎（85.2%），志愿者更偏向于响应该类型组织的动员；由社区发起成立的组织吸引了82.8%的志愿者参与到其举行的社区志愿服务中；42.4%的志愿者偏向于响应由学校或教育部门发起成立的组织的号召，从事社区志愿服务。

表6　社区志愿者偏向于参与的组织类型

单位：人，%

组织类型	计数	占比
由社区发起成立的组织	548	82.8
由社会公益组织发起成立的组织	564	85.2
由单位发起成立的组织	189	28.5
由学校或教育部门发起成立的组织	281	42.4
其他	25	3.8

注：表中"占比"是指占参与调研总数的比例。

根据社区志愿者社区志愿服务自愿参与情况与偏向于参与的组织类型交叉分析（见表7），发现由社区发起成立和由社会公益组织发起成立的组织更能吸引自愿参与社区志愿服务的志愿者，而由单位发起成立和由学校或教育部门发起成立的组织更多动员的是被动参与社区志愿服务的志愿者。

表7　社区志愿者社区志愿服务自愿参与情况与偏向于参与的组织类型交叉分析

单位：人，%

组织类型	自愿参与		学校或单位要求参与	
	计数	占比	计数	占比
由社区发起成立的组织	525	84.7	23	54.8
由社会公益组织发起成立的组织	534	86.1	30	71.4
由单位发起成立的组织	167	26.9	22	52.4
由学校或教育部门发起成立的组织	258	41.6	23	54.8
其他	24	3.9	1	2.4

注：表中"占比"是指占表5中选择相应"自愿参与情况"调研人数的比例。

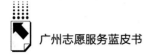

受访志愿者的参与偏向，从侧面反映了广州市社区志愿服务组织具有类型多元化的特点，这些组织覆盖或涉及了社区、社会公益组织、单位、学校与教育部门等，为志愿者提供了参与到社区志愿服务中的多元平台。社区志愿服务组织开展活动和发展需要依靠志愿者，多元化的组织类型为志愿者提供了更丰富的平台，双方相互促进和影响，志愿者根据自己的兴趣和对组织宗旨的偏好选择有利于自己的组织，从而加入社区志愿服务当中。

（五）社区志愿服务培训内容完整

广州市的大部分社区志愿服务组织在服务前会为志愿者提供与服务相关的知识技能的培训和与服务主题和内容相关的培训，79.8%的志愿者在服务前接受过社区志愿服务组织提供的相应培训，50.6%的志愿者在服务前接受过社区志愿服务组织为其提供的志愿服务基本理念的培训，44.1%的志愿者接受过社区志愿服务组织提供的与服务安全和风险相关的培训，23.9%的志愿者在参与服务之前接受过志愿者相关法律法规知识的培训（见表8）。

表8　社区志愿者参与社区志愿服务培训内容

单位：人，%

培训内容	计数	占比
与服务相关的知识技能的培训	421	63.6
与服务主题和内容相关的培训	425	64.2
与服务安全和风险相关的培训	292	44.1
志愿者相关法律法规知识的培训	158	23.9
志愿服务基本理念的培训	335	50.6
其他	23	3.5
没有培训内容	134	20.2

注：表中"占比"是指占参与调研总数的比例。

社区志愿服务组织对志愿者进行培训至关重要。组织培训可以起到提升志愿者能力素质并使之快速适应社区志愿服务的作用，从而避免志愿者在服务过程中受到伤害，提升志愿者的服务水平和质量，促使志愿者更好完成社区志愿服务，以达到社区志愿服务组织要求。对志愿者资源的动员离不开成本—收益均衡，参与社区志愿服务活动是志愿者对资源理性选择的结果，社区志愿服务组织提供的培训机会对于志愿者来说具有较强的吸引力，对吸引志愿者参与社区志愿服务有良好的效果。

（六）社区志愿服务组织激励措施较为完善

自愿性、无偿性和公益性是志愿服务的特点，有94.6%的志愿者认为社区志愿服务是无偿服务（见表9）。志愿服务中志愿服务组织为志愿者提供激励措施，能为其提供一定的"收益"，进而促使社区志愿者保持或提高参与社区志愿服务的积极性和持续性。

表9　社区志愿者认为社区志愿服务是否有偿服务情况

单位：人，%

是否有偿服务	计数	占比
是	36	5.4
否	626	94.6
总计	662	100.0

注：表中"占比"是指占参与调研总数的比例。

从总体来看，共有67.8%的志愿者在志愿服务中接受过社区志愿服务组织提供的激励（见表10），显示当前广州多数社区志愿服务组织具备较为完善的激励措施。一方面，各社区志愿服务组织注重对志愿者的精神激励；另一方面，社区志愿服务组织常采用以物质激励为辅的激励措施。广州市社区志愿服务组织这种以精神激励为主、物质激励为辅的措施在起到激励作用的同时，也有利于提升资源动员的效果。

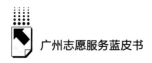

表 10　社区志愿服务组织的激励措施

单位：人，%

激励措施	计数	占比
学校或单位内部组织优秀志愿者评选	199	30.1
社区组织优秀志愿者表彰	348	52.6
获得自己感兴趣的培训课程	224	33.8
获得有挑战性的工作	145	21.9
获得部分自主权	93	14.0
获得社区内文娱设施使用权的奖励	60	9.1
获得部分日用品的奖励	139	21.0
可报销车费、伙食费或通信费	109	16.5
提供好的工作条件	47	7.1
提升自己在学校或单位中的地位	58	8.8
其他	51	7.7
没有激励措施	213	32.2

注：表中"占比"是指占参与调研总数的比例。

调查发现，志愿者对社区志愿服务组织激励措施及其时效性的满意度很高。如表 11、表 12 所示，共有 95.1% 接受过社区志愿服务组织激励的志愿者对激励措施表示基本满意、较为满意或非常满意；同时，共有 90.6% 接受过社区志愿服务组织激励的志愿者认为激励措施具备时效性。综上可见，当前广州市在具备较为完善的社区志愿服务激励措施的基础上，形成了较为及时的、有一定成效的激励体系。

表 11　社区志愿者对激励措施的满意度

单位：人，%

满意度	计数	占比
非常满意	127	28.3
较为满意	161	35.9
基本满意	139	31.0
不满意	22	4.9
总计	449	100.0

注：表中"占比"是指占接受激励措施满意度调查总数的比例。

表12　当前社区志愿服务组织激励措施时效性满意度

单位：人，%

时效性满意度	计数	占比
非常及时	143	31.8
较为及时	264	58.8
不及时	42	9.4
总计	449	100.0

注：表中"占比"是指占接受激励措施满意度调查总数的比例。

二　广州市社区志愿服务动员参与的"5P"类型分析

本文将广州市社区志愿服务动员参与的类型进行梳理和归纳，认为共有五种——满足个人精神需要型（Personal Spiritual Needs）、提升个人能力型（Personal Ability Improvement）、满足个人利益需要型（Personal Interest Needs）、促进个人成长发展型（Personal Growth and Development）、激发个人社会责任型（Personal Social Responsibility），简称"5P"。

结合表13数据分析可见，在"5P"类型中，满足个人精神需要型与志愿者"享受助人过程中的成就感"个人精神满足参与动机相对应，指社区志愿服务组织对志愿者的激励通过激发志愿者个人成就感而实现。提升个人能力型与志愿者"提升个人能力和技能"和"丰富个人履历"个人能力提升参与动机相对应，是指社区志愿服务组织通过社区志愿服务过程，对志愿者能力进行提升，以满足志愿者个人对自身能力和技能提升、履历丰富的需求。满足个人利益需要型与志愿者"学校或单位要求""消磨空闲时间""扩展自己的朋友圈"个人利益需要参与动机相对应，更多强调志愿者以个人的利益满足为中心。促进个人成长发展型是指社区志愿服务组织通过吸纳志愿者，使志愿者在参与社区志愿服务后个人动机发生改变，满足志愿者希望通过社区志愿服务实现个人成长和发展的需求。激发个人社会责任型则与志愿者"为社会做贡献"和"支持志愿服务精神"社会责任感参与动机相对应，指部分志愿者参与社区志愿服务是为满足其个人社会责任感动机。

表13　社区志愿者最初参与社区志愿服务的动机

单位：人，%

参与动机	计数	占比
为社会做贡献	480	72.5
支持志愿服务精神	511	77.2
提升个人能力和技能	379	57.3
丰富个人履历	251	37.9
学校或单位要求	142	21.5
享受助人过程中的成就感	299	45.2
扩展自己的朋友圈	178	26.9
消磨空闲时间	111	16.8
其他	11	1.7

注：表中"占比"是指占参与调研总数的比例。

（一）满足个人精神需要型

个人精神满足参与动机为志愿者参与社区志愿服务的动机之一，社区志愿服务组织针对"享受助人过程中的成就感"动机，激发志愿者参与社区志愿服务积极性，形成满足个人精神需要型动员，实现对部分社区志愿者的有效动员。

首先，从表14可知，社区志愿服务组织进行满足个人精神需要型动员时，20~29岁志愿者较其他年龄段更注重在社区志愿服务过程中实现个人精神满足，53.0%的该年龄段志愿者选择"享受助人过程中的成就感"动机。根据调查数据可知，该年龄段志愿者主要为大学生或已步入社会的年轻群体，对该类型志愿者进行满足个人精神需要型动员更能调动其参与社区志愿服务的积极性。

表14　社区志愿者年龄结构与个人精神满足参与动机交叉分析

单位：人，%

年龄段	参与动机	
	享受助人过程中的成就感	
	计数	占比
6~12岁	8	47.1
13~19岁	34	39.1
20~29岁	70	53.0

年龄段	参与动机	
	享受助人过程中的成就感	
	计数	占比
30~39岁	62	39.2
40~49岁	66	46.8
50~59岁	30	46.2
60岁及以上	29	46.8

注：表中"占比"是指占表1中选择相应"年龄段"调研人数的比例。

其次，满足个人精神需要型动员更能有效吸引自愿参与社区志愿服务的志愿者。自愿参与社区志愿服务的志愿者中，46.9%选择"享受助人过程中的成就感"为其主要动机，而学校或单位要求参与的被动参与社区志愿服务的志愿者中，19.0%选择"享受助人过程中的成就感"（见表15）。社区志愿服务组织使用满足个人精神需要型动员以吸引自愿响应组织招募的志愿者更能产生效果。

表15 社区志愿者社区志愿服务自愿参与情况与个人精神满足参与动机交叉分析

单位：人，%

参与动机	自愿参与		学校或单位要求参与	
	计数	占比	计数	占比
享受助人过程中的成就感	291	46.9	8	19.0

注：表中"占比"是指占表5中选择相应"自愿参与情况"调研人数的比例。

（二）提升个人能力型

社区志愿服务组织通过社区志愿服务，满足志愿者对个人提升能力和技能、丰富履历的需要，动员志愿者积极加入社区志愿服务组织，广泛参与社区志愿服务。

首先，社区志愿服务组织中，13~19岁青年志愿者更注重在社区志愿服务中提升个人能力和技能。具体而言，72.4%的该年龄段志愿者重视提升个人能力和技能。此外，47.1%的该年龄段志愿者重视丰富个人履历（见表16）。根据成本—收益均衡这一结论，该年龄段志愿者希望在为社区志愿服务贡献时间和精力的同时，获得更多个人能力方面的提升。

表16　社区志愿者年龄结构与个人能力提升参与动机交叉分析

单位：人，%

年龄段	参与动机			
	提升个人能力和技能		丰富个人履历	
	计数	占比	计数	占比
6~12 岁	9	52.9	6	35.3
13~19 岁	63	72.4	41	47.1
20~29 岁	86	65.2	54	40.9
30~39 岁	97	61.4	66	41.8
40~49 岁	67	47.5	46	32.6
50~59 岁	27	41.5	25	38.5
60 岁及以上	30	48.4	13	21.0

注：表中"占比"是指占表1中选择相应"年龄段"调研人数的比例。

其次，专长志愿者在参与社区志愿服务过程中更注重个人能力提升动机。如表17所示，社区志愿服务组织中专长志愿者在"提升个人能力和技能""丰富个人履历"方面占比均高于其他项目志愿者。个人能力提升是其参与社区志愿服务时最为看重的因素，针对专长志愿者的动员，社区志愿服务组织可以在其工作日空余时间或周末开展更多的专长服务。

表17　社区志愿者参与服务项目与个人能力提升参与动机交叉分析

单位：人，%

服务项目			参与动机			
			提升个人能力和技能		丰富个人履历	
类型	计数	占比	计数	占比	计数	占比
社区公共服务	581	87.8	328	56.5	239	41.1
关爱社区特殊困难群体	450	68.0	278	61.8	182	40.4
专长服务	85	12.8	62	72.9	45	52.9

服务项目			参与动机			
			提升个人能力和技能		丰富个人履历	
类型	计数	占比	计数	占比	计数	占比
公共应急服务	365	55.1	224	61.4	151	41.4
其他	55	8.3	25	45.5	15	27.3

注：表中"服务项目"中的"占比"是指占参与调研总数的比例；"参与动机"中的"占比"是指占选择相应"服务项目"调研人数的比例。

最后，志愿者偏向于选择由单位、学校或教育部门发起成立的组织，其个人能力提升参与动机较其他志愿者更强。志愿者选择由单位发起成立的组织，其"提升个人能力和技能"动机占64.6%，"丰富个人履历"动机占45.0%；选择由学校或教育部门发起成立的组织，其"提升个人能力和技能"动机占61.2%，"丰富个人履历"动机占46.3%（见表18）。

表18　社区志愿者偏向于参与的组织类型与个人能力提升参与动机交叉分析

单位：人，%

组织类型	参与动机			
	提升个人能力和技能		丰富个人履历	
	计数	占比	计数	占比
由社区发起成立的组织	320	58.4	215	39.2
由社会公益组织发起成立的组织	328	58.2	221	39.2
由单位发起成立的组织	122	64.6	85	45.0
由学校或教育部门发起成立的组织	172	61.2	130	46.3
其他	14	56.0	7	28.0

注：表中"占比"是指占表6中选择相应"组织类型"调研人数的比例。

（三）满足个人利益需要型

首先，社区志愿服务组织中志愿者动机是丰富多样的，专长志愿者在注重个人能力提升动机的同时，也注重个人利益需要动机。目前主要参与专长

服务的社区志愿者中,30.6%选择"学校或单位要求"动机,41.2%选择
"扩展自己的朋友圈"动机,23.5%选择"消磨空闲时间"动机(见表
19)。通过数据对比,专长志愿者受到个人利益需要动机的影响相较于其他
志愿者更大。

表19 社区志愿者参与服务项目与个人利益需要参与动机交叉分析

单位:人,%

服务项目	参与动机					
	学样或单位要求		消磨空闲时间		扩展自己的朋友圈	
	计数	占比	计数	占比	计数	占比
社区公共服务	124	21.3	100	17.2	163	28.1
关爱社区特殊困难群体	97	21.6	70	15.6	130	28.9
专长服务	26	30.6	20	23.5	35	41.2
公共应急服务	79	21.6	66	18.1	106	29.0
其他	12	21.8	8	14.5	7	12.7

注:表中"占比"是指占表17中选择相应"服务项目"调研人数的比例。

其次,偏向于参与由单位、学校或教育部门发起成立的组织的志愿者,
其受"学校或单位要求"动机的影响相较于选择其他组织类型的志愿者更
大(见表20)。

表20 社区志愿者偏向于参与的组织类型与个人利益需要参与动机交叉分析

单位:人,%

组织类型	参与动机					
	学样或单位要求		消磨空闲时间		扩展自己的朋友圈	
	计数	占比	计数	占比	计数	占比
由社区发起成立的组织	101	18.4	102	18.6	157	28.6
由社会公益组织发起成立的组织	109	19.3	100	17.7	160	28.4
由单位发起成立的组织	57	30.2	36	19.0	55	29.1
由学校或教育部门发起成立的组织	103	36.7	48	17.1	83	29.5
其他	2	8.0	2	8.0	4	16.0

注:表中"占比"是指占表6中选择相应"组织类型"调研人数的比例。

（四）促进个人成长发展型

促进个人成长发展型指参与社区志愿服务后，志愿者个人获得成长发展，动机更偏向于主动参与。参与社区志愿服务后志愿者的参与动机有所变化，但社会责任感动机仍占主要地位。从总体上看，"学校或单位要求"动机变化最大，较志愿者参与之初占比减少9个百分点，"消磨空闲时间"较志愿者参与之初占比减少5个百分点（见表21）。

表21　社区志愿者参与社区志愿服务后动机的改变

单位：人，%

参与动机	计数	占比
为社会做贡献	487	73.6
支持志愿服务精神	510	77.0
提升个人能力和技能	367	55.4
丰富个人履历	252	38.1
学校或单位要求	83	12.5
享受助人过程中的成就感	318	48.0
扩展自己的朋友圈	173	26.1
消磨空闲时间	78	11.8
其他	11	1.7

注：表中"占比"是指占参与调研总数的比例。

50岁及以上社区志愿者"为社会做贡献"动机明显增强，表明该年龄段社区志愿者在参与社区志愿服务后，志愿服务意识有所提升，开始重视参与社区志愿服务带来的社会责任感提升。在"学校或单位要求"动机上，各年龄段的社区志愿者明显降低了这类被动因素对其参与社区志愿服务的影响。在"扩展自己的朋友圈"动机上，30~39岁年龄段志愿者的社交需求相较其他年龄段更大（见表22）。

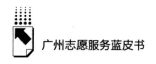

表22　社区志愿者年龄结构与参与社区志愿服务前后部分动机多重响应交叉分析

单位：人，%

参与阶段	年龄段	参与动机							
		为社会做贡献		支持志愿服务精神		学校或单位要求		扩展自己的朋友圈	
		计数	占比	计数	占比	计数	占比	计数	占比
参与前	6~12 岁	14	82.4	14	82.4	6	35.3	3	17.6
	13~19 岁	62	71.3	65	74.7	39	44.8	28	32.2
	20~29 岁	88	66.7	92	69.7	44	33.3	42	31.8
	30~39 岁	109	69.0	129	81.6	28	17.7	52	32.9
	40~49 岁	111	78.7	106	75.2	20	14.2	29	20.6
	50~59 岁	49	75.4	55	84.6	4	6.2	10	15.4
	60 岁及以上	47	75.8	50	80.6	1	1.6	14	22.6
参与后	6~12 岁	14	82.4	14	82.4	2	11.8	2	11.8
	13~19 岁	66	75.9	70	80.5	20	23.0	23	26.4
	20~29 岁	97	73.5	94	71.2	27	20.5	35	26.5
	30~39 岁	99	62.7	121	76.6	19	12.0	57	36.1
	40~49 岁	104	73.8	109	77.3	13	9.2	37	26.2
	50~59 岁	55	84.6	52	80.0	2	3.1	8	12.3
	60 岁及以上	52	83.9	50	80.6	0	0.0	11	17.7

注：表中"占比"是指占表1中选择相应"年龄段"调研人数的比例。

以上数据表明，参与社区志愿服务后，社区志愿者的参与动机会有明显的改变，变得更加主动，"学校或单位要求"参与动机明显削弱。

（五）激发个人社会责任型

首先，高参与服务频率的志愿者更可能将社会责任感作为自己的参与动机。根据表23、表24数据可知，近一个月不同参与服务频率的志愿者和"为社会做贡献"动机存在显著差异。92.6%近一个月参与服务11次及以上的志愿者选择"为社会做贡献"动机，该占比远高于其他频率的志愿者占比。近一个月不同参与服务频率和"学校或单位要求"动机同样存在显著差异。11.1%近一个月参与服务11次及以上的志愿者选择"学校或单位要求"动机,该占比低于其他频率的志愿者占比。可知高频率参与社区志愿服务的志愿者,更加注重为社会做贡献,同时他们被动参与的可能性更低。

表23 社区志愿者近一个月参与服务频率与部分参与动机交叉分析

单位:人,%

近一个月参与服务频率			参与动机			
			为社会做贡献		学校或单位要求	
次数	计数	占比	计数	占比	计数	占比
1次及以下	247	37.3	165	66.8	69	27.9
2~4次	269	40.6	197	73.2	47	17.5
5~7次	64	9.7	48	75.0	14	21.9
8~10次	28	4.2	20	71.4	6	21.4
11次及以上	54	8.2	50	92.6	6	11.1

注:表中"近一个月参与服务频率"中的"占比"是指占参与调研总数的比例;"参与动机"中的"占比"是指占选择相应"近一个月参与服务频率"调研人数的比例。

表24 社区志愿者近一个月参与服务频率与部分参与动机显著性交叉分析

项目		指标	显著性(双侧)
近一个月参与服务频率	"为社会做贡献"动机	皮尔逊卡方	0.004
		似然比	0.001
	"学校或单位要求"动机	皮尔逊卡方	0.016
		似然比	0.015

其次,自愿参与的志愿者更注重社会责任感动机。自愿参与社区志愿服务的志愿者中,75.5%选择"为社会做贡献",79.7%选择"支持志愿服务精神";而学校或单位要求参与社区志愿服务的志愿者中,28.6%选择"为社会做贡献",40.5%选择"支持志愿服务精神"(见表25)。由此可见,自愿响应组织招募的志愿者相对于被动参与的志愿者更偏向于考虑社会责任感动机。

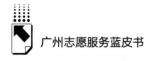

表 25　社区志愿者社区志愿服务自愿参与情况与社会责任感参与动机交叉分析

单位：人，%

参与动机	自愿参与		学校或单位要求参与	
	计数	占比	计数	占比
为社会做贡献	468	75.5	12	28.6
支持志愿服务精神	494	79.7	17	40.5

注：表中"占比"是指占表 5 中选择相应"自愿参与情况"调研人数的比例。

　　最后，偏向于参与由社区和社会公益组织发起成立的组织的志愿者，其社会责任感动机更强烈。志愿者选择由社区发起成立的组织，其"为社会做贡献"动机占 75.2%，"支持志愿服务精神"动机占 78.8%；选择由社会公益组织发起成立的组织，其"为社会做贡献"动机占 76.2%，"支持志愿服务精神"动机占 79.3%（见表 26）。

表 26　社区志愿者偏向于参与的组织类型与社会责任感参与动机交叉分析

单位：人，%

组织类型	参与动机			
	为社会做贡献		支持志愿服务精神	
	计数	占比	计数	占比
由社区发起成立的组织	412	75.2	432	78.8
由社会公益组织发起成立的组织	430	76.2	447	79.3
由单位发起成立的组织	127	67.2	138	73.0
由学校或教育部门发起成立的组织	207	73.7	221	78.6
其他	17	68.0	19	76.0

注：表中"占比"是指占表 6 中选择相应"组织类型"调研人数的比例。

三　广州市社区志愿服务组织管理的困难和挑战

（一）广州市社区志愿服务组织管理的困难

1.志愿服务资源（资金、物资等）不充足、被滥用

调查发现，在"社区志愿者参与社区志愿服务遇到的困难"问题中，

54.1%的被调查者选择了"志愿服务资源（资金、物资等）不充足"，22.8%选择了"志愿服务资源（资金、物资等）被滥用"（见表27）。同时，由单位发起成立的组织中，58.2%的志愿者认为组织中"志愿服务资源（资金、物资等）不充足"，30.2%的志愿者认为组织中"志愿服务资源（资金、物资等）被滥用"，以上占比均高于选择其他组织类型的志愿者的占比（见表28）。社区志愿服务资源（资金、物资等）不多，志愿服务活动资金不足，经费得不到保障，导致难以为志愿者提供必要的活动补贴。社区志愿服务倘若没有专业力量的支撑，在开展活动时便难以合理安排志愿者资源，又因缺乏社会支持，在策划上未能根据社区特色和自身能力选择活动内容，服务与社区实际不相符，最后既浪费社区资源，也未能良好地建设社区志愿服务。

表27 社区志愿者参与社区志愿服务遇到的困难

单位：人，%

困难	计数	占比
志愿服务资源（资金、物资等）不充足	358	54.1
志愿服务资源（资金、物资等）被滥用	151	22.8
志愿服务分工不明确	248	37.5
志愿服务期间沟通不畅	296	44.7
不了解志愿服务的相关法律法规	225	34.0
志愿者权利与义务划分不清	253	38.2
个人能力无法胜任志愿服务工作	145	21.9
其他	35	5.3

注：表中"占比"是指占参与调研总数的比例。

表28 社区志愿者偏向于参与的组织类型与参与社区志愿服务遇到的资源困难交叉分析

单位：人，%

组织类型	资源困难			
	志愿服务资源（资金、物资等）不充足		志愿服务资源（资金、物资等）被滥用	
	计数	占比	计数	占比
由社区发起成立的组织	299	54.6	122	22.3
由社会公益组织发起成立的组织	314	55.7	126	22.3
由单位发起成立的组织	110	58.2	57	30.2

组织类型	资源困难			
	志愿服务资源(资金、物资等)不充足		志愿服务资源(资金、物资等)被滥用	
	计数	占比	计数	占比
由学校或教育部门发起成立的组织	140	49.8	69	24.6
其他	14	56.0	7	28.0

注：表中"占比"是指占表 6 中选择相应"组织类型"调研人数的比例。

2. 志愿服务培训不到位

社区志愿服务组织在开展志愿服务前要对志愿者进行培训，坚持志愿者培训后上岗，但现实往往是志愿者有培训但不足，培训内容不丰富，培训不及时，培训效果不理想，培训主题与志愿者的需求不匹配（见表 29）。广州目前存在诸多志愿服务培训不到位方面的问题，一是培训内容不丰富。培训内容集中为与服务主题相关的内容培训、知识技能培训和志愿服务理念培训，而缺少向志愿者强调志愿服务法律知识的培训，片面地解释服务主题和内容，缺少对志愿者保障自身权益的方法和重要性的强调。二是培训不及时。在志愿服务前临时向志愿者交代志愿服务活动的大致流程，志愿者大致了解服务主题和内容，培训准备的时间不足、仓促，导致志愿者对服务过程中的细节内容仍是一知半解。三是培训效果不理想。志愿者在培训过程中并未完全掌握相应的服务知识技能，志愿者认为培训效果不理想的占比超过 50%。学会必要的服务知识技能以及牢记志愿服务理念有助于志愿者在服务过程中发挥作用，帮助志愿者懂得如何更好地开展服务工作，对志愿者实践具有很大影响。四是培训主题与志愿者的需求不匹配。部分培训未做到以志愿者的需求为导向。

表 29　社区志愿服务培训中的不足

单位：人，%

社区志愿服务培训中的不足	计数	占比
内容不丰富	363	68.8
不及时	250	47.3

社区志愿服务培训中的不足	计数	占比
效果不理想	306	58.0
主题与志愿者的需求不匹配	193	36.6
其他	39	7.4

注：表中"占比"是指占接受培训措施调研人数的比例。

3. 志愿服务分工不明确，服务期间沟通不畅

志愿者的个性与特长不同，擅长的领域各异，合理分配志愿者的任务十分关键。"社区志愿者参与社区志愿服务遇到的困难"中，37.5%的受访者选择了"志愿服务分工不明确"，44.7%的受访者选择了"志愿服务期间沟通不畅"（见表27）。表30对这两方面与社区志愿者偏向于参与的组织类型进行了交叉分析。服务开展前期社区需要对志愿服务活动进行策划，志愿服务组织缺乏专业人才，活动实施方案不够具体、活动程序步骤不够科学，在活动实施过程中志愿者容易混淆活动程序，把握活动进度难度较大，志愿者有时会感到活动现场局面混乱、无人领导。目前很多社区志愿服务活动趋于行政化，流于形式，未设定志愿服务的长期目标，不注重志愿服务本质精神，不追求服务效果，志愿者在参与过程中体验感差，这进一步打击了志愿者积极性。

表30　社区志愿者偏向于参与的组织类型与参与社区志愿服务遇到的分工及沟通困难交叉分析

单位：人，%

组织类型	分工及沟通困难			
	志愿服务分工不明确		志愿服务期间沟通不畅	
	计数	占比	计数	占比
由社区发起成立的组织	199	36.3	249	45.4
由社会公益组织发起成立的组织	209	37.1	255	45.2
由单位发起成立的组织	85	45.0	93	49.2
由学校或教育部门发起成立的组织	113	40.2	134	47.7
其他	9	36.0	12	48.0

注：表中"占比"是指占表6中选择相应"组织类型"调研人数的比例。

4.对志愿者的激励不足

志愿服务是无偿性的，但通过适当的激励措施以提高志愿者参与积极性和服务持续性是有效且可取的。在广州，32.2%的社区志愿者在参与社区志愿服务的过程中没有享受到志愿服务组织提供的激励措施（见表10）；在享受到志愿服务组织提供的激励措施的社区志愿者群体中，有4.9%的社区志愿者对激励措施表示不满意（见表11）；9.4%的社区志愿者认为激励措施不及时（见表12）。在针对曾被志愿服务组织激励的社区志愿者群体的调查中，仅30.8%的志愿者认为当前的激励措施"没有不足"；54.2%的社区志愿者认为当前"激励表彰的形式单一"（见表31）。这表明广州市的志愿服务组织在志愿者激励方面仍然存在明显不足，需要改进。激励措施作为志愿服务组织动员能力提升的重要手段，有利于满足社区志愿者多元的参与动机、提升社区志愿者参与积极性。

表31　社区志愿者认为当前激励措施存在的不足

单位：人，%

激励措施存在的不足	计数	占比
激励表彰的形式单一	359	54.2
激励表彰的评价指标单一	259	39.1
激励表彰的经费不足	262	39.6
缺乏激励制度和办法	350	52.9
其他	45	6.8
没有不足	204	30.8

注：表中"占比"是指占参与调研总数的比例。

（二）广州市社区志愿服务组织管理的挑战

1.志愿者参与志愿服务的时间成本高

志愿者个人时间安排与社区志愿服务时间安排的冲突是社区志愿服务组织管理面临的主要挑战。广州市社区志愿服务组织正面对志愿者参与志愿服务时间不够用、活动时间与个人日程相冲突等问题,如在"社区志愿者参与社区志愿服务的影响因素"问题中,81.1%的被调查者选择了"个人时间因素",40.8%的被调查者选择了"志愿服务时长问题"(见表32)。可见,在时间安排上志愿者参与社区志愿服务容易与其生活、工作、家庭需要等相冲突,这会极大削减志愿者参与社区志愿服务的积极性。

表32 社区志愿者参与社区志愿服务的影响因素

单位:人,%

影响因素	计数	占比
家庭因素	212	32.0
个人时间因素	537	81.1
志愿服务时长问题	270	40.8
志愿服务项目难度	216	32.6
志愿服务项目与自身兴趣和专业不符	171	25.8
对社区志愿服务组织的印象	175	26.4
获得志愿服务项目信息的渠道不畅通	151	22.8
个人的经济状况	80	12.1
其他	16	2.4

注:表中"占比"是指占参与调研总数的比例。

2.志愿服务组织团队合作程度较低

调查发现,在"社区志愿者认为团队合作在社区志愿服务中的重要性"问题中,30.5%的被调查者选择了"相当重要",32.2%的被调查者选择了"很重要",30.5%的被调查者选择了"极其重要"(见表33)。这意味着,广州市社区志愿者很看重在志愿服务过程中的团队合作。社区志愿服务团队是一个整体,当感受不到集体的归属,与其他成员找不到相似点,追求目标、利益需求不同时,志愿者很大程度上会无法持续地参加社区志愿服务。

表33   社区志愿者认为团队合作在社区志愿服务中的重要性

单位：人，%

重要性	计数	占比
极其重要	202	30.5
很重要	213	32.2
相当重要	202	30.5
有点重要	44	6.6
不重要	1	0.2
总计	662	100.0

注：表中"占比"是指占参与调研总数的比例。

3. 社区志愿者个人服务技能不足

调查发现，部分社区志愿者个人服务技能不足以使其承担志愿服务工作。社区志愿服务组织吸纳参与主体的口径宽，社区居民参与社区志愿服务采取自愿原则，每个人都具备参与志愿服务的权利，志愿者因人而异，掌握的服务技能存在差异。社区志愿服务组织内部与志愿者自身服务技能相关的问题往往长期存在，组织需要动用资源为志愿者提供培训，但部分志愿者因组织培训不到位或不愿花费更多时间和精力而放弃参加活动或转向自身可以胜任的其他志愿活动。

4. 志愿服务组织对志愿者权利与义务划分不清

目前，广州市社区志愿服务组织对志愿服务相关法律政策知识不甚了解，当志愿者全身心投入志愿服务活动时，个人权益时常受到侵害，志愿者也基于不了解相关知识而不知道能通过何种渠道去维护自身正当权益。再者，因为不了解志愿者的权利与义务，许多志愿者对参与志愿服务仍停留在"做好事"的片面理解上，进而，这类志愿者在服务过程中不能更好地履行自己的义务。

5. 志愿者身份认同感不足

当前，社区志愿服务组织中部分志愿者社区归属感不强，社区居民不认为自身需要参与社区志愿服务来共同建设社区，而是倾向于把"社区工作"

交付于社区物业，居民对社区的归属感和认同感较弱。当社区成员以志愿者身份为社区做贡献时，往往令其苦恼的一点是他们被当作了免费苦力，社会大环境对志愿者还没形成一定的认同感，进而社区需要动员本区域内全体居民积极参与社区志愿服务，以此增强志愿者的社区归属感，也使社区居民认识到志愿者的辛苦付出和真心服务。

四 广州市社区志愿服务组织机制的经验探索

继麦卡锡与左尔德奠定了资源动员理论基础后，[①] 学者们进一步发展了资源动员理论，实现从"资源动员"到"成员动员"再到"框架动员"等多维度的研究转变，大大拓展了"资源"的内涵范畴。为进一步推动广州市社区志愿服务动员能力和组织机制的持续发展，本文拟结合该理论，从社区志愿服务的资源动员、成员动员和框架动员三个维度进行了经验探索。

（一）加强社区志愿者参与社区志愿服务的资源动员

开展社区志愿服务需要汇集社会资源，发起志愿服务时社区拥有足够的社会资源，则能更好地动员社区志愿者的加入。

1. 兼顾物质和精神两个维度的激励

首先，各志愿服务组织普遍设有相应的激励机制，在精神激励上相对丰富，但在物质激励方面的丰富性还相对欠缺。一方面，社区志愿服务组织应积极报销志愿服务的相关费用，给予社区志愿者适当的物质补贴可以在一定程度上弥补志愿者参与活动的成本牺牲。另一方面，社区志愿服务组织可以为参与社区志愿服务的志愿者们准备生活用品、志愿服务纪念品等小奖品，作为志愿者对于志愿服务精神追求和自我价值提升的一种体现，进一步提升志愿者的活动积极性。

---

① John D. McCarthy and Mayer N. Zald, "Resource Mobilization and Social Movements: A Partial Theory," *American Journal of Sociology* 5 (1977): 1228-1241.

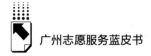

其次，社区志愿服务组织在精神激励层面往往有较大的投入，对社区志愿者的精神激励相对丰富。一方面，社区志愿服务组织应继续及时表彰志愿者，让志愿者在道德意义上获取社会认同感。另一方面，除对优秀志愿者进行表彰外，社区志愿服务组织面向专长志愿者和有志愿服务经验者可以采取赋予其有挑战性的工作、使其获得部分自主权、开设符合其个人兴趣的培训课程等奖励措施。

2. 注重优化培训、改善管理等服务工作

首先，在志愿者培训方面，一是提升培训内容的丰富性，培训课程不应只局限在志愿服务知识技能上，对于志愿服务宗旨、志愿者个人权益保护等方面的培训同样重要。二是应更重视培训的及时性，建议在志愿者上岗前定期开展培训工作，将志愿者培训常态化。三是培训效果方面，组建专业师资力量，建立合理且规范的"前期引导—中期检查—后期考核"的培训机制，使培训达到效果。四是培训主题不应脱离志愿者需求，而是应以志愿者需求为导向。其次，建议积极推动志愿服务管理工作透明化。社区志愿服务组织在开展志愿服务活动时，对成员招募、活动策划、资源链接、岗位安排等，要适当向志愿者们公开，保证管理环节透明，以维护每个志愿者平等参与的权益。最后，完善志愿者保障制度。目前的志愿者保障相关法律体系仍不够完善，丰富志愿者保障内容，更能提升志愿者参与志愿服务的自主性。

3. 开发与志愿者匹配的工作，满足不同需求

社区志愿服务组织对志愿者招募的宽口径使参与社区志愿服务的社区成员越发多样，志愿者参与社区志愿服务的动机、个人经历和自身能力不同，所以，社区可以从志愿者们不同的服务需求出发，设置满足不同需求的志愿者岗位，为志愿者分配与其自身水平相匹配的服务工作。

（二）加强社区志愿者参与社区志愿服务的成员动员

1. 充分挖掘、多方调动潜在的社区志愿者

社会运动作为一项集体行动，离不开对那些潜在的和已经参与其中的成

员的充分动员。[1] 在对志愿者的挖掘和调动方面,由社区、社会公益组织发起成立的组织动员更倾向于社区志愿服务组织招募渠道,邻里朋友介绍是次要渠道。对于该类组织,应继续加强对招募渠道的使用。一是通过在线下志愿服务过程中广泛宣传志愿服务、张贴海报等方式,扩大社区志愿服务的宣传范围。二是通过社区群聊、楼栋楼长协助宣传等方式,进行"精准"的志愿服务信息投递,将招募渠道信息准确传达至家庭中。通过线上线下相结合的招募方式,尽可能减少社区居民有参与意愿但报名无门的境况。三是可以组织"志愿走进学校""志愿走进企业",加强在学校、企业的宣传工作,联合学校开展学生社区志愿服务,联合企业开展职工社区志愿服务。

2. 满足志愿者基本需求,提高志愿者福利

社区志愿服务组织在对志愿者进行动员过程中,通过满足志愿者需求和提高相应的福利以实现对其动员是有必要的。一是根据志愿者的需求,关心志愿者的工作,帮助志愿者顺利完成志愿服务工作,并继续培养优秀志愿者成为领袖志愿者和骨干志愿者。二是关心志愿者生活,帮助志愿者解决生活困难和调解志愿者之间的矛盾,打造志愿者团队互助氛围,加强志愿者团队凝聚力。三是提高志愿者福利水平,在满足志愿者基本需求的基础上,广州的志愿者动员更要注重为志愿者争取更高福利,继续稳固社区志愿者参与服务的持续性。

3. 积极促进社区志愿者的团队合作

社区志愿服务队伍的团结协作对社区志愿服务的高质量发展、对志愿者的有效动员必不可少。良好的团队合作可以打造团结的工作氛围,使志愿者更好地完成工作目标,所以要注重志愿者团队建设,提高志愿者团队整体化合作程度。社区志愿服务组织应强调志愿者团队建设的必要性,协助志愿者设计团队愿景、团队使命等,积极参与协调团队里个别边缘成员的矛盾,充分发挥调解者的角色作用。

---

① 石大建、李向平:《资源动员理论及其研究维度》,《广西师范大学学报》(哲学社会科学版) 2009 年第 6 期,第 22~26 页。

（三）加强社区志愿者参与社区志愿服务的框架动员

1. 推动志愿服务意识教育，增强志愿者社会责任感

斯诺认为社会运动的框架整合主要分为四种，框架扩大是其一，框架扩大是指通过强调和夸大某些价值及目标，以动员那些认同这些价值和目标但又尚未参加到社会运动中的人来参加社会运动的过程。[①] 在"社区志愿者最初参与社区志愿服务的动机"和"社区志愿者参与社区志愿服务后动机的改变"的两个调查问题中，被调查者选择"支持志愿服务精神"的比例是最高的，其次选择的是"为社会做贡献"。这表明广州志愿者参与志愿服务最看重的仍是社区志愿服务带来的精神价值。据此，在社会意识层面上，建议积极弘扬志愿服务精神，让奉献精神深入群众内心，崇尚为社会做贡献、奉献自我的行为和人物事例。在组织社区志愿服务过程中，树立志愿服务的目标，动员志愿者朝着志愿服务目标努力完成志愿服务工作。

2. 注重社区志愿服务宣传工作，增强志愿者社会认同感

我国社区志愿服务从无到有、从小到大，志愿服务精神在社会上得到了广泛的传播，参与社区志愿服务已逐步成为一种崇高的社会风尚，[②] 但完善志愿服务宣传工作仍是广州志愿服务关注的重要内容。志愿服务不仅要踏实服务群众，更要让群众看到服务过程。为此，在互联网时代可以利用网络积极宣传社区志愿服务、弘扬志愿服务精神，通过线上线下相结合的宣传方式拉近社区居民与志愿服务的距离，充分的宣传有助于营造良好的社区志愿服务环境，提高群众对社区志愿服务的认可度。

（四）资源动员理论在"5P"动员机制中的应用

将资源动员理论中的资源动员、成员动员与框架动员应用于"5P"动员机制中，通过将不同的动员方式与动员机制相结合，促进社区志愿服务组

---

① 赵鼎新：《社会与政治运动讲义》（第 2 版），社会科学文献出版社，2012，第 210~215 页。
② 梁绿琦：《中国社区志愿服务的发展历程》，《北京青年政治学院学报》2008 年第 4 期，第 5~13 页。

织更有效地实施对志愿者的激励和动员。

首先，对于满足个人精神需要型、满足个人利益需要型和提升个人能力型动员而言，促进其资源动员十分重要。一是社区志愿服务组织通过对志愿者进行物质和精神方面兼顾的激励，以满足志愿者个人精神、利益需要。二是社区志愿服务组织通过加强志愿者个人培训，提升个人能力和技能，丰富志愿者个人履历，从而形成志愿者为实现个人提升目标而广泛参与社区志愿服务的动机。三是通过社区志愿服务组织开发不同的岗位以满足志愿者需求，更有效提升志愿者个人能力和技能。

其次，在满足个人精神需要型和促进个人成长发展型动员中，一是社区志愿服务组织需要通过成员动员，调动社区成员和志愿者参与社区志愿服务，通过志愿者个人动机的改变，促进志愿者持续参与社区志愿服务。二是实现志愿服务精神的广泛普及和志愿者福利保障的落实，满足初次参与的志愿者动机，改变其参与动机，加强个人精神满足动机，降低其被动参与动机的干扰，使志愿者能更积极主动参与社区志愿服务。

最后，在激发个人社会责任型和满足个人精神需要型动员方面，需对志愿者加强框架动员。一是强调志愿服务的目标宗旨和对社区的积极贡献，实现社区志愿服务组织对以社会责任感为动机的志愿者的动员。二是宣传志愿服务对个人成就感提升效果，激发享受助人过程中成就感的志愿者参与社区志愿服务的动力，以此提升满足个人精神需要型动员的效果。

年 度 热 点

Focal Topics

B.9

"五社联动"助推广州市
社区志愿服务发展研究

——以广州市番禺区为例

广州市番禺区民政局*

摘　要： 社区是社会的基础细胞。党的十九大报告中提出打造共建共治
共享的社会治理格局，"五社联动"是多元主体参与社会治理
的生动诠释。广州市番禺区是国内最早开展"五社联动"探索
实践的地区之一。本文首先论述了"五社联动"的背景与概
况，然后分别从党建、社区、社会工作者、社区基金、社区企
业五个层面陈述"五社联动"如何推动社区志愿服务的发展，
最后对促进社区志愿服务发展、推进社区志愿服务体系建设提
出相应的建议，包括人才培养、品牌打造、数据共通、志愿服

---

* 执笔：黎楚君，广州市番禺区民政局社区中心负责人，主要研究领域为社区建设与管理、社
区社会工作等；罗诗瑶，广州市番禺区救助管理中心一级科员，主要研究领域为社区社会
工作。

务内容丰富等。

关键词： "五社联动"　社会治理　社区志愿服务

一　"五社联动"提出的背景及实施概况

（一）"五社联动"提出的背景

进入新时代，我国社会主要矛盾转化为人民日益增长的美好生活需要和不平衡不充分的发展之间的矛盾，人民不仅对物质文化生活提出了更高要求，而且在民主、法治、公平、正义、安全、环境等方面的要求日益增长。社区作为社会管理的最小单元，处于"平安建设"的基础地位，是维护社会和谐稳定的基石，迫切需要提升社区治理水平，满足人民对社区多元服务的需求。新形势下，大型社区居民流动性强，年龄、文化水平、职业等各不相同，对社区活动、社区文化、社区环境、社区管理的需求呈现多元化趋势，导致大型社区基层社会治理陷入困境，如居民对社区的认同感、归属感不强，社区自我管理、自我服务、自我教育、自我监督的主体意识和责任感不强，价值观念和生活习惯存在差异等问题日益凸显。

2013 年，《民政部　财政部关于加快推进社区社会工作服务的意见》中提出社区、社会组织和社会工作者"三社联动"机制，创新基层社会治理方式。① 番禺区在推进"三社联动"机制全覆盖的过程中发现，由于缺乏必要经费，工作持续开展缺乏足够动力，社区社会组织活力不足，社区居民参与社区事务积极性不高，致使一些社区服务项目难以落地和得到有效落实。为解决上述难题，2016 年，番禺区创新推出"五社联动"社区治理模式，

---

① 《民政部　财政部关于加快推进社区社会工作服务的意见》，中国政府网，2013 年 11 月 15 日，http：//www.gov.cn/gongbao/content/2014/content_ 2600242. htm。

在"三社联动"基础上，加入社区企业、社区基金"两社"元素，带动社会多元主体共同参与社区治理，推动社区治理从"被动组织模式"转变为"主动活跃模式"，形成新时代大城市社区治理现代化的探索创新之路，其也是国家治理体系和治理能力现代化在基层治理中的重要体现。2021年，在"十四五"的开局之年，《中共中央　国务院关于加强基层治理体系和治理能力现代化建设的意见》印发，提出"完善社会力量参与基层治理激励政策，创新社区与社会组织、社会工作者、社区志愿者、社会慈善资源的联动机制，支持建立乡镇（街道）购买社会工作服务机制和设立社区基金会等协作载体，吸纳社会力量参加基层应急救援"。[①] 这些重大决策部署，对于推动社区治理在制度建设和实践探索等方面发展起到了重要作用，国家层面正式提出"五社联动"概念。

在国家"五社联动"概念提出后，番禺区的"五社联动"概念便进行了更新迭代，而番禺区原有的"五社联动"概念正是国家"五社联动"概念的深化和提升，本文依然以番禺区最早提出的"五社联动"（社区、社会组织、社会工作者、社区企业、社区基金）为例子进行阐述。

番禺区的"五社联动"，构成要素包括社区、社会组织、社会工作者、社区企业、社区基金。其中，社区是指以一定地理区域为前提的聚居在一定地域范围内的人们所组成的社会生活共同体，通常是指社区居委会或村委会所在辖区，社区发挥基础平台作用。社会组织是指具有非政府性和非市场性的组织，包括以居民为主体发起成立的社区社会组织、专业社会组织和枢纽型社区社会组织，负责承接、实施社区公益项目或活动，组织居民开展自助互助服务。社会工作者是指具备一定社会工作专业知识和技能的社会工作专业人才，负责协助村（居）委开展居民需求调研、策划服务项目、孵化培育社区社会组织等，国家"五社联动"概念中提到的社区志愿者，在番禺区"五社联动"模式下，以"社工+志愿者"的模式，作为社区的重要人力

---

① 《中共中央　国务院关于加强基层治理体系和治理能力现代化建设的意见》，中国政府网，2021年7月11日，http://www.gov.cn/zhengce/2021-07/11/content_5624201.htm。

资源，扎根社区、服务社区。社区企业和社区基金，是社会慈善资源的具体体现。其中，社区企业是社会企业的类型之一，它根植于社区，可以是建立在社区的企业，可以是居住在社区的企业家，也可以是社区里的理发店、小吃店、便利店等小商户，为"五社联动"提供志愿者、资金和物资帮助；社区基金是指由慈善组织根据其与社区基金发起人签订的协议设立并进行管理的，用于番禺区内特定社区公益慈善事业的专项非营利性基金，社区基金解决了社区治理中资金力量和动力不足的问题，减少对于外部资金的依赖，增强社区服务的自足和可持续发展能力。①

（二）广州市番禺区"五社联动"实施概况

广州市番禺区制定《番禺区推进"三五五"共融工作方案》《番禺区"五社联动"工作方案》《番禺区党建引领"五社联动" 推进社区治理工作实施方案》《广州市番禺区民政局印发关于大力推动社区基金发展的指导意见（试行）的通知》等文件，明晰阶段性任务目标。由番禺区民政局指导番禺区社会组织联合会实施的番禺区"五社联动"公益生态圈项目连续5年获评广州市公益创投"十大优秀项目"及"十大品牌项目"。

1. 实现联动机制全覆盖

明确部门职责、细化工作流程，以社区为阵地，搭建服务平台，整合社会组织、社会工作者、社区企业、社区基金等多方资源，优化公益生态圈发展环境；以社区志愿者协会为中枢，外引内联、赋能提升，培育社工和社区志愿者骨干，壮大参与力量。健全区、镇（街）、社区三级组织架构，邀请社区村（居）委、社区企业、社会组织主要负责人，人大代表、政协委员，老党员、老干部、乡贤，组建275个社区"五社联动"工作委员会，指导协调275个公益生态圈建设，提升社区治理运转效能。

2. 实现社会组织全覆盖

将社区社会组织培育管理纳入镇（街）平安建设和社会治理工作目标

---

① 李锦顺编著《"五社联动"：番禺先行探索概论》，中国社会出版社，2022，第2~5页。

管理，打造"1+1+16"社会组织枢纽服务模式，以党建引领激发社会组织活力，建成全市首个区级社会组织党群服务中心，建立区社会组织联合会和16个镇（街）社区社会组织联合会，依托社工站、社区文化站等资源建设区、镇（街）及社区三级社会组织培育基地8个，打造覆盖全区的社会组织培育服务枢纽平台。目前培育孵化社区社会组织2501家。以社会组织为依托，联动社区党员社工与志愿者开展困难群众兜底保障、疫情防控等公益项目，实现社区社会组织志愿服务队伍"党建强、服务强"，推动社区服务精准化、精细化、精致化。

3. 实现社区基金全覆盖

制定指导社区基金培育发展的规范性文件，明确基金来源，规范设立流程，严格资金使用范围；打造社区公益平台，搭建区慈善会、镇（街）慈善会、社区基金三级慈善网络体系，由慈善机构、社区企业资助社区基金启动、整合多方力量形成储蓄资金池，创新社区资源分配方式，以项目链接、激活村（居）社会公益资源，实现社区基金供需对接精准化、精细化。组建村（居）社区基金275个，累计募集资金3195.64万元，累计资助开展社区公益活动1268场。其中，2022年度番禺区社区基金共募集资金1189.72万元，共支出1045.03万元，资助开展212个项目，推动社区治理实现共治与共享的良好局面。

4. 实现社区企业动员全覆盖

建立"1+16"联动发展机制，以番禺区厂商会、番禺区慈善会为发力点，带动16个镇（街）商会、慈善会搭平台、建舞台、当后台，激发企业和企业家社会责任感，推动企业参与慈善实现从自发性到自觉性、从偶然性到常规性、从零星性到系统性的转化，利用企业自身优势和资源，培养社区慈善事业工作中坚力量，开展公益慈善人员能力提升培训、社区慈善组织人才培养"CPU计划"等34场次，培育核心骨干200多人。拓宽社区治理公益善款筹措渠道，发动慈善机构、爱心企业慈善冠名基金、爱心企业参与社区基金配捐行动，筹措启动配捐资金825万元，募集社会力量资助744万元；搭建"政商融合、社企互动、资源共享"

平台，以"商会+村（居）"结对模式，动员爱心企业资助开展"隔绝疫情、凝聚真情"关爱困难长者爱心午餐公益项目、老年人居家适老化改造项目等社区服务项目，资助300多万元惠及社区困难老年人居家安全和基本生活保障。

5.实现社工服务全覆盖

建立社工下社区定点联系工作机制，每个社区至少配备一名定点联系社工，每天驻社区时间不少于60%工作时数，为社区民众提供专业社工服务。深化"社工+志愿者"服务模式，形成社工"坐诊把脉"、志愿者"按单配药"联动机制，整合资源激发社区互助潜能，实现"1+1＞2"的效果。2022年开展个案910个，服务9300多人次；开展社区活动1935场，服务45.8万人次。

二 "五社联动"推动社区志愿服务发展的经验

（一）坚持党建引领，巩固组织建设基础

习近平总书记强调，"把加强基层党的建设、巩固党的执政基础作为贯穿社会治理和基层建设的一条红线"。[1] 党建做得好，可以将组织优势转化为治理优势，提升"五社联动"在社区志愿服务发展中的效能。

一是优化党建机制扩增量。建立社区大党委制，成立社区大党委，委员包括社区居委会、社工站、社区社会组织、社区企业等单位党组织负责人，合力推进"五社联动"各项工作落地落实。统筹利用社区党群服务中心、社工站、社会组织培育基地等资源，为社区开展志愿服务活动提供基础平台和支持力量。充分发挥党员先锋模范作用，开展"在职党员进社区"活动，搭建党建引领下的各类平台基层党组织参与社区治理体系，健全"党建+服务"工作制度。将"五社联动"项目转化为基层党组织活动载体，让鲜红

---

① 赵梦阳：《以党建引领基层治理创新》，《人民日报》2022年3月15日，第5版。

党旗飘扬在一线，带动引领社会力量参与社区建设，成立社区党员志愿者服务团队，定期开展探访退伍军人、慰问老党员等基层党建服务，在困难群体关怀、应急防疫等方面积极充当"生力军"，在群众需要的时候给予关怀关心关爱。

二是激发组织活力优存量。社会组织发挥平台枢纽作用，在社区活动策划、社区志愿者培训、为老服务提供、社区公益资源撬动等方面发挥专业服务优势，如经济类社会组织带动辖区企业为社区基金定向捐款、社区文艺团体为社区居民提供文化惠民服务、社区志愿者团体开展公益宣传探访服务等，社会组织在服务社区居民的同时，也为自身的可持续发展增添动力。2022年，广州市番禺区在册登记社会组织发展至800家，登记总量居广州市各区首位。番禺区财政每年安排200万元作为社会组织培育发展专项资金。积极引导社会组织参与等级评估和品牌创建，全区5A社会组织有20家，4A有11家，3A有47家。在广州市近6年高标准评选出的16家区属品牌社会组织中，有7家在番禺区正式登记并培育发展壮大。建设广州市面积最大、功能最齐全的区级培育基地——番禺区社会组织发展中心，为社会组织发展保驾护航。全区共有各类社会组织培育基地23个，并在全市率先完成镇（街）级培育基地全覆盖。截至2022年12月，由镇（街）和村（居）备案管理社区社会组织2501家。在"五社联动"机制下，各社区孵化了多种如公益慈善类、社会事务类、社区文化文体类的社会组织，如番禺区南村镇雅居乐社区发展成立广州医科大学柔济爱心志愿服务队、白内障筛查志愿服务队等15个志愿服务组织。同时，支持鼓励社区社会组织承接社区公共服务项目，开展邻里互助、居民融入、平安创建等活动，解决社区卫生环境、小区车辆乱停放、宠物管理等方面问题2500多宗。

（二）坚持社区为本，加强志愿服务队伍建设

依托番禺区社会组织孵化中心和番禺区社区志愿者协会，大力培育社区志愿服务组织，推动志愿服务队伍常态化、专业化。区级设立社区志愿服务

总队，由番禺区社区志愿者协会负责管理；镇（街）级设立 18 支社区志愿服务大队，由各镇（街）社工站负责管理；社区级设立 275 支社区志愿服务小队，由村（居）委会负责管理。截至 2022 年 10 月，番禺区在"i 志愿"注册志愿者约 15.1 万人。

一是培育社区志愿者骨干。番禺区社区志愿者协会通过"志愿黄马甲"番禺区社区志愿者培育项目，以"激能"、"育能"和"传能"构建系统培训体系，提升志愿者人才服务素质和能力。番禺区社区志愿者协会成立以来，联合 18 支社区志愿服务大队开展中华传统文化志愿服务讲座、兜底人群探访、垃圾分类宣传、疫情防控支援等活动 900 多场次，从多个维度为志愿者的能力提升提供系统性支持，参与培训的志愿者 9000 多人，开展社区志愿服务 6000 多场次，参与社区志愿服务的志愿者约 7 万人次，服务时数约 31 万小时。

二是探索社区志愿服务路径。番禺区社区志愿者协会通过公益微创投，培育和联动番禺薪火志愿服务队、番禺新时代志愿服务队、番禺理想艺术团、繁华商圈艺术团、大学城大学生志愿者协会及和信志愿者队伍等多个团体和组织参与社区志愿服务，充分发动更多群众在服务实践中感受志愿服务之美。2022 年上半年，开展"志愿新风尚　全民齐参与""五社同心　志愿同行"等主题服务活动共 82 场次，招募志愿者 991 人，服务时数 1217 小时，为 4196 名居民提供了服务。

三是调动社区居民积极参与。依托广州公益时间志愿服务平台（以下简称"广州'公益时间'"），建成市桥街怡乐社区、大龙街金海岸社区、石楼镇莲花山社区、南村镇东片社工站和大石街社工站广州"公益时间"积分兑换点，推广服务时间积分兑换制度，定期开展志愿服务和进行广州"公益时间"积分兑奖服务，调动社区志愿者参与积极性，同时推动志愿服务的标准化和规范化发展。截至 2022 年 9 月，在广州"公益时间"登记的社区志愿者 1.39 万名，社区志愿服务队伍 316 支，开展志愿服务培训 959 次。此外，番禺区社区志愿者协会联动区内大型商超——永旺梦乐城，搭建番禺志愿空间，每周定期开展志愿者招募活动。累计开展 15 场次，招募志愿者 150 人；同时开展"五社联动"宣传、志愿服务分流、志愿服务岗体验等活动，为广大群众普及志愿服务精神，受益人次达 10 万。

（三）坚持专业支撑，紧贴实际统筹推进

一是加强社工人才队伍建设增动能。社区服务从单一化向多元化、专业化、个性化发展，满足不同服务群体的需求。全区共建成 18 个社工站、275 个社工服务点和 275 个志愿服务工作站，实现村（居）100% 全覆盖。全区共有从业社工 811 人，落实社会工作"双百工程"，实现"一村（居）一社工"。借助广州市首个"社工+志愿者"服务阵地——禹益家，开展番禺区推进社工发展项目，番禺区社会工作协会开展季度"社工服务之星"评选工作，每季度评选 10 名优秀社工并颁发证书，奖励社会工作继续教育证书课程或工作辅助技能提升证书课程，激发社会工作者服务积极性，提升社会工作者的专业技能。2021 年以来，全区社工通过入户走访，为番禺区低保低收、特困贫困重度残疾人等六类特殊困难群体提供个性化、精细化服务。2022 年疫情防控期间，社工站协助残障人士等群体进行核酸检测，驻地排查封控区、管控区、防范区内的民政重点服务对象，协调解决居民"缺米、缺油、缺菜、缺药"问题，共调派社工 8000 多人次，发动社区志愿者 1 万多人次，运用红棉热线接听解决问题约 2.5 万人次，协助镇（街）开展疫情防控工作，为社区居民检测核酸、接种新冠疫苗提供有力保障，共接待服务群众约 70 万人次，累计服务约 9 万小时。

二是加强"社工+志愿者"融合发展提势能。强化社工和志愿者心理支援与职业辅助技能培训，推动形成社工与志愿者互帮互促发展服务模式。番禺区社会工作协会开设以"'同心'抗疫，共筑心理防护墙！"为主题的心理减压直播课程，邀请专业心理咨询师讲授如何在高强度工作下缓解心理压力，帮助一线社工和志愿者调整心理状态，参与直播课程人数共计 672 人次；邀请企业家首席演讲教练开展高效演讲公开课培训，提升社会工作者和社区志愿者骨干的表达及演讲技能，共 38 人参加培训。举办"社工+志愿

者+传统文化"公益集市项目，培育本土传统文化志愿服务队，开展沙涌鳌鱼文化、潭山村乞巧文化、新桥小学小醒狮文化等本土传统文化现场主题活动，吸引26.7万名社区居民参与。

（四）坚持慈善"造血"，激发志愿服务组织活力

一是规范社区基金使用。为规范管理275个社区基金，番禺区制定了指导社区基金发展的规范性文件——《关于大力推动社区基金发展的指导意见（试行）》，规范资金筹措管理和使用渠道，慈善资金由过去自发的龙舟宴、敬老宴发展到规范、公开、透明的社会化运作。同时，番禺区慈善会设立社区基金启动资金资助机制，成立"五社联动"项目指导专家团队，在社区"五社联动"工作委员会基础上组建社区基金管委会，建立社区基金管理制度，共同对社区基金管理使用情况指导监督，确保基金使用有方向、有载体、有监管、有考核、有成效，推动社区基金规范、持续发展。

二是设立专项慈善基金。由番禺区社区志愿者协会发起成立的番禺区内首个志愿服务慈善基金，为志愿人才建设和志愿服务的高质量发展提供了有力支持，为番禺区内志愿者及其家人、社区志愿服务组织和团队提供赋能、实务、微资助和激励服务，整合链接雍华公司宏远基金、石楼镇慈善会、社区热心居民等资源，接受定向捐赠超6万元。社区志愿者协会积极整合各方资源，联动社会企业资源，与番禺区残联、妇联、永旺梦乐城、广州华恩医院、广东冠迪建筑有限公司等形成良好的合作关系，撬动各方资源形成社区合力，为志愿者的培育和志愿服务实践提供支持。

三是多元主体同频共振。健全社会资本参与治理的捐赠体系，拓宽公益善款的多元筹措渠道，撬动更多社会资本参与社区治理，实现"政府拨一点、群众集一点、企业捐一点、活动筹一点"。发挥社区基金资源配置性作用，利用社区基金开展社区微创投、培育社区社会组织、改善社区环境、改造社区公共服务设施等，激发社区社会组织活力，有力推动广大社区群众参

与社区建设和治理工作。番禺区慈善会共计资助志愿服务专项 6 个，合计约 75 万元；番禺区社区志愿者协会在 "99 公益日" 期间发起 "禺志愿情暖空巢长者" 公益项目，共计获得配捐约 4.5 万元。联动番禺区内 18 个社工站开展四期 "禺愿行动" 微心愿项目，共收集微心愿 590 个，点亮 505 个，折合金额 12 万元，形成 "公益慈善+志愿者+社工+社区治理" 的圆梦微心愿工作机制，弘扬社会公益与志愿服务精神。

四是发展社区微创投模式。建立社区基金民主共治分配机制，通过微创投模式，激活社区治理内生动力，推动社区基金与社区需求无缝对接，真正普惠居民群众。引导农村社会组织提升筹措资源的能力，争取慈善资源，搭建资源共享平台，化龙镇社区社联会、石楼镇社区社联会发展社区基金 77 万元，其中化龙镇将 3 万元作为社区微创投的立项资金，收到 6 家社区社会组织的微创投项目申报，配置专家进行全程跟踪督导，共培育了 4 家社区社会组织（防疫志愿服务队、红棉行动——化龙社区党员志愿服务队、化龙镇亲子环保护卫队和微心愿圆梦队伍），服务村民 4009 人次，激活了社会工作者和农村志愿者的力量；石楼镇推动培育亚运城志愿服务团队 6 支，以社区关爱、和谐睦邻、健康防疫、环境建设及反诈防骗五大内容为主题，于 2022 年 5 月至 7 月开展了 9 场社区服务，志愿者参与 117 人次，直接服务 1030 人次，间接服务 1216 人次，涵盖 5 个小区、1 处公园，覆盖了亚运城较大范围的社区并获得 1 万元社区基金支持，盘活社区资源，激发了社区内生力量。

（五）坚持社区企业助力，鼓励社区企业反哺

一是服务模式不断拓展，调动多方参与。积极发动社区内机关事业单位、学校、部队、企业家等主体参与志愿服务，推动实现居民志愿有甜头、企业奉献有盼头、社区建设有奔头。充分利用社区企业的资源和专业技术优势，使员工通过义剪、义卖、义演等方式投入到志愿公益行动中来。"五社联动"机制下，社工深入基层一线，摸清群众需求和辖内企业优势，整合各种资源合力解决问题。如番禺区市桥街针对老旧小区用电安全问题，由 6

个社区基金联合资助开展"我为群众办事，用电安全共守护"项目，由社工机构、社会工作者联合电力公司、排查电工志愿者等，开展入户摸查和用电设施改造。

二是"社工+企业"有效协同，双向联动发力。在番禺区民政局指导下，番禺区慈善会、广州市敏捷投资有限公司联合启动"隔绝疫情、凝聚真情"敏捷集团关爱番禺区困难长者爱心午餐公益项目，委托番禺区社联会、番禺区饮食行业商会、番禺区 18 个社工站、社区志愿者共同为全区困难群众提供配餐服务，缓解由疫情影响造成的短期吃饭难问题。配餐活动由番禺区慈善会"新型冠状病毒肺炎疫情防疫专项募捐资金"和敏捷集团慈善资金支持、番禺区社会组织联合会与番禺区饮食行业商会承办，通过联动社会力量设立防疫期间社区配餐服务平台，依托 18 个社工站按照"邻近原则"分派给社区社会组织、社区党员志愿者等社会力量实现社区内配送，发动了约 9000 名志愿者为困难群众派送 2 万份爱心餐、食材包以及居家暖心宝，并提供免费、安全、高质、便捷的订餐、送餐方式，同时为隔离人员进行心理疏导，服务一线防疫工作者以及困难群众1.2 万人次。

三 "五社联动"推动社区志愿服务发展的建议

（一）加大志愿者培养力度，注重专业化

社区志愿者以一般志愿者为主，志愿服务也是以一般的通用型志愿服务居多，专才志愿者及专才志愿服务队伍相对较少。建议进一步发掘和培育专才志愿者和专才志愿服务队伍。首先，做好专才志愿者的登记造册，形成志愿服务专才档案，强化服务管理；其次，继续发挥镇（街）社工站作为志愿服务协会的引领作用，链接资源开展有针对性的专才技能提升培训，推动专才志愿者的培育及其能力提升；最后，加强志愿服务项目中社会工作者或第三方专业机构等对志愿者的指导，发掘社区的实际需求，以推动专才志愿

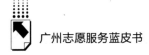
者与专才志愿服务的实际匹配，链接整合更多资源，在实践中推动专才志愿服务的落地和常态化开展。

（二）打造志愿服务品牌，注重规范化

品牌建设的目的是推动"五社联动"下的社区志愿服务享有较好声誉、拥有一定知名度及影响力，让社区居民对于志愿服务产生好感，同时也能够让志愿者自身对于志愿服务产生归属感，增强志愿服务的凝聚力。许多志愿队伍由兴趣队伍延伸而来，缺乏对队伍发展和服务设计的专业规划及指导，使得志愿者队伍服务内容缺乏深度及创新，无法形成有影响力和号召力的服务品牌。

一方面，要发掘和培育志愿服务队伍骨干和核心团队，链接专家库资源，设立开展针对志愿服务队伍的项目设计、骨干能力提升等相应高阶性培训课程，从专业发展上予以志愿服务队伍相应支持。另一方面，通过公益微创投、优秀志愿服务队伍表彰等形式，引导和激励志愿服务队伍的项目化发展和服务品牌打造。整合各方资源，为志愿服务项目发展提供相应的支持。

（三）打通志愿服务平台数据壁垒，注重信息化

番禺区常用的志愿服务系统包括"i志愿"和广州"公益时间"，由团广州市委和广州市民政局分别开发及管理，两个系统之间数据并不互通，对于志愿服务数据统筹造成不便。建议各主管单位在社区志愿服务上联合管理，组建全区志愿服务管理联合会，统筹全区志愿服务的发展、管理和分工。推动各系统平台志愿服务时数的互通，便利志愿者使用和管理。

（四）丰富社区志愿服务内容，注重多样化

2022年，番禺区社区志愿服务主要聚焦于对特殊困难群体进行针对性救助、疫情防控与核酸检测、青少年教育、日常文体活动等方面，志愿服务

组织的服务内容高度重合。在社区志愿服务实践中，一方面，要加强志愿服务项目的导向功能，以居民不同的切实需求为出发点，考虑将志愿服务活动的多样性纳入考核指标中；另一方面，各志愿服务组织也应自我完善，针对组织的特性发展出特色的志愿服务项目。

B.10
广州市社区志愿服务站点建设及运营模式探索

——以广州市社区慈善（志愿服务）工作站建设为例

陈文岳　曾君兰　林晓芬*

摘　要： 根据建设背景、服务功能及社会作用，广州市社区志愿服务站点可分为社工站、新时代文明实践中心（所、站）、志愿驿站、颐康中心"公益时间"志愿服务站①等类型。社区慈善（志愿服务）工作站因"多站点合一"的一站式功能成为推动"社工+慈善+志愿服务"模式发展的重要服务载体之一。本文在对社区慈善（志愿服务）工作站运营特点、运营模式、运营效能三方面进行分析总结的基础上，提出推动广州市社区志愿服务站点建设的对策建议：一是深化"五社联动"机制，完善服务运营机制；二是强化志愿服务培育，提升社区志愿服务主体内驱力；三是锚定社区服务需求，设计特色社区志愿服务项目；四是加强跨域专业合作，打造社区志愿服务品牌

关键词： 社区志愿服务站点　服务载体　运营模式

---

* 陈文岳，广州市志愿者协会副秘书长，主要研究领域为志愿服务、社会工作、基层治理等；曾君兰，广州市志愿者协会品牌文化部副部长，主要研究领域为志愿服务、社会工作等；林晓芬，广州市民政发展研究中心社会工作师，主要研究领域为社会组织、志愿服务。
① 广州公益"时间银行"2019年8月26日正式上线，由广州市志愿者协会负责日常建设运营，是集志愿服务活动发布、志愿者招募及转介、志愿服务信息记录和时数管理、养老服务供需对接等功能于一体的志愿服务综合平台，2023年2月15日正式更名为广州公益时间志愿服务平台，简称广州"公益时间"。颐康中心"时间银行"志愿服务站随之更名为颐康中心"公益时间"志愿服务站。

一 广州市社区志愿服务站点建设概况

（一）广州市社区志愿服务站点的建设背景

社区志愿服务是社区治理中发挥社区群体力量的重要组成部分之一，其在创新社区基层治理模式、满足社区各群体共性及个性化的服务需求、增强社区基层自治共治能力、引领新时代文明实践、提升社区和谐稳定维护能力等方面发挥着重要作用。社区志愿服务站点一般依托社区公共设施建立，为社区志愿服务提供活动场所，其规范化、专业化和常态化的运营情况对社区志愿服务长效发展产生重要的影响。国家、广东省、广州市先后出台相关政策推动社区志愿服务的发展，促进社区志愿服务站点的建设。2017年6月，《中共中央 国务院关于加强和完善城乡社区治理的意见》提出："发展社区志愿服务，倡导移风易俗，形成与邻为善、以邻为伴、守望相助的良好社区氛围。"[1] 2022年12月，广东省民政厅联合省文明办、团省委印发《关于加强和规范城乡社区志愿服务站点建设工作的通知》，部署加强和规范城乡社区志愿服务站点建设工作，充分发挥社区在志愿服务中的主阵地作用、社区居民在志愿服务中的主力军作用。[2] 广州市认真贯彻落实中央、广东省关于推动社区志愿服务发展、推进社区志愿服务站点建设的要求，先后印发《广州市推进社区志愿服务建设的实施方案》《广州市民政局关于建设社区慈善（志愿服务）工作站的通知》《广州市城乡社区服务体系建设"十四五"规划》等政策文件，明确提出"发展社区志愿服务。推动镇（街）、城乡社区依托社区综合服务设施等建设志愿服务站

---

[1] 《中共中央 国务院关于加强和完善城乡社区治理的意见》，中国政府网，2017年6月12日，http://www.gov.cn/gongbao/content/2017/content_5204888.htm。
[2] 《广东三部门部署加强和规范城乡社区志愿服务站点建设工作》，广东省民政厅网站，2022年12月8日，http://smzt.gd.gov.cn/gkmlpt/content/4/4060/post_4060073.html#1753。

点",① 以全市镇（街）社工站为依托，联动新时代文明实践中心（所、站），培育发展社区志愿服务组织、志愿服务队伍，推进广州市社区志愿服务阵地和队伍建设规范化。

（二）广州市社区志愿服务站点的主要类型

根据建设背景、服务功能及社会作用，目前，广州市社区志愿服务站点主要可划分为四种类型。

一是社工站。自 2010 年起，广州实施政府购买社会工作服务试点工作以来，社工站的建设工作陆续在广州的各镇（街）全面铺开，以实务行动为基础、以专业理论为支撑、以专业方法为手段立足社区开展服务，依托社工站营造社区志愿服务氛围，发展志愿服务队伍作为服务社区居民及特殊困难群体的补充力量，成为主要的服务模式之一。2022 年 5 月，《广州市民政局关于建设社区慈善（志愿服务）工作站的通知》提出，"依托全市各镇（街）176 个'双百工程'社工站以及具备条件的其他组织设立社区慈善（志愿服务）工作站"，通过创新集落实"五社联动"机制、整合社区慈善资源、统筹志愿服务、实施慈善项目、开展慈善募捐、挖掘社区慈善需求、精准对接慈善求助、社区互帮共济等功能于一体的社区公益慈善载体，推动社区公益慈善资源进一步向基层延伸。② 进一步明确了以社工站为主体，推动社区志愿服务可持续发展的功能定位，凸显了社工站整合社区资源，为特殊困难群体和有需求的居民提供多样化、精细化、专业化服务的属性。根据广州公益时间志愿服务平台数据统计，截至 2022 年底，平均每个社区慈善（志愿服务）工作站培育孵化社区志愿服务队伍约 5 支，最多的站点达到 34 支。

二是新时代文明实践中心（所、站）。近年来，广州市贯彻落实中央办

---

① 《广州市城乡社区服务体系建设"十四五"规划》，广州市民政局网站，2022 年 11 月 18 日，http://mzj.gz.gov.cn/gkmlpt/content/8/8673/post_ 8673585.html#346。
② 《广州市创新社区公益慈善载体在全市建立社区慈善（志愿服务）工作站点》，广州市民政局网站，2022 年 6 月 10 日，http://mzj.gz.gov.cn/dt/mzdt/content/post_ 8329671.html。

公厅、广东省关于拓展推进新时代文明实践中心（所、站）建设的要求，在巩固试点成果基础上，"以新时代文明实践中心为牵引，以新时代文明实践所为支点，向社区、网格、商圈、楼宇等文明实践站辐射"，整合社区三个中心①等基础资源，打通免费服务群众的"最后一公里"。截至 2022 年 12 月，广州市已建成 3063 个新时代文明实践中心（所、站），开展各类服务活动超 7 万场次，受惠群众近 1300 万人次，构筑起"全市覆盖、出户可及、群众便利"的文明实践阵地网络。②

三是志愿驿站。由广州亚运会、亚残运会城市志愿服务站转化而来，是广州在全国范围内首创的室外独立建设的志愿服务站，由广州志愿驿站联合会进行统筹管理和规范运营，以市、区、街三级联动模式，采用"横向属地管理+驿站垂直服务"形式，整合党和政府、企业和其他社会力量共同搭建志愿服务平台，整合社会资源和信息载体，除提供日常咨询服务外，还开展包括政策宣传、便民服务、扶老助残、外来工子女关爱、旅游志愿服务、垃圾分类、医疗求助等系列主题活动。总体来说，志愿驿站提供"为民""便民""利民"的各领域志愿服务，是广州各类职能部门向社区、街头、道路等外部延伸的一线便民服务窗口。截至 2022 年 12 月，广州市内已建有 62 个一站式的实体型志愿驿站。③

四是颐康中心"公益时间"志愿服务站点。广州市养老服务工作联席会议在 2020 年印发的《广州市街镇综合养老服务中心（颐康中心）建设提升行动计划》中提出："街镇综合养老服务中心（颐康中心）将根据辖区老年人多元化、个性化的服务需求，提供全托（含短期照料）、日托、上门服务，为有需要的老年人，重点是失能（失智）老年人提供覆盖全生命周期的一站式和到户式综合养老服务，包括康复护理、生活照料、助餐配餐、医疗保健、日间托管、临时托养（喘息服务）、精神慰藉、安宁疗护、辅具租

---

① 党群服务中心、政务服务中心、网格综治中心。
② 《广州 3063 个新时代文明实践中心（所、站）惠及群众近 1300 万人次》，大洋网，2023 年 1 月 2 日，https：//news. dayoo. com/guangzhou/202301/02/139995_ 54399643. htm。
③ 李琳：《延续亚运精神　用志愿温暖广州》，《广州青年报》2022 年 10 月 27 日，第 8 版。

赁、家居改造、文化娱乐、紧急援助等服务内容。"① 依托颐康中心建立
"公益时间"志愿服务站点,旨在建立社区养老志愿服务的长效发展机制,
鼓励低龄健康长者依托颐康中心为有需要的困难长者提供服务,积累志愿服
务时数和积分,有需要时则消耗积分兑换养老服务,这是探索广州特色的社
区养老志愿服务模式的重要举措。2022 年,广州市民政局等先后印发《关
于建立广州"时间银行"养老志愿服务机制的工作方案》《关于全面推动颐
康中心"时间银行"志愿服务站点建设工作的通知》等政策文件,为广州
11 个行政区试点开展颐康中心志愿服务站点建设和推广提供了工作规范和
指引,构建起多方联动的社区为老志愿服务体系。截至 2022 年 12 月,共有
28 个颐康中心"公益时间"志愿服务站点完成试点建设工作。

因为依托社工站建设的社区慈善(志愿服务)工作站在广州本土建设
运营时间较长,在推动社区志愿服务发展方面取得较为显著的成效,本文以
社区慈善(志愿服务)工作站为例,结合其运营特点和运营模式,总结社
区慈善(志愿服务)工作站建设的经验,从而提出深化广州市社区志愿服
务站点建设的对策建议。

二 广州市社区慈善(志愿服务)工作站建设经验总结

(一)广州市社区慈善(志愿服务)工作站运营特点

1. 政策为引领,志愿服务嵌入日常工作

根据广州市民政局 2019 年印发的《广州市社工服务站(家庭综合服务
中心)评估指标体系》的相关要求,社工站需将社区社会组织培育、社区
志愿者培育两项工作列为常态化工作内容,其中对于社区社会组织的培育数
量和社区志愿者人数的增长有具体要求(见表 1)。

---

① 《广州试点"一街镇一养老中心"》,广州市人民政府网站,2020 年 9 月 10 日,https://
www. gz. gov. cn/xw/jrgz/content/post_ 6536284. html。

表1 社工站开展社区志愿服务常态化的要求

评估类别	一级指标	二级指标	三级指标	分值	评分指标
专业评估 (700分)	A3 服务成效 (220分)	B11 社区培育 (65分)	C48 社区社会 组织培育	25分	1. 社区社会组织培育情况:当年每培训1个社区社会组织得5分,最高不超过10分。(10分) 2. 所培育社区社会组织服务活动开展情况(包括所组织活动的签到、记录情况等):优为15分,良为10分,中为5分,差为0分。(15分)
			C49 社区基金 培育	20分	1. 建立社区捐赠站点,培育了1个以上社区基金。(5分) 2. 年度评估期间,社区基金募集10万元以下的得5分;募集10万~20万元的得10分;募集20万元以上的得15分。(15分)
			C50 社区志愿 者培育	20分	1. 社工站年度培育发展的志愿者骨干情况:每个社区培育发展3名以上的得3分;不超过3名的不得分。(3分) 2. 新登记志愿者100名以上的得4分,50名以上的得2分,20名以上的得1分,不超过20名的不得分。(4分) 3. 新培育志愿者队伍2支的得3分,1支的得2分,0支的不得分。(3分) 4. 志愿者服务活动开展情况:优为5分,良为3分,中为2分,差为0分。(5分) 5. 积极配合广州市志愿者协会落实社区志愿服务工作,积极利用"时间银行"、学雷锋志愿者服务站等平台资源开展社区志愿服务。(5分)
		B12 资源链接 成效 (20分)	C51 社会资源 链接情况	20分	根据社工站自主链接社会资源(资金、物资、志愿者对重点服务对象的具体服务时数)折算的价值确定得分:总价值为50万元以上的得20分;不超过50万元的得分根据具体价值另算。(20分)

2. 社工为主导，将以需求为导向贯穿服务全过程

社工站的主要任务是运用社会工作专业理论知识和三大实务工作方法，在民政部门的指导与支持下，聚焦"党建引领服务""基本民生保障""基本社会服务""基层社会治理"等类别，为兜底性为老、困境儿童、困难家庭、残疾人等特殊困难群体以及适度普惠性服务群体，开展各项专业社会帮扶及救助服务，包括心理情绪疏导、就业培训援助、紧急援助、资源链接等专业社会工作服务。社区慈善（志愿服务）工作站所开展的服务项目均由社工主导，并贯穿"评估需求—明确目标—设计方案—策划项目—组建团队—协调资源—开展活动—总结成效"全过程，使社区志愿服务项目形成循环闭合状态（见图 1），使一项项居民的实际需求被实现，实实在在为社区困难群体解决问题的同时，发挥专业优势，助力基层社会治理，做到政策惠及老幼、惠及全民。

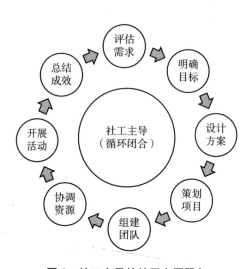

图 1　社工主导的社区志愿服务

3. 一站式功能，立足社区全方位调动整合资源

社工站的基本定位是整合基层服务能力、推动专业社会服务、弥补基层民政不足；职能职责是在分析群众诉求的基础上，统筹负责社会求助、养老服务、儿童关爱、残联服务、社会组织服务、社区发展治理等。虽然社工与

社工站集多种角色于一体，但还是以服务提供者为主。而"五社联动"机制行动框架下，社工积极以党建为引领、合法合规地创新服务方式、工作方法、合作渠道等，筹集公益慈善资源投入社区，作为政府对社区服务、社区治理等方面在物质、财政、技术等资源投入上的补充，以专业服务提升社区治理水平。因此，社工要从资源链接者的角色转化为资源的开发、组织者以及项目的实施者等多重新角色。《广州市推进社区志愿服务建设的实施方案》《广州市民政局关于建设社区慈善（志愿服务）工作站的通知》等政策的出台，进一步明确了社区慈善（志愿服务）工作站在发展社区慈善事业中包括策划社区慈善品牌项目、开展社区慈善（志愿服务）活动、打造社区慈善空间、建立社区志愿服务队伍、搭建社区慈善捐赠平台、建立健全慈善物资管理机制、打造示范慈善社区在内的七大服务功能（见图2）。

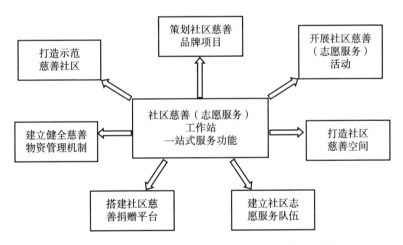

图2　社区慈善（志愿服务）工作站一站式服务功能

4. 标准化建设，规范日常服务工作流程

在社工领域，社工站标准化建设自2017年被纳入广州市政府重点督办工作范围，在设计视觉识别、企业识别系统、服务管理和服务质量标准等方面导入标准化建设体系。[①] 在标准化建设过程中，根据标准化建设的

---

① 秦松：《穗将新增30个标准化社工站》，《广州日报》2018年9月3日，第A4版。

条文细则，社工站将现有资源进行汇总、分类，按需索取；对社区服务对象（社区服务对象不只限于接受服务的社区居民，还包括政府部门以及提供服务者等）的结构特征和需求进行分析，实现服务对象需求的可视化。而社工站作为社区志愿服务的主阵地，《广州市推进社区志愿服务建设的实施方案》明确规定"社工服务站结合新时代文明实践中心（所、站）建设要求，按照'七个有'标准设立社区志愿服务站"，在社工站标准化建设的基础上，进一步规范了社区志愿服务站标准化建设内容（见图3）。

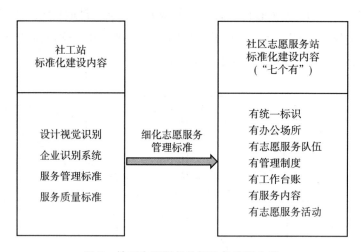

图3 社区志愿服务站标准化建设内容

5. 靶向性目标，充分调动社区志愿者参与积极性

广州市自2018年6月在各镇（街）社工站推行"113X"发展模式（见图4），明确以党建引领为核心，以社区居民群众"急需难"为重点，以长者、家庭、青少年为基础，以社区本土化为特色对服务领域进行划分。社工站根据社区志愿者的年龄特点、身份属性进行分层分类，结合各服务领域的服务内容侧重点、服务对象倾向性、参与人员条件吻合度等方面将志愿者与服务领域进行匹配，有效发挥社区志愿者的优势，进一步提升社区志愿者的参与积极性，使服务目标更具靶向性，实现三满足：一是满足社区志愿者参

与社区志愿服务的需求，二是满足社区居民对实际服务的需求，三是满足社工提供社会服务的需求。

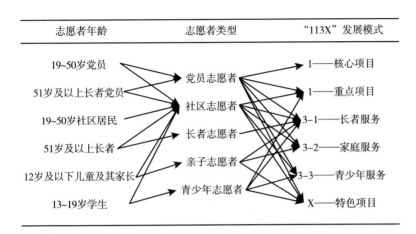

图4 社区志愿者与社区服务领域匹配分类

资料来源：曾君兰《增能视角下社会工作介入社区志愿者培训的实务研究——以广州市 H 社区为例》，硕士学位论文，华南理工大学，2021，第53页。

6. 多站点一体化，精准匹配社区服务"供需对接"

2021 年 12 月，广州市民政局印发的《广州市推动社区慈善发展行动方案（2021—2023 年）》明确提出了社区慈善"五+五"模式，即在社区建立社区慈善捐赠站、社工站、社区志愿服务站、未成年人保护工作站、社区救助站五站合一的社区慈善综合服务平台，形成社区、社会工作者、社区社会组织、社区志愿者、社区公益慈善资源五者融合发展、运转有效、各具特色的"五社联动"机制。[①] 广州市以政策推动之势、社会工作专业人才建设之势、社区发展需求之势，依托社工站设立社区慈善捐赠站、社区志愿服务站、未成年人保护工作站、社区救助站等，除此之外，根据社区特点及实际服务需求，依托社工站增设的站点还包括长者饭堂、颐康服务站、文化服务站、社区基层服务点等多元类型（见图5）。社工站的多站点合一，一是使

---

① 《（羊城派）发挥社区慈善 5 大主体作用，广州发布社区慈善发展行动方案》，广州市民政局网站，2021 年 12 月 21 日，http：//mzj.gz.gov.cn/dt/mtgz/content/post_ 7994148.html。

社会工作者结合社区多元需求和站点特定服务群体，为社区有需群体设计提供更为贴近需求的菜单式服务项目；二是使社区志愿者、志愿服务组织可根据自身专长、服务意向通过社工站的主导，更为有效地为社区有需群体提供契合度较高的社区志愿服务；三是社会慈善资源以社区慈善（志愿服务）工作站为中转载体，通过社区慈善（志愿服务）工作站的整合再分配，更为有效地对接并解决社区有需群体的实际困难问题。

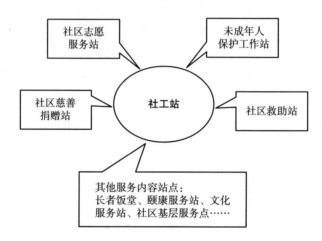

图5　依托社工站设立的多站点合一的社区慈善综合服务平台

（二）广州市社区慈善（志愿服务）工作站运营模式

1. "社区+社工+社区志愿者"的常态化模式

社区作为社会有机体最基本的内容，其自身拥有包括人资、物资、财资、文化和组织等方面的可见的或潜在的固定性资源和流动性资源。社工以其专业性，充当着社区志愿服务的管理者、统筹者、组织者、协调者等多种角色，并充分发挥了角色所赋予的功能与作用，设立社区志愿服务项目，以社区为主要服务阵地，开展社区志愿服务活动，通过灵活转化整合社区人、财、物、空间、文化等资源，引导社区居民积极参与社区事务。社区居民则以社区志愿者的身份、参与社区志愿服务的形式参与社区事务并服务社区。

社区、社工、社区志愿者三者相辅相成、互相合作、各取所需。这种依社区而设、以社工为主导、由社区志愿者协作的"三社"常态化模式，一是能充分有效地挖掘和用活社区内部资源，调动社区内部各组成元素的活跃性，自主服务社区；二是能充分有效地发挥社工在社区、社区志愿者中的专业优势，推动社区治理理念创新、模式和手段创新；三是能充分有效提升社区居民参与社区志愿服务的积极性，发挥社区居民的主体作用。

2."政府主导+站点自营+社会参与"的协作模式

政府主导，指的是由政府自上而下发起，明确各职能部门发挥各自职责推动社区志愿服务站点的建设与发展，通过购买项目服务、社会资本合作等多元方式为社区志愿服务提供资源支持。站点自营，指的是社工站主要负责人为社区志愿服务站点的主要负责人，结合本社区需求，组织站点专业社工通过站点有限的人力、物力、财力，发挥主观能动性统筹开展社区志愿服务，培育志愿服务队伍，并联动政府部门，发动社区内外的社会爱心人士、企业单位以及其他社会组织、团体，以个人参与、团队参与的形式，通过捐赠、资助、服务等方式直接或间接地参与助老助残、扶贫济困、环境保护等各类社区志愿服务活动。这种由政府主导推动、站点专业自营管理、社会力量共同参与的运营模式，使社区志愿服务站点在政府的指导下，能有效把握政策发展态势、明确服务方向，使服务与发展的目标更具靶向性。

3."基础服务+特色专项"相结合的项目化模式

受人口结构、群体类型、服务领域、社区特点、社区需求等多元因素的影响，社区志愿服务站点要以有限的资源实现服务效益最大化，必然需要通过分层分类等方式明晰服务轻重与主次。社工站以社会工作服务清单内容为基础，以党建引领、兜底困难群体、普惠性基本服务、基层社会治理四方面内容为基础服务方向，以社区发展机能和社区居民需求为导向，根据社区的特点优势、历史文化、特殊需求设计专项社区志愿服务项目，并以项目化管理的方式落实社区志愿服务，培育社区志愿者，孵化社区志愿服务组织。华林街社工站开展的"爱心农场"种植志愿者项目，在2019年发起之初，服务群体以社区长者为主，组织社区活跃的初老志愿者发挥种植技能种植果蔬并将其送给社区的困境长者，历经 4 年的培育发展，项目服务对象扩展到社区的困难残疾人、困境家庭，在新冠疫情期间，帮助多个困境家庭缓解生活物资的短缺问题。中南街社工站开展的"与慢病共舞"健康志愿行项目，在长者恒常服务的基础上，针对长者常见慢病的服务需求，以高龄、困境长者为重点服务对象，普及辖区内一般长者，培育专项服务志愿者，开展长者慢病管理的知识宣传和教育，提高长者及其家属对慢病管理的能力。

基础服务明确志愿服务方向性，是开展志愿服务的载体；特色服务提升志愿服务辨识度，是打造志愿服务品牌的基石。二者结合并采用项目化管理方式则优点众多：有利于让团队成员围绕服务目标开展服务工作，形成黏性；有利于服务工作更有条理性和节奏感；有利于重点工作清晰化，保障资源的有效利用；有利于培育志愿者、志愿服务队伍综合服务能力。

（三）广州市社区慈善（志愿服务）工作站运营效能

据统计，2022 年全年，广州市全市社工站、社区志愿服务组织等依托广州公益时间志愿服务平台，累计组织 26.8 万人次的社区志愿者开展社区志愿服务活动近 1.9 万场次，累计服务社区居民超 3030 万人次，其中近 10 万人次社区志愿者服务社区困难群体超 1150 万人次。[①] 社区慈善（志愿服务）工作站整合了社区基金、社区慈善空间、社区慈善捐赠站和社区志愿服务站的功能，进一步发挥了社区慈善公益平台的作用。2022 年，广州市 11 个区先后设立社区慈善（志愿服务）工作站，实现镇（街）层面 100% 全覆盖，同时积极推动创建示范性社区慈善（志愿服务）工作站，发挥先进示范作用。作为广州市首个设立的示范性社区慈善（志愿服务）工作站，广州市越秀区北京街社区慈善（志愿服务）工作站，通过社区基金，充分发挥"五社联动"优势，通过议事协商、慈善筹款、物资认捐、困难帮扶以

[①] 数据源自广州公益时间志愿服务平台，社区志愿者参与人次未包括参与但未能有效登记注册的志愿者。

及社区倡导等方式，链接及整合困难群体所需资源，帮助困难群体实现"三微需求"。自 2022 年 7 月设立至 12 月，仅在广州公益时间志愿服务平台就发布了 59 场次志愿服务活动，组织 474 人次的社区志愿者为 6689 人次社区困难群体提供各类服务，通过社区基金，接受社会团体、个人捐赠的微心愿物资、防疫物资以及其他爱心物资等折合 28972.67 元，其中微心愿物资折合 8863.47 元。

三　广州市社区志愿服务站点建设的对策建议

（一）深化"五社联动"机制，完善服务运营机制

在广州市大力推动下，社会公益慈善资源逐步下沉社区，并形成合力助力社区志愿服务的发展，社区的布局规划，使依托不同据点建立的社区志愿服务站点各具优势的同时也存在一定的发展局限性。社区志愿服务站点应充分利用天时、地利、人和等优势，除加强与社区、社会工作者、社区社会组织、社区志愿者、社区公益慈善资源等社会服务体系成员之间的协作之外，对社区内部，可借助社区力量加强与社区居民、社区企业之间的联系，发挥社区各组成元素之间的多效功能与作用。对社区外部，可借助政府相关政策法规，拓展社会组织、志愿服务组织、企业、高校及个人等外部资源投入社区，内外相结合完善社区志愿服务运营机制，实现社区志愿服务参与社区治理的专业化、规范化、精细化。

（二）强化志愿服务培育，提升社区志愿服务主体内驱力

从社区人口结构组成来看，人力是社区志愿服务站点开展服务的最大优势，社区内党员、团员、离退休人员、在职工作人员、流动人员、在校中小学生等均是社区志愿者的重要补充来源，社区志愿者是开展社会工作服务、社区志愿服务的有力协助者。社区志愿服务站点应善用社会工作专业方法、广州公益时间志愿服务平台等志愿服务信息系统的科技手段，完善社区志愿

服务、社区志愿者、社区志愿服务队伍的管理机制、培育激励机制，根据社区各群体的专业背景、特长，结合社区发展需求、社区特殊困难群体个性化服务需求，有针对性地分层分类培育专项服务的志愿者骨干，开展特色社区志愿服务，充分发掘社区志愿者优势、有效发挥社区志愿者主观能动性，有利于激活社区居民志愿活力，凝聚社区治理力量，激发社区居民动力并提升其参与社区公共事务的主动性、积极性。

（三）锚定社区服务需求，设计特色社区志愿服务项目

社区结构的类同性，使社区志愿服务在模式、形式、内容、群体等方面也存在较大的重叠，利弊共存。利，体现在服务的普惠性强；弊，则体现在服务的有效辨识度较低。社区志愿服务站点在做好基本社区志愿服务的基础上，应时刻关注社区整体结构在社会发展过程中由发生的变化所带来的服务需求，如由人口结构变化引起的长者服务、儿童服务、青少年服务等，由城市规划变化引起的环境保护服务、生活适应服务等，由人文环境变化引起的文化服务、心理服务等。设计特色社区志愿服务项目，采用多渠道、多方式进行宣传推广，打造社区志愿服务品牌，培育典型、树立良好社区形象、提高社区知名度有利于盘活社区内部资源，引入社区外部资源，有效保障社区发展过程中所需要资源。

（四）加强跨域专业合作，打造社区志愿服务品牌

社区慈善（志愿服务）工作站在原有"资源链接者""使能者"的角色和功能作用的基础上，可进一步借助政府的政策支持、社工的专业优势在多个方面强化跨域合作。一是项目开发方面，熟悉政策、掌握政策并用好政策，同时建立与政府部门的沟通机制，通过政府部门更好地指导和推动社区志愿服务的落实。此外，还可会同服务对象、利益相关方、行业领域专业人员等进行项目服务内容的设计，提升服务内容与服务需求匹配度，真正实现"供需精准对接"。二是资源筹措方面，强化与各志愿服务组织、企业单位、群团组织的合作联动，打造社区志愿服务平台完整资源闭合链。三是区域合

作方面，社区慈善（志愿服务）工作站在所在社区原有志愿服务基础上，应跳出社区服务的区域局限性，通过专业人员互用、场地互用等方式创新跨社区、跨街道、跨区、跨市的合作模式，深化社区志愿服务发展。四是宣传推广方面，联合新闻媒体，结合公益营销理念，挖掘独具广州市本土特色的志愿者、志愿服务项目、志愿服务组织和社区，强化宣传推广广州市社区志愿服务的经验做法、成效、社会效益。

B.11

广州社区志愿服务力量参与
社区公共应急服务的实践探索

——以广州市普爱社会工作服务社为例

杨晓慧 莫桂芬*

摘 要： 社区志愿服务在各类社区公共应急服务中发挥了重要作用。本文以
广州市普爱社会工作服务社为例，对社区志愿服务力量参与社区公
共应急服务取得的成效和存在的不足进行了总结，并在此基础上提
出了五点优化建议：一是组织参与均要服从党和政府的领导；二是
注重信息化管理及统筹规划；三是完善管理和风险防范机制；四是
加强精准培训，提升服务质量；五是设立专栏进行表彰和宣传。

关键词： 社区志愿服务力量 社区公共应急服务 社区治理 广州

《广东省志愿服务条例》规定，志愿服务是指志愿者、志愿服务组织和
其他组织自愿、无偿向社会或者他人提供的公益服务。[①] 志愿者是指以自己
的时间、知识、技能、体力等从事志愿服务的自然人。志愿服务组织是指依
法成立，以开展志愿服务为宗旨的非营利性组织。开展志愿服务，应当遵循

---

* 杨晓慧，广州市黄埔区普爱社会工作服务社常务副总干事，中国社会科学院研究生院首届
社工硕士，广州市党代表，主要研究领域为社会工作服务管理、社区志愿者服务、社工站
综合服务等；莫桂芬，广州市黄埔区普爱社会工作服务社项目总监，广东财经大学社工本
科，中级社工师，主要研究领域为社区志愿者服务、社工站综合服务等。

① 《广东省第十三届人民代表大会常务委员会公告（第77号）》，广东人大网，2020年12月
1日，http://www.rd.gd.cn/zyfb/ggtz/content/post_164545.html。

自愿、无偿、平等、诚信、合法的原则，不得违背社会公德、损害社会公共利益和他人合法权益，不得危害国家安全。从以上可以看到，广东省对志愿者及志愿服务的有关规定更强调志愿者自然人的身份，对志愿服务坚持"不违背不损害"等原则，总体来说是非常低的要求。在"社工+志愿者"模式下，广州对社工及社工站的要求则更为具体，且有更高的政治要求。《广州市社工服务站（家庭综合服务中心）管理办法》规定："社工站（家综），是指在本市各镇（街）设置的，以服务困境群体为主，以家庭为本，以社区为基础的专业社会工作服务平台……通过政府购买服务等方式，由社会工作服务机构承接运营，提供专业化的社会工作服务。"① 社工站（家综）应当坚持党的领导，坚持以人民为中心，密切联系群众，确保社会工作发展的正确政治方向。如此，在广州各镇（街）社工站组织带领下的志愿者队伍，则可以有更高的政治觉悟、更多具体服务训练的机会，对于快速回应公共应急事件的社区志愿服务需求，他们可以被培训得更加有序。

广州市在十几年镇（街）社工站建设的基础上，已经将"社工+志愿者"服务模式应用在基层社区治理的方方面面。广州市每个镇（街）社工站工作人员按要求配置至少20人，服务人群动辄超过10万人，有的甚至超过20万人。除老城区和中心城区外，每个镇（街）社工站服务面积也动辄超过10平方公里，甚至有的站点服务面积超过40平方公里。由此，每个社工站的一项重要任务就是发展在地社区志愿者、培育社区志愿服务队伍，通过"社工+志愿者"服务回应辖内庞大人群和镇（街）、村（居）的社区治理需求。尤其是过去三年公共应急事件中，社工站招募、培育、组织志愿者的功能发挥到极致，也为发展志愿者参与社区公共应急服务积累了经验和志愿者数量基础。本文重点讨论的志愿服务是立足社区，依托镇（街）社工站等类似志愿服务组织的志愿服务行为。部分企事业单位组织的履行工作职务行为、有偿服务等不属于本文讨论的志愿服务活动。本文以广州市普爱社

---

① 《广州市社工服务站（家庭综合服务中心）管理办法》，广州市民政局网站，2018 年 6 月 26 日，http://mzj. gz. gov. cn/dt/ggs/content/post_ 3109242. html。

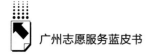

会工作服务社组织社区志愿者参与社区公共应急服务经验为例，结合广州社区公共应急志愿服务资源和事件的分析，为社区志愿服务力量参与社区公共应急服务的管理发展提供参考。

一　研究背景

（一）广州社区志愿服务力量为防疫工作作出重要贡献

2022 年，广州市顽强抵御了抗疫三年以来最复杂、最严峻的疫情，广州各镇（街）社工站作为基层的志愿服务组织力量，组织社区志愿者自愿、无偿在该年度勇担多轮抗疫重任，成为助力全市基层疫情防控战线的重要生力军。全市社工站积极参与基层社区疫情防控工作，协助开展核酸检测、流调排查，累计服务超过 6500 万人次。发动社区志愿者 220 余万人次，链接社会资源折合价值超过 3800 万元，助力社区构筑疫情防控和民生保障的安全屏障。① 取得这样的成效，也是社工站发动社区志愿者通力合作的结果。同时，广州市的各社工站发布招募志愿者活动及统计时数都会依托广州公益时间志愿服务平台（以下简称"广州'公益时间'"），社工站也是该平台使用的主力军。2022 年广州"公益时间"年度报告中指出，全市防疫志愿服务链接 6650 份防疫物资，价值近 10 万元，为全市 3650 户社区困境长者家庭提供防疫物资支持，依托线上平台为超 7 万人次志愿者开展防疫志愿服务技巧、疫情期间心理调适知识等主题培训，有序开展防疫志愿服务，发布防疫志愿服务活动 7600 个，参与志愿者 131559 人次，服务社区居民24212835 人次，志愿服务时数 1158625 小时。② 通过以上有关志愿者参与社

---

① 《党的二十大启新程，高质量发展谱新篇——广州社工交出 2022 年度成绩单》，"广州社工"微信公众号，2023 年 1 月 10 日，https：//mp. weixin. qq. com/s/FxcO_ KRe0Bl7rKCKz bzU1A。

② 《年度报告｜2022 年广州"公益时间"年度报告重磅出炉》，"广州公益时间"微信公众号，2023 年 2 月 15 日，https：//mp. weixin. qq. com/s/QHEkA36_ 2FR9psZJgFeVqw。

区抗疫服务的市级平台的数据统计，可以看到广州市社区志愿者在参与防疫等社区公共应急服务中的积极作为。

普爱社会工作服务社成立于 2010 年，截至 2022 年 10 月 31 日，已累计注册社区志愿者 17631 人，其中含党员志愿者 1305 人，参与志愿服务 86702 人次，服务时数达 324807.75 小时，志愿者服务社区居民累计 2458660 人次。其中，2020~2022 年发动社区志愿者参与防疫达 14050 人次，占 12 年来总参与志愿服务人次的 16.2%，而防疫服务社区居民达 1179766 人次，占 12 年来总服务社区居民人次的 48.0%。可见近三年社区志愿者参与防疫服务的密度频次是非常高的。同时，随着志愿者培育和管理的不断完善、防疫工作的常态化，社区防疫对志愿者的需求增长，2022 年来发展志愿者参与防疫服务的数据也创新高。2022 年普爱社工机构前 10 个月的数据显示，注册"普工英"志愿者 2625 人，含党员志愿者 266 人，参与志愿服务 18520 人次，服务时数达 76617.93 小时，志愿者服务社区居民 825477 人次。其中，发动志愿者参与防疫达 11138 人次，占总参与志愿服务人次的 60.1%，他们参与防疫服务社区居民高达 780921 人次，在总服务社区居民人次中的占比高达 94.6%。① 通过发动社区志愿者参与防疫这项公共应急服务，社区志愿者的潜力被大力挖掘，参与社区公益服务的意识也空前提高，维系好这批志愿者的志愿服务热情也是今后工作中的一项任务。

（二）有关社区志愿者参与社区公共应急服务的文献研究

1. 社区公共应急志愿服务的可持续性问题

在我国新冠疫情防控过程中，许多学者也对志愿服务参与防疫工作展开了讨论。有学者指出，志愿服务在提升社会治理水平方面有着重要意义，在此次新冠疫情防控中，很多群众以志愿者身份自发加入疫情防控工作中，成为公共应急事件中基层治理的重要力量，并作出了突出的贡献。同时，该学

---

① 普爱社工机构 2022 年 12 月 31 日有关统计数据源自穗东街、南岗街、云埔街美荔家园片、九佛街、长岭街、光塔街诗书片、珠光街、东山街、市桥街东西片、化龙镇等社工站以及过往承接过的社工站及其他招募使用志愿者的专项服务信息。

者研究发现在当前我国公众的志愿服务参与中，以单位和政府部门组织动员形式开展的志愿服务有较好的持续性，个人或者志愿服务组织自发型志愿服务参与的持续性较差。[①] 有学者对参与武汉疫情防控的非正式志愿者组织产生与运作进行了研究分析。武汉当时并没有像广州这样有较为全面的镇（街）社工站网络，也没有健全的自上而下的志愿者管理体系。在完成抗疫救援的使命后，很多志愿者组织首先要面临身份确认问题，作为非正式志愿者组织有四条路可供选择：解散、"被收编"、挂靠及独立注册。如何克服生存危机是疫情后志愿者组织必须考虑的问题。[②] 公共应急事件发生时，也是社会志愿服务的潜在力量展露之时，如果未能在公共应急事件结束之后好好利用，不能建立有效的机制使社会志愿服务资源持续发展，则是对社会资源的浪费。

2. 广州志愿服务的宏观指导机制逐渐完善

广州在此之前已经在举办亚运会经验基础上有一定的志愿者服务基础，同时因建构了全市范围的镇（街）级社工站网络，基层志愿者的组织和服务也更加有序开展。2020 年 6 月广州市通过了《广州市文明行为促进条例》，并于当年 10 月 1 日正式施行，其中第二十九条规定："鼓励和支持参加志愿服务活动和依法设立各类志愿服务组织。相关单位应当为志愿者和志愿服务组织开展志愿服务提供便利和保障。积极参加志愿服务活动的，有困难时可以依照有关规定优先获得志愿服务。市、区人民政府应当建立志愿服务保障和激励机制，维护志愿者和志愿服务组织的合法权益。"[③] 由此，借助创建文明城市的契机，志愿服务以法规条例的形式推广开来。广州市被视为社区防疫工作"模范生"，其中也必然有充分发挥"社工+志愿者"社区力量的原因，也使得广州地区大部分基层社区原本解决各种问题和困难的思

---

① 崔岩：《当前我国公众的志愿服务参与动机研究》，《中国社会科学院大学学报》2022 年第 3 期，第 98~115 页。

② 方英、黄晓婷、黄瑞静：《公共危机中非正式志愿者组织产生与运作研究——以新冠肺炎疫情为例》，《社会工作与管理》2021 年第 3 期，第 78~87 页。

③ 《广州市文明行为促进条例》，广州市人民政府网站，2020 年 9 月 4 日，https://www.gz.gov.cn/zt/gzcw/cwjxs/content/post_6529304.html。

维方式、行为方式发生了改变，促使镇（街）社区一旦有公共应急事件需要人手时，首先会想到社工站，也会直接请社工站招募社区志愿者，对社工及志愿者的要求也越来越多和高。《广州市创建"慈善之城"2022年工作要点》提出，要聚焦社区慈善，打造社区慈善生态链，大力发展社区志愿服务，培育和发展社区志愿服务力量，为志愿服务开展搭建供需对接平台。在疫情防控形势最严峻的2022年，广州市也制定了《广州市社区志愿者参与防疫社区志愿服务工作指引》，为科学有序参与防疫志愿服务提供指引。① 于2023年3月5日起施行的《广州市志愿服务规定》，基于广州"慈善+社工+志愿服务"融合发展机制的实践经验，明确"民政部门应当采取措施，推动慈善、社会工作和志愿服务协同发展"，着力推动慈善组织、社工机构、志愿服务组织从服务社会、帮扶弱小的共同目标出发，依托各自专业优势开展合作，充分发挥"1+1>2"的协同效应。② 可以看到，广州市通过各项条例、规定等逐渐在市级层面有了宏观的志愿服务管理指导，也具有较强的可行性和科学的实践依据。但针对突发公共应急事件的志愿服务仅有参与防疫社区志愿服务工作指引，还可以立足志愿服务防疫经验，讨论社区志愿者参与公共应急事件服务而衍生的志愿者培育、发展、管理等问题。

二 社区志愿服务力量参与社区公共应急服务实践探索

社区公共应急服务不仅包含疫情防控，极端天气如高温、台风、寒潮等，以及突发意外重大伤害事件如爆炸、伤人事件，都属于公共应急事件，都需要社区公共应急服务。广州社区志愿服务力量主要是依靠各镇（街）社工站组织发动，以此建构起来的"社工+志愿者"服务体系受社会工作"需求为本"理念影响，在服务之前也会先进行需求评估和分析，再进行分

---

① 《年度报告｜2022年广州"公益时间"年度报告重磅出炉》，"广州公益时间"微信公众号，2023年2月15日，https://mp.weixin.qq.com/s/QHEkA36_2FR9psZJgFeVqw。
② 《〈广州市志愿服务规定〉正式发布，今年3月5日起施行》，广州市人民政府网站，2023年1月30日，https://www.gz.gov.cn/xw/zwlb/bmdt/content/post_8779971.html。

类回应。根据不同社区公共应急事件的类型，也会对需求进行分类，时间较长的还需要进行阶段性需求评估。三年疫情防控中的社区志愿服务是近年来最典型的社区公共应急服务的志愿服务参与案例，而且具有时间战线长、服务内容多样化、服务对象范围广等特点，回应的需求也因防疫阶段的不同而有不同的侧重点，包含了对社区人群的生理、心理精神、社会支持等需求，也包含了社区组织党员双报到、社区防疫任务等社区层面需求。对社区志愿服务力量参与三年疫情防控的实践分析总结，可以作为社区志愿服务力量参与社区公共应急服务实践探索的重要依据。

社区志愿服务力量是疫情防控工作的补充力量，各街道、社区和社工站充分发动各党组织、党员、社区志愿者、社矫志愿者等共同参与，逐渐形成了广州密集的社区志愿服务网。在此，对普爱社工机构组织社区志愿者参与社区公共应急服务进行梳理回顾，尝试探索社区志愿服务力量参与社区公共应急服务的发展路径。

（一）社区志愿服务力量参与社区防疫工作概述

普爱社工主要通过广州"公益时间"及社区志愿服务微信群发布志愿者招募信息，组织社区志愿者常态化到社区协助开展防疫志愿服务工作，如大规模核酸检测、疫情排查、路口门岗体温监测、流调排查等应急志愿服务，筑起社区防疫网，筑牢社区疫情最后防线。

2020年上半年疫情初期，党员志愿者勇当先锋。普爱社工机构层面在党组织的指导下首先成立了普爱疫情工作指挥小组，其中一项工作就是发动和组织社区志愿者参与防疫工作。其中值得关注的是，该阶段党员志愿者是最先站出来的，充分起到党员先锋模范作用。在疫情常态化后，越来越多社区居民积极主动投身到防疫志愿行列，并通过社工的系列培训，志愿者们逐步成为疫情防控的得力助手，如核酸检测、疫苗接种及疫情流调等，志愿者也逐步向本地化、社区化、组织化、主力化发展。经过一年的抗疫经验提炼，广州市依托相对成熟的疫情防控应急志愿服务队伍建设，优化完善了志愿者投身疫情防控工作指引和规范，制作推广疫情防控培训课程。随着疫情逐渐稳定，志愿者的专业化要求更高，有不少拥有心理、应急、医疗、法律等专业技能的志愿者主动参与到社区防控工作中，为社区居民提供物资帮助、劳务帮助、心理辅导和政策信息帮助等。

2022年10~11月广州疫情期间，训练有素的志愿者可以在艰难时候依然传递正能量。社区志愿者承担了倡导者、服务提供者的角色。2022年底国家颁布了疫情防控"二十条"措施和"新十条"规定，对新冠疫情防控明确了新的要求。这个时期，社区志愿者面对招募报名不踊跃，也都处在感染的高峰期，难以抽身参与线下防疫支援工作。社区志愿者经过长时间的训练，已经习惯性向居民宣传正确的政策方向，正确宣传解读政策的内容和含义，尤其针对很多居民认为这就是对疫情防控的"放开"和"躺平"的现象，宣传正向科学的解读。同时，社区志愿者也作为信息分享者和资源链接者，尤其是12月以来，越来越多的居民在家检测出感染了新冠病毒，并出现了感冒、发热等症状，部分居民买不到退烧药、抗原等物品，社区志愿者积极主动在微信朋友圈、微信群等线上平台分享购药信息，同时也积极链接多方资源，为有需要的居民链接了药品和生活物资。

（二）社区志愿服务力量参与社区公共应急服务的管理机制

普爱社工机构在志愿者管理方面，注重对志愿者的招募、培训、队伍组建、活动开展、表彰激励、骨干培育等工作，以社工站为阵地，组建线上志愿者群，培育不同类别的志愿者和志愿者队伍。针对疫情防控这类公共应急事件的志愿服务参与，专项培训防疫志愿者有关大规模核酸检测、疫苗接种、上门排查等支援知识，也专门设计培育社区志愿者防疫服务团队，组队支持社区防疫。

社区志愿者防疫队伍分为两种：一种是普爱社工依托社工站组建，由社区志愿者在普爱承接的社工站注册成为"普工英"志愿者，根据需要加入社区志愿者防疫服务团队，接受社工站的志愿服务培训与管理；另一种是企事业单位志愿者队伍与普爱承接社工站合作，一般是以党组织"红联共建"的形式促成合作，这类志愿者队伍也要接受社工站的培训与管理。在防疫志

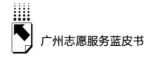

愿服务实施过程中，普爱承接的社工站将安排至少一名带队社工参与，并对志愿者或志愿者队伍进行考勤和服务监督，确保志愿者能按时按质提供志愿服务，同时保障志愿者及社区居民的相关权益。

（三）社区志愿者协助社工站参与特大暴雨后的帮困工作

2020年"5·22"广州特大暴雨灾害发生后，普爱承接的云埔街社工站通过"社工+志愿者"的模式，组织专长志愿者队伍，为高龄长者、孤寡长者、残障长者等排查安全隐患、清理积水和杂物，发动爱心志愿者资源为困境长者重新置办电磁炉等家电。

据一名经历了这场特大暴雨灾害的孤寡长者回忆，水位最高的地方淹没了整整一层楼，有大半的小车被大雨浸泡了，村里都停电了，村民把家里的垃圾都清理出来，满大街臭气熏天，苍蝇不断光顾。"就在我最需要人帮助的时候，普爱社工来到我家里。我独自一人在家里清理卫生，家里乱七八糟，一片狼藉，全屋的家具电器都被水泡了，存在严重的安全隐患。我向普爱社工说出了自己的需求，普爱社工马上组织电工志愿者上门帮忙检查线路，找志愿者帮忙清理卫生，衷心感谢社工和志愿者。"

另一名孤寡长者的回忆，也体现了当时社工组织专长志愿者在暴雨灾后帮助困境人群的情景。"普爱社工找到了一位资深的电工志愿者，帮助我的家修复电路。社工发现我对电路有一定的经验，就鼓励我跟志愿者合作完成。一开始我多次拒绝，生怕自己为志愿者添堵添乱，普爱社工和志愿者的鼓励，让我鼓起勇气积极加入协助。通过我们的共同努力，我的家恢复了电源，恢复了光明，我也恢复了笑容。"

（四）组织形成协助"三防"应急工作的社区志愿自助模式

普爱社工结合街道及各社区需求，推动社工站聚焦于社区民生安全问题，设计"党群共建，应急·防范"服务项目，联动街道与社区，实现三方合作，建立街道"应急志愿服务队"，通过对应急志愿服务队进行一系列专业培训，形成常态化应急宣传模式及应急预防机制，定期入社区宣传应急预防知识，以此增强社区应急服务能力。通过"应急·防范"综合服务平台，发动社区居民参与到社区应急服务治理活动中来，提高社区居民参与应急服务治理的意识。

结合"三防"实情，街道有专门的职能部门及专门的工作人员参与到一线应急服务或救灾活动中，社工站则可以利用"社工+志愿者"服务的优势，定期开展应急服务宣传倡导活动以及结合基础部门定期开展对社区弱势人群的走访宣传活动，形成应急防范"邻里敲门"自助模式，提高社区居民应急防范意识，增强社区居民应急防范能力，共同创建和谐安全社区。

（五）组织社区志愿者防范未"燃"，开展应急消防"马拉松"

为了更好提升社区的消防意识，普爱社工通过建立以"社工+小区物业+小区业委会+志愿者"等多元主体为主的应急及议事平台，开展"多元共治，防范未'燃'"服务项目，推动社区建设公共充电桩，仅在2021年7~12月就建成6个充电棚，含230多个充电位，电动车编号累计600多台，建立3支由社区志愿者组成的"电动车安全巡查小分队"，推动居民持续规范使用公共充电桩，引导居民树立"消防安全责任人"观念，提升社区消防意识。在近5年的服务期内，社工成功联动社区居委会、社区志愿者骨干、社区志愿者队伍，持续推动社区建设电动车充电桩，实现了5个社区20多个小区和经济社都建设了电动车充电桩，充电位总数量大大增加，满足了居民的日常充电需求，杜绝了带电回家现象的发生。

在随后的服务中，普爱社工持续开展应急消防"马拉松"服务活动。联动社区各类资源，搭建"网格化应急服务平台"，通过居委会、小区业委会、小区物业、小区志愿者等"多元主体+社工"的"N+社"模式，聚焦居住社区消防安全，呼吁社区居民安全用电，提高社区居民的防范意识，倡导形成共建共治共享型平安社区。普爱社工通过发动"物业+积极居民志愿者"成立在地化志愿服务队，为他们提供通用性培训、岗前培训、消防安全培训等资源，促进他们形成参与小区治理的意识和服务的能力。通过志愿服务队定期巡查小区，指引居民对电动车进行规范使用、停放和充电。

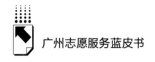

（六）社区防疫志愿者的表彰激励

每次志愿服务结束，带队社工都会在志愿服务群里表达对参与本次防疫志愿服务的感谢，展示具体做了什么内容，并鼓励其他人下次参加。社工站内会将志愿服务时数进行统计，并将志愿服务小故事不定期在社工站的微信公众号进行发布，让参与的志愿者们有"被看到"的荣誉感。每年社工站也会进行年度志愿服务表彰，如针对社区防疫志愿服务设置"优秀防疫志愿者""优秀防疫志愿者队伍"等奖项，表彰结果也会在微信公众号进行发布公示，方便大家转发。同时，普爱社工积极帮助志愿者及志愿者队伍申报市区两级表彰，尤其帮助志愿服务表现好但不会整理申报材料的志愿者撰写有关文字，无论是否获得荣誉，都会让志愿者长期参与社区志愿服务的愿望更加浓烈。疫情之前，普爱社工机构也会每四年举办一次全体"普工英"志愿者的千人趣味运动会和表彰大会，在机构内各承接社工站和专项项目培训的志愿者都可以报名参与，来自各个项目辖区的社区志愿者齐聚一堂，欢乐之余还有隆重的志愿故事宣讲和表彰仪式，这也会给他们留下美好的回忆和满满的激励。

三　社区志愿服务力量参与社区公共应急服务存在的问题

在基层应急工作中，普爱承接的社工站均积极参与其中，很多时候发动了社区志愿者一起参与，但也有很多时候出现没有成功使用志愿者的情况，或者志愿者使用不充分的情况，甚至产生一些不愉快的摩擦。

（一）社区公共应急志愿者的服务使命感有待培育增强

与一般志愿者相比，社区公共应急志愿者的社会责任感要求更高，所以疫情初期更多是党员志愿者参与。社工表示，新冠疫情刚发生时，党员志愿者力量较为充足，到后期防疫转为常态化时，党员志愿者力量逐渐减少，志愿服务队伍的服务使命感没有最初强烈，有时甚至出现临时换人的情况。按照有关规定，志愿者的门槛其实很低，但社区公共应急志愿者需要循序渐进有序培养，目前的培训中对社区志愿者认知层面的社会责任感、服务使命感培育还需加强。

（二）社区公共应急志愿服务统筹规划有待加强

社区公共应急志愿服务的双需求评估不足，社区公共应急志愿者的发掘储备不足，统筹规划有待加强。值得关注的是，当前志愿服务仍然没有成为社会大众的广泛共识，疫情防控的实践证明，志愿服务在协助党委、政府应对突发事件、提高社会治理能力上能够发挥重要而特殊的作用，但在实际参与志愿服务群体的来源方面较为单一，日常服务以属地热心居民志愿者、学生志愿者、初老长者志愿者等群体参与为主，企业有能志愿者、社区下沉党员志愿者普遍需要在周末才能参与。这也体现出志愿者的需求评估、社区的需求评估均不足，至少不足以实现双需求有效对接，而社区公共应急志愿者的发掘储备还需下大力气。

与此同时，民政、团委等部门依托不同的载体都有各自的社区志愿服务队伍要求，队伍当中既有联系，又相对独立。目前不同部门都在推进社区志愿服务，志愿服务录入系统均不一致。民政部门使用广州"公益时间"，团委部门及学校使用广东省"i志愿"系统，在职党员回社区报到并开展服务需要在穗好办 App 的"羊城先锋"栏登记报名。由于有志愿服务时数及参与度的要求，当开展社区志愿服务活动时，都存在不同的系统录入同样的社区志愿服务活动的情况。上面千条线下面一根针，不同部门各自为政，同一事情要求在不同的系统做台账，严重加重基层组织负担，基层工作人员和社工站一线社工均强烈反映。这个情况也会影响到双需求评估，影响到志愿者的有效参与，不利于区域内统筹规划。

（三）社区公共应急志愿服务风险防范意识及应对机制不足

在社区服务过程中，无论是社工还是社区志愿者都应该加强风险防范意识,主要涉及法律风险、人身安全风险等。社工日常已有较多反复的风险防范意识训练,但社区志愿者还并无统一的有体系的风险防范意识训练课程,仍以日常服务技巧训练为主。尤其是社区公共应急志愿服务存在的法律风险、人身安全风险都挺高,大家都是秉持做好事的心态,会不自觉地淡化应该"计较"的得失意外情况,一旦出现意外就可能会有纠纷产生,造成不良社会影响。除了意识不足,有关志愿服务的组织者和更高级别的管理机制,目前在应对服务风险上也存在不足。《广州市志愿服务规定》第十七条规定:"鼓励保险机构与志愿服务组织合作,设计开发符合志愿服务特点、适应志愿服务发展需要的保险产品,为志愿者开展志愿服务活动购买保险提供便利。"① 这里仅仅是鼓励,还未能有广泛推广的风险应对机制。

(四)社区公共应急志愿服务技巧不足

在社区防疫过程中,社区志愿者主要参与扫码和核酸码检查工作,专业人士较少。当面对专业需求度高、工作难度大的志愿服务时,现有志愿者往往难以应对。社工表示,有时防疫工作量很大很想招募社区志愿者参与,但不是时间问题,就是能力问题,最后还是不得不自己做。其中,专业需求度高、工作难度大的志愿服务最直接的体现为持证上岗,如社区防疫过程中的核酸采样员岗位,看似技术难度不大,但一定要持证上岗才行。在广州2022年第四季度最后一轮疫情大幅蔓延时,卫健有关部门才大量培训社区采样志愿者并颁发证书,这些志愿者在疫情结束前的那段时间作出了一定贡献。除此之外,有很多志愿服务也需要持证上岗,如急救、基础护理、电力维修等,无论是日常社区服务还是社区公共应急服务,都需要大量此类专业培训并颁发证书,但目前都还远远不足。

---

① 《广州市志愿服务规定》,广州市民政局网站,2023年2月3日,http://mzj.gz.gov.cn/zwgk/zfxxgkml/zfxxgkml/bmwj/qtwj/content/post_ 8786707.html。

（五）社区公共应急志愿服务的表彰和宣传不够丰富

在广州市疫情防控期间，市区两级均增设了"优秀抗疫志愿者""优秀抗疫志愿服务组织"等荣誉，也有一定的宣传，但相较庞大的志愿者和志愿服务组织而言，这类一般单次不超过 10 个人或组织的数量表彰还是显得非常不足。镇（街）级社工站一般也会组织表彰，但多数情况下只是站内表彰，并未很充分地联动官方一起，使得表彰力度不足，也不被社区重视。表彰方面除了数量较少的问题，还存在没有足够分层分类的情况，如年龄等。从社区公共应急志愿者面临的风险和要求来讲，对于他们的表彰还不够细致，数量也不够。在表彰过后的宣传，更多是强调优秀抗疫志愿者的无私奉献精神，对他们本身具备的优秀技能素养宣传较少，对于他们自己因做志愿者而收获良多的有关报道也较少深挖，不足以吸引更多人投身到社区公共应急志愿服务中。

四 社区志愿服务力量参与社区公共应急服务的优化建议

基于以上对社区志愿服务力量参与社区公共应急服务存在的问题的剖析，现尝试对以上存在的不足提出几点优化建议。

（一）组织参与均要服从党和政府的领导

志愿服务是社会文明进步的重要标志，社区志愿者是社区居民最直接感受社会文明的力量之一。社区公共应急事件发生的时候，也是社区居民观望党和政府行动的时候，在党建引领下的镇（街）社工站协助党和政府组织训练一批具有社会责任感和服务使命感的社区公共应急志愿者也是义不容辞的责任，尤其要注重培育社区公共应急志愿者的大局观，理解并服从党和政府在社区公共应急服务中的领导，以便团结一致且快速有效地完成社区公共应急服务的任务。

（二）注重信息化管理及统筹规划

组织方要对社区公共应急服务进行需求分层分类，注重信息化管理及统筹规划，增强区域内社区志愿服务力量的调动能力。社区志愿者可被调动参与社区公共应急服务的潜力数量越来越庞大，统筹规划更要注重信息化系统管理。目前，普爱等承接社工站的机构都大力支持广州公益时间志愿服务平台进行志愿者管理，因为该平台十分注重社区志愿者的培育和管理。但当下在多种平台共存情况下，帮助志愿者使用适合自己的互联网服务平台，也是社工管理和维系志愿者的工作内容。但如果能统一志愿者登记管理平台，会使志愿服务的统筹规划能力大幅提升。

广州公益时间志愿服务平台已经按区域和镇（街）设置各服务组织，各个组织可发布志愿服务活动供志愿者报名参加，在招募志愿者方面相对较为被动，更多作为统计管理工具。建议加强对志愿者需求和社区需求的分析和查找功能，对需求进行分层分类，以便志愿服务组织能快速精准地找到合适的志愿者并进行招募，有利于跨街道、跨区的志愿者有效精准对接服务，尤其是开展社区公共应急服务的时候，快速找到合适的志愿者非常重要。

（三）完善管理和风险防范机制

广州市社区服务注重"社工+志愿者"服务模式推广，在志愿者服务指导方面，更要进一步完善参与社区公共应急服务志愿者的管理和风险防范机制，推动良性发展。建议制定"参与社区公共应急服务志愿者的管理和风险防范指引"，统一学习"志愿服务法律风险与防范""志愿服务人身安全风险与防范技能提升"等课程，提高社区公共应急服务组织者和志愿者的风险防范意识，而且要像消防演练一样，反复学习，规定和保障学习频率。建议在指引中明确，如果发生意外风险情况，服务组织者和志愿者双方的权益该如何维护，免除后顾之忧。建议至少市区两级有关部门主动推动志愿服务保险产品的开发，明确为志愿者开展志愿服务活动购买保险提供便利，以使社区公共应急服务可持续发展。

（四）加强精准培训，提升服务质量

社区志愿者参与社区公共应急服务需要的技术资质是可以通过不断培育获得的，建议市区有关部门联动有关资质主管部门，对志愿者进行精准培训，提升服务质量。可设计专题调研，摸查社区公共应急服务可能的资质证书需求，精准邀请有关部门进行轮训，培育一批又一批持有合格资质的社区公共应急志愿者。志愿者免费获得培训和证书，同时承诺在社区有需要的时候积极参与完成社区公共应急服务任务，一举两得，利己利民。

同时，镇（街）社工站通过运用社区发展模式和任务中心模式等社区工作专业手法，聚焦社区资源搭建社区志愿者互助平台，以项目化运作的服务思路，培育具有针对社区公共问题的社区志愿服务组织，促进社区需求和社区资源的精准对接，并在过程中提升志愿者的自我效能感。通过有效专业的社区志愿服务组织的运作，设计针对社区公共应急问题的志愿服务项目，集预防、发展、直接介入等功能于一体，以项目化来管理和执行社区公共应急服务任务，安排获得资质证书的志愿者在实践中提升服务技能，促进社区公共应急服务质量的整体提升。

（五）设立专栏进行表彰和宣传

目前，社区防疫工作已告一段落，推动基层群众参与社区治理的全方面发展成为日常主要工作，在防疫工作中表现突出的志愿者队伍，需要舞台和鼓励继续发光发热。社区公共应急事件有时间紧迫、专业要求高、需要人手多等特点，产生的公共社会效应也比一般志愿服务更为强烈，所以设立针对社区公共应急志愿服务的专栏进行表彰和宣传是非常必要的。应鼓励各级使用志愿者的单位组织成立社区公共应急志愿服务队伍，有针对性组织表彰，有指向性进行宣传。首先，市区两级可以设置社区公共应急志愿服务表彰，提前引导部署各志愿服务组织成立有关队伍，有针对性进行培训和实战；其次，各社工站与街道各部门合作，发展不同类别的社区公共应急志愿服务队伍，针对极端天气和突发意外重大伤害事件进行演练和实战；最后，社工积

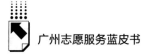

极协助街道辖区内社区社会组织培育工作，逐步培育社区公共应急志愿服务队伍，为每个社区的社会组织量身定制社区服务计划，打造"一社区一志愿服务队伍"，涉及公共应急、文化康乐、垃圾分类、困难帮扶、平安建设等内容。通过一系列社区公共应急志愿服务的统筹、设计、实践、表彰、宣传，社区志愿服务力量参与社区公共应急服务预计也可以摸索出一套助力实现中国式现代化建设的社区治理模式。

B.12
广州市社区志愿服务保障体系研究

——基于社区社会组织的考察

吴冬华　陈灼棋*

摘　要： 社区志愿服务是构建城乡社区志愿服务体系的重要内容。广州
社区社会组织在"十三五"期间不仅在数量上得到极大发展，
同时围绕居民所需、所盼、所求开展便民利民、慈善公益等志
愿服务，助力社区志愿服务实现可喜的发展。调研发现，社区
志愿服务在运营管理过程中虽然得到各级政府职能部门、社会
化资源的支持与保障，但也面临发展的困惑与挑战，需要进一
步整合资源、创建平台、创新模式等，实现社区志愿服务的高
质量发展。

关键词： 社区志愿服务　社区社会组织　广州市

　　2022 年 11 月，广州市印发《广州市城乡社区服务体系建设"十四
五"规划》，指出"十四五"期间，广州将"搭建志愿服务供需对接平
台"，"大力开展邻里互助服务和互动交流等志愿服务活动"，"力争至
2025 年底，注册志愿者占常住人口比例不低于 20%，实现志愿服务站点
在社区综合服务设施中 100%覆盖"，"每个镇（街）至少有 1 个枢纽型的
社区社会组织"，要以社区为主场景，大力"发展社区志愿服务"，"培育

---

　　* 吴冬华，广州市团校（广州志愿者学院）讲师、助理研究员，主要研究领域为社区治理、志
愿服务；陈灼棋，广州市青年联合会委员，广州市海珠区青年联合会委员，广东省方圆公益
基金会项目经理，主要研究领域为慈善公益资源链接。

发展社区志愿服务组织、志愿服务队伍"，推动志愿服务常态化。^① 社区志愿服务高质量发展是"十四五"时期构建广州市城乡社区服务体系的主要内容，是加强城乡社区服务、激活社会力量、构建多元社区服务新格局的重要举措。

无论是面对时代发展的需求，还是面对社区居民群众日益增长的美好生活诉求，社区社会组织均以其鲜明的组织特点，成为人们最易触达"家门口的公益"、心中最接地气"人人均可参与"的一类社会组织。因此，无论是正式注册登记还是民间备案的社区社会组织，都是社区各类主体开展组织化、社会化、专业化志愿服务的载体，便民利民、公益慈善、邻里互助、平安创建、文体娱乐等成为社区社会组织开展志愿服务的主要内容。社区社会组织紧密围绕社区居民生活开展各项志愿活动，尽可能满足社区居民的需求，切实解决居民的"急难愁盼"问题，进而增强居民群众的获得感、幸福感、安全感，并建设共建共治共享的基层治理体系。

一 广州市社区志愿服务保障体系概况

《广州市城乡社区服务体系建设"十四五"规划》指出，"十三五"期间，广州大力推动社区社会组织的发展，全市共有社区社会组织 22422 个，实现每个镇（街）有 1 个社区社会组织联合会、每个城市社区拥有 10 个社区社会组织、每个农村社区拥有 5 个社区社会组织的目标，这些组织在疫情防控、脱贫攻坚、乡村振兴、基层治理、科技创新和粤港澳大湾区建设中发挥重要作用。^② 广州积极推进"慈善+社工+志愿服务"融合发展，依托社工站设立 203 个社区慈善捐赠站点、203 个广州"公益时间"志愿服务站点，培育 448 个社区慈善基金，打造"慈善+社工+志愿服务"战略可持续

---

① 《广州市城乡社区服务体系建设"十四五"规划》，广州市民政局网站，2022 年 11 月 18 日，http://mzj.gz.gov.cn/gkmlpt/content/8/8673/post_ 8673585.html#346。
② 《广州市城乡社区服务体系建设"十四五"规划》，广州市民政局网站，2022 年 11 月 18 日，http://mzj.gz.gov.cn/gkmlpt/content/8/8673/post_ 8673585.html#346。

发展样本。根据《广州"公益时间"2022 年度报告》披露，截至 2022 年 12 月 31 日，广州"公益时间"注册志愿者 279769 名、注册志愿服务团队 4243 支、累计服务总时数达 4433132 小时。

本文通过对广州市内部分社区社会组织的调研访谈发现，目前社区社会组织开展服务，离不开各级政府部门以及社会化筹集的资源支持与保障，集中体现为"人、财、物"三大核心要素，归纳为以下三个方面。

（一）人员指导保障

依据《广州市培育发展社区社会组织专项行动实施方案（2021—2023 年）》[①] 的相关部署，落实相关部门、镇（街）、村（居）民委员会工作责任，支持社区社会组织依法开展活动，推动城乡社区发展。

全市各区大力鼓励社区社会组织的发展，依托镇（街）、村（居）党群服务中心等阵地，鼓励有条件的城乡社区通过设置社会工作岗位等方式，配备专人联系、指导和服务辖区内社区社会组织，不断提升社区社会组织的专业服务能力。社区工作者与组织负责人建立联系，了解组织概况和日常活动开展情况，指导组织负责人加快组织登记成立工作，对不具有法人资格的社区社会组织备案并提供指导和支持。同时积极为社区社会组织提供党建引领、培育孵化、资金代管、能力建设、业务咨询、人员培训、资源对接、联谊交流等综合服务和指导支持。

在访谈时发现，近年来在街道和社区的支持下，社区社工站设有专职社工负责志愿者培育工作，包括链接社区资源、联络社区社会组织、指导开展社区志愿服务等。

（二）经费发展保障

《广州市城乡社区服务体系建设"十四五"规划》提出："力争在'十

---

① 《广州市培育发展社区社会组织专项行动实施方案（2021—2023 年）》，广州市民政局网站，2021 年 10 月 25 日，http://mzj.gz.gov.cn/gk/zdlyxxgk/shzzxx/content/post_ 7856805.html。

四五'期间，推动建立社区基金（会），城市社区基金（会）服务覆盖率达
60%以上，农村社区基金（会）服务覆盖率达30%以上。"① 广州市在推动
建立多元化筹资机制，鼓励通过政府购买服务、公益创投、社会支持等多种
渠道支持社区社会组织培育发展，从多元渠道上加大向社区社会组织购买社
区服务的力度，尽可能保障社区社会组织的基本运营资金。不同区结合实际
情况多渠道筹措资金，运用福利彩票公益金，或者联合社会力量（企业赞
助、政府购买等），以及依法设立扶持社区社会组织发展基金等多种形式推
动设立工作基金，支持社区社会组织发展。

广州市民政局发布的《2021广州市福利彩票社会责任报告》显示，
2021年，广州市筹集福利彩票公益金8.99亿元。所筹集福利彩票公益金遵
循"扶老、助残、救孤、济困"发行宗旨，根据国家、省、市有关部门关
于公益金的使用规定，老年人福利项目投入公益金2.92亿元，占总投入的
七成以上，主要用于养老服务基础建设和人才队伍建设、助餐配餐服务、资
助民办养老机构等方面，从不同层面满足了老年人多元需求，提升了全市老
年人的获得感和幸福感；残疾人、儿童福利、困难救济、慈善和社会公益项
目投入公益金0.84亿元，主要用于残疾人和儿童福利机构建设、关爱救助、
权益保护以及困难救助、乡村振兴等方面。②

《广州公益慈善事业发展报告（2022）》显示，截至2022年底，广州
在市、区两级慈善会设立的"社区慈善基金"数量达到488个，筹集善款
4834.51万元，而在全市率先启动创建"慈善之区"的番禺区大力培育发展
社区慈善基金，逐步搭建起"区慈善会+镇（街）慈善会（社区社会组织联
合会）+社区慈善基金管委会"三级全覆盖的慈善支持网络。③

除福利彩票公益金、社区慈善基金的支持外，还有广州市志愿者协会

---

① 《广州市城乡社区服务体系建设"十四五"规划》，广州市民政局网站，2022年11月18
日，http：//mzj. gz. gov. cn/gkmlpt/content/8/8673/post_ 8673585. html#346。
② 《2021广州市福利彩票社会责任报告》，广州福彩网，2022年12月13日，http：//
mzj. gz. gov. cn/gzfcw/fcgy/content/post_ 8711966. html。
③ 广州市慈善服务中心、广州市慈善会主编《广州公益慈善蓝皮书：广州公益慈善事业发展
报告（2022）》，社会科学文献出版社，2022。

"广州市社区志愿服务发展基金"和"青苗计划"等资助,部分社区社会组织还利用社区慈善捐助站点、互联网公募平台等载体,面向社区成员开展募捐,发挥资助对社会资源的杠杆效应,持续合力推动社区社会组织发展。

(三)场地与物资配给保障

《广州市培育发展社区社会组织专项行动实施方案(2021—2023年)》明确提出,"支持'一址多用'实施社区社会组织'安家'工程,依托街道(乡镇)村(居)党群服务中心、新时代文明实践中心(所、站)和社工服务站等现有的城乡社区综合服务设施建设社区社会组织培育基地……鼓励有条件的社区提供适当的社区办公用房、社区服务用房供社区社会组织使用"。① 社区社会组织已有较多的活动依托社区公建配套场地开展,如越秀区北京街道"辖区内活动场地已实行预约制,尽最大努力满足当地社区社会组织开展活动的需要,但遇节假日等活动开展高峰期,场地也出现供不应求的情况"。②

组织发展与志愿服务开展的过程中,物资配给保障属于十分重要的一环。白云区景泰街根据多年的经验积累持续开展"稻草人社区儿童守护计划",组织社区志愿者开展定点守护、志愿巡逻、安全宣讲、成长陪伴等志愿活动,坚守儿童安全,11年来,辖区内没发生过儿童拐卖事件。社区志愿服务过程离不开社区社会组织的物资配给,主要包括志愿者服装、背囊、饮用水和手持指挥道具等,最重要的是志愿者人身意外险,为在服务过程中遇到意外风险的社区志愿者提供切实保障,大大减少社区志愿者参与社区志愿服务的顾虑。

不同领域的社区社会组织开展活动所需的物资不同,目前社区社会组织开展志愿服务的物资补给比较充足,得益于2020~2022年新冠疫情防控志愿服务期间来自各方的援助支持。据多位受访社区社会组织负责人介绍,疫

---

① 《广州市培育发展社区社会组织专项行动实施方案(2021—2023年)》,广州市民政局网站,2021年10月25日,http://mzj.gz.gov.cn/gk/zdlyxxgk/shzzxx/content/post_ 7856805.html。
② 2022年12月17日对B社工站社工LJY的访谈。

情期间由于社区防控工作压力较大，部分常规活动暂停，转而全力支援社区疫情防控活动，当时除配发给社区志愿者常规物资外，还额外增加了防护服、口罩、手套、鞋套和消杀用品，进一步保障了志愿者人身安全和健康。

志愿服务平台提供意外险保障，也是志愿者保障的重要组成部分。在广东i志愿平台注册且年满18周岁的志愿者，报名参加该平台发布的志愿服务，均可获赠志愿者人身意外险，提供人身伤亡赔偿最高10万元/人，医疗费用最高1万元/人，住院津贴100元/（人·天）；感染新冠病毒身故赔偿20万元/人，感染新冠病毒住院津贴200元/（人·天）；累计赔偿总额1000万元。

此外，政策支持对社区社会组织培育发展起着关键性作用。为贯彻落实党的十九大关于"加强和创新社会治理"精神，民政部出台《关于大力培育发展社区社会组织的意见》，为引导支持社区社会组织健康有序发展提供正确政策指引与政治保证，广东省、广州市分别转发该意见要求并结合实际贯彻执行。2021年3月广州市社会组织管理局印发《广州市社区社会组织管理办法（试行）》，同年10月广州市民政局印发《广州市培育发展社区社会组织专项行动实施方案（2021—2023年）》，为进一步加快社区社会组织的培育及规范化发展提供指引。为促进城乡社区治理体系和治理能力现代化建设，2022年11月《广州市城乡社区服务体系建设"十四五"规划》正式施行，对推动社区社会组织高质量发展单独成节进行部署。可见，社区社会组织作为"五社联动"机制的主体之一，近年来日益得到政策上的重视与支持，在培育发展上有着鲜明的政策制度保障与指引。

二 广州市社区志愿服务保障体系存在的问题及其原因

（一）社区社会组织发展水平偏低，保障支持作用有限

在国务院办公厅《"十四五"城乡社区服务体系建设规划》和民政部《培育发展社区社会组织专项行动方案（2021—2023年）》等政策文件中，社区社会组织作为"社会组织"的重要组成部分，日常活跃在基层社区中，

以满足社区居民的生活需求，提高生活品质，开展公共服务、便民利民服务和志愿服务。

从社区街坊邻里小组到志愿服务队再到社区社会组织，近十年来，基层志愿服务团体发展逐渐迈向正规，但整体发展速度较慢、水平偏低。本文在访谈部分社区社会组织负责人以及社区工作者的过程中发现，社区社会组织的组成人员绝大部分是社区志愿者，基本没有聘请专职或兼职工作人员，组织规模一般较小，普遍不超过 100 名社区志愿者。

由于社区属性突出，社区社会组织的活动范围基本只在本社区或临近社区开展，"走出去"的动力和能力明显不足。部分社区社会组织的组织管理能力较弱，一般依靠核心的社区志愿者做决策，并没有形成组织化运作，也不像具有法人资格的社会组织（基金会、社会团体、社会服务机构）具有完整的管理体系和决策机构，间接反映出此类社区社会组织的运营管理能力不足，加上仍有相当一部分的社区服务队出于各种原因无法满足登记的条件，只能在所在社区备案开展活动。

由此可见，现阶段社区社会组织的发展比较缓慢，其组织发展、人员培育、志愿者能力支持、项目管理、资源筹措等方面还不能完全跟上，因此各级政府部门和其他社会机构对其支持和保障能发挥的作用非常有限。

（二）社区志愿者管理松散，激励机制尚未形成

社区志愿者犹如社区社会组织的血液，其人数规模、人员素质和服务水平代表着社区社会组织整体水平。由于社区志愿者主要构成人员以辖区内居民、离退休人员、周边高校在校大学生、当地企事业单位职员为主，他们的技能水平参差不齐，明显不能满足技能型或专业型的志愿服务需求，导致大部分社区社会组织局限于开展基础志愿服务。

目前，在广州同时有"广东 i 志愿"和广州"公益时间"两套志愿者管理系统，不同的社区社会组织使用不同的系统，或者两套系统同时使用，两套系统的服务时长互认机制、账号互联互通机制尚未形成，两套系统的志愿者权益保障不同，导致在志愿者评优评先和激励工作中略显不足，部分志

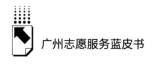

愿者也容易混淆两套系统，社区社会组织不能通过标准化机制激励社区志愿者，一定程度上减弱了他们参与社区志愿服务的热情。

本文在访谈社区义剪服务队的时候发现，社区志愿者没有设置专门的培训课程，一般是将以老带新、以培训带服务作为主要方式，即由年轻发型师志愿者培训退休在家的志愿者学习剪发技能，一起参与到服务过程中，不断成长。

在粗放式管理模式之下，即使个别社区社会组织申请到社会创投活动或基金会资助，由于管理合规性有待提高等，部分经费资助也无法顺利获得并使用，或者使用后无法满足资方的项目财务审计等，从而导致社区志愿者可能无法获得足够的餐费补贴或交通费补贴。

（三）社区社会组织服务模式单一，缺乏社区影响力

依托社区地理位置优势开展服务社区居民的志愿服务是社区社会组织的常态，但因为它依赖的街道或者社区，本身资源极其有限，没有足够的资源提供给社区社会组织，再加上组织的人员结构以退休的中老年人为主，缺乏专业的组织管理人才，这也使得志愿服务组织在管理上不具备专业性。由于志愿者群体的年龄和活动半径限制，他们很难有足够的体力和精力开展更复杂的志愿服务，围绕社区的公共基础事务开展形式较为单一的活动和项目，靠的是社区志愿者的热情和爱心，而进一步提升服务的专业性和志愿服务组织管理的规范化水平却是心有余而力不足。

此外，社区社会组织的数量不多，在社区中较多的组织属于文体娱乐类，公益慈善类的社区社会组织所组织的活动大多不成常态化体系，碎片化活动较多，社区居民的感知度、参与度不高，能够形成品牌的社区志愿服务不多，在社区的影响力和号召力不足。因此，能够筹措的资源自然不足，保障不到位的情况常有发生。

（四）社区社会组织资源筹措能力薄弱，认受性较低

社区慈善基金是与社区社会组织匹配的资源之一，但广州社区慈善基金仍在起步发展阶段，已经注册的社区社会组织往往要积极申请各级创投活

动、福彩金、"青苗计划"等资助，获取组织资金来源。但本文在访谈中发现"目前各级创投活动的资金规模不大，往往僧多粥少，每个项目在5000元至9000元之间，还不能满足一个社区社会组织一年的运作经费预算"。①在申请相关资助的过程中，往往要提交许多申请材料和开展活动，由于缺乏专职社会工作者，部分社区社会组织选择与其他社会服务机构合作开展项目，希望达到"1+1>2"的效果。

对于尚未符合条件注册的社区社会组织，其筹资能力更弱，可获取的资源更少，但是由于组织的主观原因，不符合部分创投活动或资助计划的要求，所以这类尚未注册的社区社会组织通常被拒之门外。此外，这类社区社会组织因为缺乏专业管理人员，志愿者、志愿服务组织负责人不具备项目化意识、组织化管理等概念，各项保障包括人员、资金、阵地没有长远的规划，导致整个组织未来的持续性发展缺乏内生动力。

此外，由于外界对于社区社会组织了解不多，社区社会组织寻求合作时普遍需要相关部门出具材料证明自己是一个社区志愿服务组织，才能名正言顺与其他机构开展合作，否则很容易被误认为是"黑人黑户"或"诈骗行为"等，这大大打击了社区志愿者开展活动的信心和热情。

三 完善广州市社区志愿服务保障体系的建议

党的二十大报告指出："完善社会治理体系。健全共建共治共享的社会治理制度，提升社会治理效能……畅通和规范群众诉求表达、利益协调、权益保障通道……建设人人有责、人人尽责、人人享有的社会治理共同体。"②近年来，广州市社区面临"超大规模、超高密度、超多人口、高复杂性"的基层治理特点，要增强社区居民的获得感、幸福感、安全感，需要借助全

---

① 2023年1月6日对S社工站项目负责人HFF的访谈。
② 《习近平：高举中国特色社会主义伟大旗帜 为全面建设社会主义现代化国家而团结奋斗——在中国共产党第二十次全国代表大会上的报告》，中国政府网，2022年10月25日，http://www.gov.cn/xinwen/2022-10/25/content_5721685.htm。

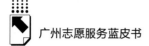
市 469.96 万名实名注册志愿者、1.98 万个志愿者组织及团队的力量，发挥社区志愿服务的活力、优势和动能，促进社区"一站式"公共服务更加顺畅、更加便捷、更加均等化。

（一）建立互联互通的志愿者管理平台

诚如前文所述，目前"广东 i 志愿"和广州"公益时间"两套志愿者管理系统独立运作，两大平台上的志愿者缺乏良性流动，志愿者身份无法互联互通，志愿服务时长无法积累互认，志愿者权益保障不一。

本文建议，在市政府相关部门牵头下打通两套系统的账号数据壁垒，如"大众点评"和"美团"的例子，社区社会组织如网上商家一样，按自身需求发布志愿服务招募信息，两大平台自动同步，志愿者可以选择在不同的平台浏览和报名，积累志愿服务时数或获得积分。

对于目前志愿者自行搜索感兴趣的志愿服务报名参与的"单向模式"，可在志愿者管理系统中为志愿者贴上对应的"标签"，如商业化平台为消费者贴上特定的标签一样，为有专业技能的、有特长的、有不同空闲时段的、对不同领域活动特别感兴趣的志愿者贴上对应的"标签"，参考大数据推送的模式，让不同标签的志愿者可以被相关的社区社会组织搜寻到，并向其发出活动邀约；此外，志愿者在浏览页面时也可以被大数据筛选推送符合其意向或需求的活动信息，这种与"单向模式"相对的"双向模式"，将极大地提升志愿服务和志愿者的配对效率和成功率，让更多的志愿服务不愁没有志愿者参与，让志愿者更容易地匹配到自己喜欢的志愿服务。

在保障层面上，这应该属于社区志愿服务的人员保障措施之一。除了参与志愿服务外，在社区社会组织的组织管理上，也可以引入上述模式，当社区社会组织需要寻求某类具有特长或专业知识的志愿者参与管理工作时，可以很容易地找到合适的志愿者。为此，志愿者管理系统除了常规的活动招募外，增加志愿管理岗位的招聘功能板块，可参考市面上的招聘网站的运作模式，供有需要的社区社会组织招聘专职或兼职的人员，以解决他们缺乏管理人才的问题。

进一步说，该志愿者管理系统还可以继续探索志愿者培训升级、社区社会组织培育成长的功能板块，引入广州志愿者学院等专业志愿服务机构开设的网络课程，吸引志愿者自主学习、不断成长升级，获得对应的技能证书或勋章。另外还可以由相关管理部门设置社区社会组织必须要学习的法规政策和管理技能课程，引导相关负责人积极参与学习和考核，从而引导和支持组织规范化发展，对于符合监管要求或获得殊荣的组织应当在平台上予以区别展示，树立标杆。

（二）建立全市统筹的社区发展资金池

本文在访谈各社区社会组织的过程中了解到，目前广州市除了社区慈善基金外，还有福利彩票公益金、各级创投大赛、"青苗计划"、志愿服务发展基金等资金筹集渠道，当然还有企业捐助、基金会资助和社区募集等形式。

但由于地域发展不平衡等，一些社区志愿服务活跃的地区吸引到较多资源的青睐，其他社区志愿服务较少的地区受关注度就远远不及前者，这样导致资源分配不均的现象依然存在。

为了缓解资源分配紧张和不均等问题，可在全市范围内设立社区志愿服务发展基金会，由其统筹面向社区志愿服务的资金，设立资金池并欢迎各渠道的资金捐入。该社区志愿服务发展基金会可以面向全市各区的社会组织开放申请，对已经注册的机构提供资金申请辅导，对尚未注册的团队提供挂靠服务或机构注册指导，帮助不同辖区不同类型的社区社会组织快速便捷地申请资金。

此外，对于不同发展阶段的社区社会组织，该基金会可以设置不同的子资金池，可以参考志愿服务管理平台给予不同社区社会组织不同评分等级的做法，赋予不同的申请门槛和资金量，让不同赛道的社区社会组织都能寻找到最优解。

未来该基金会还可以持续发展，为全市社区社会组织发起筹款活动，极大地减轻社区社会组织需设置专职或兼职人员筹集和管理资金的压力，亦可盘活尚未被合理分配的资金，最大限度提升资金的有效利用率。

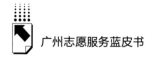

（三）筹建统一开放专业的资源库

不同的社区志愿服务需要的资源各不相同，社区社会组织除了资金外，还需要政策保障、物资募集、组织办公场所、活动场地、财务专业服务、法律专业服务等，因此与其让组织负责人东奔西走，不如考虑筹建统一开放专业的资源库。

1. 政策保障类

此类可以由民政主管部门牵头管理，将与社区社会组织相关的政策和法规整理入库，将优秀的服务案例、文书范本或专业知识做宣传展示，方便有需要的社区志愿者随时随地浏览和下载，也可以同步收集他们的反馈意见，不断完善。

2. 物资装备类

此类可以由市志愿者协会牵头，对于不同场合或渠道募集到的物资可以在此登记入库，列明捐赠人的使用意愿或要求，做成网上超市一样供社区社会组织按需选择，提交申领材料并网上提交审核，及时发放给经审核的社区社会组织使用。此外还可以联系市内物流公司开展爱心专递，减免捐赠物资的物流快递费用，打通领用物资的"最后一公里"。

3. 场地场所类

对于办公场地和活动场所的需求，社区社会组织尤为旺盛，但由于人们对其了解不多，组织身份认可度较低，因此单独由社区社会组织负责人洽谈借用或租用显得难度较高。

对此，在全市征集愿意提供场地的机构和个人，可参考中介租房网站的模式，由场地所有者将地点、面积、租金等场地信息以及使用时长、使用要求、图片或视频等信息发布到资源库中，让有需要的组织在网上搜寻并对接沟通。资源库可以优先发掘企事业单位、中小学校等场地资源，特别是周末休息时空置的场地，免费提供给符合条件的社区社会组织开展志愿服务，并为相关场地方颁发爱心勋章，张贴在场地显眼处，以表彰其爱心。

4. 专业服务类

社区志愿服务的顺利开展离不开优秀的组织管理，优秀的组织管理有时还需要财务专业服务、法律专业服务、信息技术专业服务、党建指导等，因此资源库可以收录市内愿意为社区社会组织提供专业化服务的机构名单，如代理记账公司、会计师事务所、审计师事务所、律师事务所、信息工程公司等，并谈判公益优惠服务价格或一定量的免费服务范围，供有需要的社区社会组织对接选用。资源库应定期公布爱心商家的名单并予以表彰。

党建指导方面可以列出各镇（街）和社区的党建指导员联系方式，供有需要的社区社会组织及时对接，帮助它们组建基层党组织或开展与志愿服务相结合的党建活动。

5. 其他

除了上述常见的需求外，可能还有其他类别的资源，如物流快递、交通运输、辅助器具、专业装备等，资源库都可以视情况收录并提供公益优惠价格，以降低社区社会组织获取资源的难度。

（四）推动媒体宣传报道社区社会组织

在多数广州市民心目中，社区志愿服务近在身边，也"仅在身边"。由于大部分社区社会组织规模小，并没有设置专职或兼职的通讯员，其自媒体平台（如微信公众号、微博、抖音等）关注量较低，因此外界了解社区志愿服务的机会不多，优秀的社区志愿服务传播率和公众触达率一直徘徊在低水平。因此，笔者认为有必要大力推动媒体宣传报道社区志愿服务和社区社会组织。

一方面可以在市内主要媒体设立社区志愿服务版面，定期刊载优秀的社区志愿服务案例和活动。依托各社区党群服务中心，选任合适的社区工作者担任通讯员，当社区社会组织申办相关活动时，即可提前将新闻线索发布到媒体交换平台，让感兴趣的媒体到场采访报道。另一方面可以培养一批社区志愿服务通讯员，通过活动采编等形式形成新闻稿并推送至媒体交换平台投稿，经审核后发布，让公众更容易获悉更多的社区志愿服务资讯。

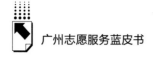

此外，民政主管部门还可以定期选拔优秀的社区志愿者、优秀的社区志愿服务案例，制作宣传特辑或访谈纪录片等，在各大媒体进行宣发传播，尽可能提升社区社会组织的发声量，让人们更多地了解身边的社区志愿服务，鼓励他们身体力行参与其中，促进社区社会组织的发展，形成"人人可志愿，处处皆可为"的良好社会风尚。

（五）打造网格化社区志愿服务衔接模式

近年来广州在城市治理工作中下了苦工，逐步建成了"市、区、镇（街）、村（居）、网格"五级串联机制，各社区被划分为若干个网格并配置相应的专职网格员负责基层管理和服务工作，已经形成了社区居民有需求、网格员有响应的良好局面。

除了应对突发公共事件以外，社区网格中每天主动巡查或者接收到居民反馈的事情涉及方方面面，如公共卫生、公用设施、环境保护、治安、医疗、教育、出行等，但是单凭社区基层组织的力量并不足以及时妥善解决。因此，在社区网格管理系统中，可尝试引入周边的社区社会组织以及志愿者服务队。

网格员作为需求收集的终端；社区作为需求分析和资源配置的枢纽，将已登记的社区社会组织进行分类；社区社会组织在所属社区登记可提供给社区居民的志愿服务内容。

社区社会组织从网格管理平台上以较低"成本"和较高匹配度的优势获取服务对象资源，如社区志愿者安全巡逻服务、社区志愿者上门为出行不便的老人提供出行陪伴服务等。社区居民也可以更便捷地获得社区志愿服务，由于相关社区志愿服务已由社区进行筛选和登记，接受服务的社区居民可以大大降低安全性、认受性等顾虑，这种模式让社区在做基层治理时可以保障基层需求优先在基层满足。

诚然，研究社区志愿服务发展与保障具有非常重要的理论价值和现实意义，推动不同地区、不同领域之间的社区志愿服务高质量发展，也将会是未来社区社会组织的主要工作之一。社区是实现基层治理的"最后一公里"，

也是人们安居乐业的幸福家园。随着社区供给侧内容的不断迭代升级，人们
对社会公共服务的了解与诉求不断深入，社区志愿服务将在基层社会治理格
局中占据更重要的地位，在未来共创共建共享的社区发展模式中，社区志愿
服务一定会越来越好。

B.13
广州社区志愿服务组织培育管理
现状、问题与对策研究

王 静 谢栋兴*

摘 要: 社区志愿服务组织是社区治理的中坚力量和居民参与的主要载
体,是实现社区多元治理和社区善治的关键节点。本文在研究分
析广州社区志愿服务组织培育管理现状、问题的基础上,提出应
从出台完善培育管理配套细则、建立社区志愿服务资源体系、推
动社区志愿服务生态系统建设、加强组织内部能力体系建设等方
面入手,不断完善社区志愿服务组织培育管理机制,进而实现社
区志愿服务高质量发展。

关键词: 社区志愿服务 社区志愿服务组织 广州

社区志愿服务组织是社区志愿服务的重要组成部分,是社区治理的中坚
力量和居民参与的主要载体。如何培育管理社区志愿服务组织、有效推动社
区志愿服务高质量发展,是新时代社区志愿服务领域中亟待研究解决的问
题。本文主要采用文献法、实地调研、访谈法等,研究广州社区志愿服务组
织现状、成效、发展瓶颈等,并提出相应对策建议,以此打造"社区志愿
服务组织培育管理的广州样本",为我国其他地区提供借鉴意义。

---

* 王静,广州市团校(广州志愿者学院)志工部副部长、讲师,主要研究领域为志愿服务与社
工服务、共青团与青年工作;谢栋兴,广州青年志愿者协会副秘书长,中国志愿服务中级培
训师,主要研究领域为志愿服务与组织管理。

一 概念界定

经查相关文献，当前我国相关政策法规暂无对"社区志愿服务组织"的概念界定，但有提及社区社会组织。2022 年，广东省民政厅出台《广东省社区社会组织分类管理办法（试行）》（以下简称《办法》）明确指出："社区社会组织，是指由本社区为主的居民、法人和其他组织自愿发起，以社区为主要活动区域，以服务社区居民、满足社区需求、推动社区发展为宗旨的非营利性社会组织。"[①] 从培育管理角度，社区社会组织可以按照社会团体或社会服务机构（民办非企业单位）形式登记成立。[②] 达不到登记条件的社区社会组织，可以以社、站、队、中心、组等作为组织形式按规定进行备案。[③] 村（居）民委员会应当指导辖区内未达到备案条件的社区社会组织按照国家法律法规开展活动。

因社区志愿服务组织隶属于社区社会组织范畴，且以开展社区志愿服务为目的，结合研究需要，故本文对社区志愿服务组织概念界定为"指由本社区为主的居民、法人和其他组织自愿发起，以社区为主要活动区域，以开展社区志愿服务为目的的非营利性社会组织"。从其培育管理角度，本文研究对象界定为广州辖区内的社区志愿服务组织，包括依法登记成立并主要在社区开展服务的志愿服务组织、依法备案登记并主要在社区开展服务的志愿服务队伍、未达备案条件的草根社区志愿服务团队或小组等。

二 广州社区志愿服务组织培育管理概况

截至 2022 年 12 月，全市共有注册志愿者 468 万人，累计开展志愿服务

---

① 《广东省社区社会组织分类管理办法（试行）》，广东省人民政府网站，2022 年 5 月 26 日，http://www.gd.gov.cn/zwgk/gongbao/2022/17/content/post_ 3956756.html。

② 《广东省社区社会组织分类管理办法（试行）》指出"县（市、区）民政部门是辖区内社区社会组织的登记管理机关"。

③ 《广东省社区社会组织分类管理办法（试行）》指出"街道办事处（乡镇人民政府）负责对辖区内未达到登记条件的社区社会组织进行备案管理"。

时长 17000 万小时，[①] 数量庞大的志愿者活跃在广州众多社区志愿服务组织中，在社区邻里守望、社区治理、生态环保、疫情防控、慈善公益、抢险救灾、助残敬老、平安行动等方面作出了重大的贡献。截至 2021 年底，在广州市、区两级登记注册的社会组织名称中含有"志愿""义工""义务工作者"字样的共 107 家，在广州公益时间志愿服务平台注册的社区志愿服务队伍多达 2036 支，散落在广州各社区开展服务，社区志愿服务组织化程度不断提升，[②] 呈现以下成效。

（一）提供有力的政策保障支持

强有力的政策支持是培育发展社区社会组织的政策保障和机遇。党的十八大以来，中央、省、市在政策法规等方面先后出台相关政策文件，如在中央和省层面出台《民政部办公厅关于印发〈培育发展社区社会组织专项行动方案（2021—2023 年）〉的通知》《广东省民政厅关于印发〈广东省培育发展社区社会组织专项行动实施方案（2021—2023 年）〉的通知》《广东省民政厅关于深入推进民政领域志愿服务工作的通知》等政策文件。

在市级层面，广州近年来相继出台了较多政策文件，如 2019 年，广州市委组织部印发《关于组织全市在职党员回社区报到并开展服务的通知》，鼓励在职党员回社区报到开展志愿服务；广州市民政局出台《广州市实施"社工+慈善"战略工作方案》等文件，鼓励社区居民自愿以自己的时间、知识、技能、体力、财力等参加所在社区的志愿服务活动；2021 年，广州市民政局、广州市社会组织管理局先后出台《广州市社区社会组织管理办法（试行）》、《广州市培育发展社区社会组织专项行动实施方案（2021—2023 年）》（以下简称《方案》）和《广州市社会组织发展"十四五"规

---

① 尹广文：《社区志愿者团队参与社区治理的实践逻辑》，《党政论坛》2016 年第 11 期，第 29~33 页。

② 广州市民政发展研究中心：《构建社区志愿服务新格局，助力基层社会治理现代化》，广州市民政发展研究中心、广州市志愿者协会、广州志愿服务联合会主编《广州志愿服务蓝皮书：广州社区志愿服务发展报告（2022）》，社会科学文献出版社，2022，第 5 页。

划（2021—2025 年）》等政策文件。根据《办法》，广州市对于包括社区
志愿服务组织在内的社区社会组织采用实施分类管理。在《方案》中，明
确提出实施社区社会组织培育发展计划和"邻里守望"主题志愿服务活
动，① 为社区志愿服务组织的发展提供了重要政策保障和依据。2022 年，广
州市民政局出台《广州市城乡社区服务体系建设"十四五"规划》，进一步
深化"慈善+社会工作+志愿服务"融合发展机制，明确大力发展志愿者和
社区社会组织。2022 年 10 月，广州市人大常委会发布《广州市志愿服务规
定（草案修改稿征求意见稿）》，提出针对不同层级、不同类别的志愿服务
团体进行分层分类管理。

（二）提供多元化的项目运作支持

社区志愿服务项目化运作是培育社区志愿服务组织专业化发展的重要实
现途径。广州市举办多种形式社区志愿服务项目大赛，激励广大社区志愿服
务组织参与并获得公益项目资金。2022 年，广州市白云区首届志愿服务项
目大赛顺利举办，"青苗计划"社区志愿服务培育项目、"广州城中村治理
志愿服务项目"、"种志计划"项目征集活动等相继启动实施，这些丰富多
样的志愿服务"微创投"项目累计投入资金超过 400 万元，② 激发出社区志
愿服务组织投身社区治理、乡村振兴的新活力。

以获得"广东省最佳志愿服务项目"的"青苗计划"社区志愿服务项
目③为例，自 2011 年至今，在广州市民政局指导下，广州市志愿者协会通
过提供"资金支持+专业支持"，推动社区志愿服务项目化运作，打造志愿

---

① 引导社区社会组织围绕社会救助、养老服务、儿童福利、社会事务、社区治理等民生领域，
以"邻里守望"等为主题，开展有特色、有实效的主题志愿服务活动，重点为社区内低保
对象、空巢老人、农村留守人员、困境儿童、残疾人、进城务工人员及其随迁子女等困难
群体提供亲情陪伴、生活照料、心理疏导、法律援助、社会融入等各类关爱服务，传承互
帮互助的传统美德，构建与邻为善、守望互助的邻里关系，推动社区志愿服务常态化，扩
大志愿服务覆盖面。
② 数据源自广州市志愿者协会。
③ 在广东省文明办开展的 2021 年度广东省学雷锋志愿服务先进典型宣传推选活动中，"青苗
计划"社区志愿服务项目被评为"广东省最佳志愿服务项目"。

服务品牌，促使社区志愿服务常态化发展，"青苗计划"11年来总计投入173.1万元，共培育274个社区志愿服务项目，组织志愿者参与社区志愿服务约5.4万人次，服务困难群众37.2万人次，志愿服务时数超过20.3万小时。①

除了专项外，广州还通过其他志愿服务或公益项目平台方式，积极推动社区志愿服务组织申报公益项目。如自2014年起举办的志愿服务广州交流会（以下简称"志交会"），11年来志交会孵化培育了2000多个志愿服务项目，实现各类对接资助金额超过5000万元。以2022年的第11届志交会为例，面向全市各级各类志愿服务组织，聚焦党政关心、社会关注、青年和群众关切的需求，围绕村社疫情防控、村社治理、村社卫生健康、村社环境整治、村社应急救援、村社交通安全、村民文体娱乐、村社少年儿童关爱服务、村社青年城市融入、村社为老服务、村社网格化服务11个领域，共征集到123个城中村治理志愿服务项目，其中不乏社区志愿服务组织申报的项目。

在访谈中得知，绝大多数成立较早、较为成熟的社区志愿服务组织会积极参与此类公益项目，并获得一定项目支持。如成立于2008年的广州市海珠区保利花园志愿队是典型的发展较好的备案类组织，截至2022年12月，注册志愿者4417人，累计志愿服务时长超过30万小时，人均志愿服务时长70.48小时，所申报的"保安巡逻志愿服务行动"、"两地情一家亲"——保利花园西山村关爱互助活动项目、"两代情 爱是亲——陪伴社区高龄老人志愿服务"等项目获得市级层面志愿服务项目大赛的奖项和资金支持，并在过程中得到项目运作管理的培训、指导、督导支持等。

除了市级和区级层面的项目大赛外，有些街道社工站也进行了积极探索。如天河区五山街社工站，自2018年以来通过组织社区微创投大赛，依托五山街社区慈善基金的平台吸引社区的爱心企业、商家、社区单位、

_____
① 数据源自广州市志愿者协会。

居民等多元主体，引导其选择意向的社区服务项目进行人力、财力或物力方面的资助（折合价值 65.02 万元），推动社区志愿服务组织积极参与社会治理。①

（三）提供一定的社会资源支持

根据社会资源支持不同，社区志愿服务组织主要分为内生培育型②、外源介入型③和混合生长型④等三种类型。

内生培育型的典型有"秀全妈妈团"、羊城花园社区志愿服务队等，获得较多的是来自社区内部的支持。如"秀全妈妈团"是社区居委会培育的社区志愿服务组织，成立于 2022 年 5 月，现有志愿者约 30 人，主要由社区 30~40 岁的青年妈妈（绘本馆馆长、会计、全职妈妈等）组成。"我们社区为其链接相应资源开展家庭教育讲座，链接知行儿童绘本馆提供活动场地支持。"⑤ 如羊城花园社区志愿服务队成立于 2014 年 12 月，约有 200 名志愿者，以退休的初老志愿者、中学生及部分学生家长为主，主要开展疫情防控、社区垃圾分类站桶督导志愿服务，文明养犬及消防宣传、探访长者、义剪、义演等服务，2017 年曾被广州市志愿者协会评为优秀社区服务组织。"我们主要跟羊城花园社区居委会联系密切，协助社区开展活动，因此队伍所需服装、工具等由社区居委会提供。我们也会参加前进社工站组织的各种活动，他们会提供志愿者培训支持，还参加过鼎和社工的关怀流浪者的（社工）项目。"⑥

外源介入型以单位、学校、行业组织等孵化培育，其资源来自社区外

---

① 案例源自广州市天河区五山街社工站。

② 内生培育型社区志愿服务组织是由社区内的居民作为参与主体，以社区公共事务和具有普遍化的社区居民的特定需求为导向，通过自发性或组织化成立并接受一定规范化指导的自治性服务组织。

③ 外源介入型社区志愿服务组织通常依托政府机构、各类社会组织、社群团体以及专业机构建构，通过各类主题直接或间接进驻社区，开展社区志愿服务。

④ 混合生长型社区志愿服务组织是整合社区内外资源、共同完成社区公共服务的形式。

⑤ 2022 年 10 月 31 日对 B 区 X 社区居委会工作人员 LM 的访谈。

⑥ 2022 年 12 月 30 日对 Y 社区志愿服务队伍负责人 LXF 的访谈。

界。如成立于 2019 年的广州市培英中学志愿服务队就是典型，其已在广州市培英中学进行登记备案。志愿者为在校学生，年龄为 13～15 岁，截至 2022 年 12 月，共有 1241 名志愿者，打造"文明社区志愿服务培英常在"项目，与花都区新顺社区、白云区青年志愿者协会共同开展垃圾分类、慰问独居老人等系列志愿服务活动，服务经费主要来源于学校义卖经费、项目大赛资金等。

混合生长型社区志愿服务组织对社区内外资源的全面调动，可以实现内外资源的优势互补。如前文提到的保利花园志愿服务队既是内生培育型的组织，也是典型的混合生长型组织，是政府、业主、物业三方共同打造"共建共治共享"社区治理的积极践行者。志愿服务队跟广州青年志愿者协会（志愿服务行业组织，提供组织登记和备案）、所在街道办事处（提供指导支持）、社区居委会（提供指导和资源链接）及物业服务中心（提供资金和场地支持，每年给予 1 万元团建费用）、学校（提供人力、场地等支持）、社会组织（提供服务慰问物资）等进行合作。"我们现在是一个没有在民政机构（登记）注册的基层草根志愿组织。我们现在每月举行的活动都得到居委会和物业公司等多方面的支持，所以我们能够持续地做下去，这是很重要的。"①

（四）提供社区志愿服务综合平台支持

社区志愿服务规范化、专业化、科学化开展离不开枢纽型社区志愿服务综合平台，为服务发布、记录时数、激励回馈提供有效的科技支撑。截至 2022 年 12 月，广州市现有多个志愿服务数据平台，包括 i 志愿、志愿时、广州"公益时间"、穗好办等，为科学记载社区志愿服务时数提供了综合支持。以广州"公益时间"为例，其为全市社区志愿服务组织提供服务活动发布、记录时数、激励回馈等有效的科技支撑。截至 2022 年 12 月，平台累计注册志愿者达 29 万余人，注册社区志愿服务队伍 4300 余支，惠及服务对

---

① 2022 年 12 月 30 日对 B 志愿服务队负责人 LHB 的访谈。

象超 4500 万人次，在推动社区志愿服务组织发展的科技支撑方面有着良好成效。

此外，有效激励形式和手段能够形成良性循环，让更多志愿者愿意加入社区志愿服务组织并更有主动性、积极性开展服务。如评选志愿服务优秀组织等，五星志愿者享受公园门票优惠，来穗人员可申请积分入户加分、积分入学等。社区志愿服务组织在激励实施上显得更加灵活，如推荐志愿者外出交流学习、选拔优秀且符合条件志愿者加入管理团队、定期举行团建活动、赠予队伍纪念徽章、评比优秀志愿者等。另外，组织内志愿者之间的互助激励支持也很重要，彼此的会心一笑、有心事时的倾听开导、遇到困难时互相帮助等。

（五）提供组织化运作和管理制度支持

社区志愿服务离不开组织化运作，社区志愿者离不开志愿服务组织的保障支持。经过多年发展，广州社区志愿服务组织初步形成了志愿者招募、管理、激励、培训、上岗和团建总结的组织化运作和管理流程，社区志愿服务组织管理者或社区工作者意识到制度建设和团队管理的重要性，也根据组织发展情况设置一定的管理架构和管理制度，特别是发展越早越成熟的管理者越发意识到制度建设的重要性，此种情况有利于推动社区志愿服务组织的组织化、规范化发展。以保利花园志愿服务队为例，该组织有三个分队，在总队的指导下各自运行，并且建立了队委会组织架构、财务制度、建立微信群管理制度、例会制度、服务制度等。

三 广州社区志愿服务组织培育管理问题

（一）培育管理配套政策制度落实与协同不足

中央、省、市虽然不乏关于推进社区志愿服务和社区志愿服务组织培育管理的导向性政策文件，但由于我国志愿服务存在多头部门管理，在实际落

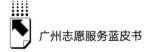

地执行中容易出现不同部门之间的横向协同与纵向协同不足，尤其是在社区层面志愿者难以实现统一的协调与管理，容易存在政策执行碎片化和条块化现象，加上社区志愿服务组织管理水平参差不齐，其组织制度规范性建设不足，缺乏规范化和统一化的服务指引。"（组织）没有很清晰具体实用的管理制度，使管理比较随性，加上在管理社区志愿者方面的专职力量有限。"①"对民政部和（广州）民政局下发的关于培育社区社会组织的政策文件有一定的了解，但是在执行过程中缺乏具体的细则和指引，在培育社区社会组织过程中缺乏具体实践操作指引。"②

（二）社区志愿服务组织缺乏足够的资源支持

资源支持不足是培育社区志愿服务组织的主要"瓶颈"问题之一。从人力资源来看，作为志愿服务工作者的社区居委会工作人员或志愿服务行业组织工作人员既有本职工作，又要培育管理社区志愿服务组织，缺乏必要的工作保障、支持指引和足够的时间投入。从组织内部来看，越是非正式登记的组织，越容易呈现人员不稳定、专业化程度低、老龄化明显的特征。"（组织）大多是退休老同志组成，年轻人平时上班挣钱，只偶尔周末参加，志愿者主力是 50 岁以上的初老志愿者。他们就想在社会上做一点温暖的事，成立组织的人才基础及硬件设施等条件不具备。队伍成立快十年了，但志愿者人员流动厉害，每位志愿者家里都有各自的杂事，所以撑久了就感觉难。我一直想有志愿骨干能接替我队长之职把红旗扛下去，找了很多骨干商量，因为没有工资全凭一腔热血，大部分都说家里事多，或者说要挣钱养家糊口。这是目前的困境吧。"③

从资金支持方面来看，社区志愿服务组织往往通过社区居委会、物业、项目大赛、挂靠组织等募集资金，对政府依赖性较强，缺乏有效稳定的资金筹措渠道。"资金不足；社区没有专业的志愿者培训人员，缺少专人支持和

---

① 2022 年 11 月 20 日对 P 区 A 社区居委会工作人员 CSW 的访谈。
② 2022 年 11 月 25 日对 B 志愿服务行业组织负责人 GY 的访谈。
③ 2022 年 12 月 5 日对 C 社区志愿服务队伍负责人 DCZ 的访谈。

管理；开展活动没有专门的活动场地。"① "培育和管理这些组织最大的困难主要有人员不够专业、经费不足，特别是缺少队伍培训的经费。"②

从项目培育角度，虽然现有较多项目大赛可申报，但社区志愿服务组织能力参差不齐、申报和开展项目水平不一，且越是成熟发达、正式登记的组织越容易得到项目资金，容易产生"强者越强，弱者越弱"的情况。"我们也想做好组织发展，但是想开展项目也好，服务也好，没有足够的资金支持，也去申请了一些项目想获得资金支持，但是因为没有申报经验，也没有足够的专业人员，所以都没有中。"③

从服务激励保障角度，社区志愿服务激励保障欠缺现象仍然比较普遍，部分志愿服务组织或未意识到志愿服务激励和保障的重要性，或未有足够的资源保障志愿者的合法权益，如购买保险、提供服务物资等，容易造成组织内的志愿者流失。

（三）社区志愿服务组织发展程度不均衡

广州市各区社区志愿服务组织数量众多，发展程度不一，水平参差不齐，存在不同区域、社区发展不均衡现象。从访谈来看，既有在民政部门正式登记注册的枢纽型志愿服务组织，也有隶属老城区中发展较早、人数较多、较为独立自主的未注册但备案登记的社区志愿服务组织，还有成立时间不长、人数较少、未备案的草根社区志愿服务组织。组织发展程度不一、处于不同的阶段且特色各异，对其培育管理期望有不同层面的需求，给培育管理工作带来极大的挑战，有访谈对象希望相关部门或单位能够有针对性地分类孵化培育和管理。"希望文明办、民政、工青妇等部门或群团组织能多一些孵化志愿服务组织或队伍的项目，由志愿服务行业组织或在民政部门登记注册的组织来有针对性地孵化基层社区志愿服务组织。"④

---

① 2022 年 12 月 6 日对 D 社区志愿服务组织负责人 YQ 的访谈。
② 2022 年 11 月 25 日对 B 志愿服务行业组织负责人 GY 的访谈。
③ 2022 年 12 月 16 日对 E 社区志愿服务组织负责人 JWJ 的访谈。
④ 2022 年 12 月 17 日对 F 志愿服务行业组织负责人 KYM 的访谈。

（四）社区志愿服务组织自身能力建设不足

广州社区志愿服务虽然起步较早，但社区志愿者以普通志愿者居多，停留在"等靠要"（等需求来、靠别人带、要我做事）思维层面的居多，且服务前未有系统深入的学习培训、加入后也没有具体的发展目标，导致社区志愿者专业水平不足，形成明显的人才短板。① 绝大多数社区志愿服务组织多在街道办事处、社工站、社区居委会、志愿服务行业组织等挂靠单位的领导下组织开展活动，有较强的依赖性，其独立性与自治性较弱，对组织自身建设和发展定位认识不足，自身能力建设较弱，相关内部管理制度建设不健全，难以满足社区居民多样化的服务需求。

四　优化广州社区志愿服务组织培育管理的对策

培育优秀、百花齐放的社区志愿服务组织是广州乃至我国志愿服务事业发展的现实需要。为加强广州社区志愿服务组织培育管理工作，结合研究，本文提出如下对策建议。

（一）加强培育管理，出台完善培育管理配套细则

在"党委领导、政府负责、社会协同、公众参与、法治保障"社会治理体制下，构建人人有责、人人尽责、人人享有的基层治理共同体的愿景下，应抓住各级政府大力培育发展社区社会组织的政策机遇，各级政府部门要进一步加强对于社区志愿服务组织的培育管理，精准定位社区志愿服务组织在基层社会治理中发挥的重要作用，不断完善支持社区志愿服务组织发展壮大的政策与配套措施，加强各职能部门在培育管理社区志愿服务组织之间的沟通协调，及时建立自下而上的动态反馈机制，定期征集培

---

① 王静、谢栋兴：《广州市社区志愿服务人才队伍建设研究》，广州市民政发展研究中心、广州市志愿者协会、广州志愿服务联合会主编《广州志愿服务蓝皮书：广州社区志愿服务发展报告（2022）》，社会科学文献出版社，2022，第55~76页。

育管理中的成效、新方法和新举措，促进社区志愿服务组织自我治理能力的有效提升。

（二）完善资源支持，建立社区志愿服务资源体系

社区志愿服务组织的培育、运转和发展离不开多元资源的支持，可建立和打造社区志愿服务资源体系。

在人力资源方面，挖掘社区内外部资源，广泛招募社区内外高素质人才加入社区志愿服务组织队伍，充分发挥社区在职、退休党员志愿者先锋示范作用，吸纳社区各行各业专业人才加入志愿服务，注重对广大社区居民的宣传感召，积极带动社区居民参与社区志愿者队伍；激活社区志愿服务组织，联动举办多种形式、专业的社区志愿服务活动；积极引入和运用社工站、社会组织、慈善机构、专业志愿服务培训机构、企事业单位专业人才等社区外部专业资源，培育专业志愿者队伍。

在资金资源方面，建立政府主导、多元途径的社区志愿服务资金募集机制，设立并运用好社区慈善基金、社区志愿服务发展基金等资源，通过社区慈善基金设立项目、通过志愿者的力量发动居民捐款捐物，通过一系列的线上线下活动推广"人人慈善为人人"的理念，最终通过社区志愿服务项目的实施惠及有需要的街坊。

在项目培育资源方面，依托运用好"青苗计划""公益创投""志交会""益苗计划"等公益项目大赛平台，在推进"五社联动"实践的基础上，探索以街道层面或社区层面建立公益创投、微创投等形式，激发组织申报项目活力，通过支持社区志愿服务组织与依法登记社会组织的"结对共建"，推进优秀社区志愿服务组织及其品牌建设，在《方案》提及的"明确到 2023 年，每个区培育品牌社区社会组织数量和品牌项目数量分别不低于3 个"，培育以社区志愿服务为主的组织和品牌项目。

在物理空间资源方面，依托社区内公共活动场地，社区内学校、企事业单位等公共活动空间和场地，多方共建共享社区志愿服务阵地，发动志愿者带动更多居民，参与各项共建合作志愿服务。

在社会资源方面，充分发挥广州市志愿者协会、广州青年志愿者协会、广州妇女志愿者协会以及区级志愿者协会等枢纽型志愿服务行业组织资源优势，为社区志愿服务组织提供发展指引，协助链接社会资源，指导各社区志愿服务组织分析资源状况，对不同来源、不同层次的资源进行识别并进行有机融合与合理分配。

在服务保障资源方面，要积极建立社区志愿服务保障体系，贯彻落实《志愿服务条例》《广东省志愿服务条例》等法规中对于志愿者服务保障、志愿者激励等多条举措。鼓励保险机构与社区志愿服务组织合作，设计开发符合社区志愿服务特点、适应社区志愿服务发展需要的保险产品，为志愿者开展社区志愿服务活动购买保险提供便利；鼓励依托志愿服务记录，通过志愿者奖励回馈、会员互助服务等方式，如做志愿服务政府层面可以给予更大的鼓励政策或优惠政策，如积分入户和积分入学等或累积到一定的积分就可以享受到物资的奖励等荣誉。激励志愿者参与志愿服务活动。

（三）落实分类培育管理，推动社区志愿服务生态系统建设

第一，积极发挥枢纽型志愿服务组织的作用，发挥枢纽型志愿服务组织在培训专业人才方面的作用。一是针对组织发展程度不一的问题，可从项目培育维度采取分层分类培育策略，按照组织发展程度分为初创型（针对草根社区志愿服务组织）、成长型（针对备案的社区志愿服务组织）、发展型（针对注册登记的社区志愿服务组织）三类进行培育管理。对初创型，安排有针对性的通用培训，帮助团队打开服务思路，及时为团队提供协助；对成长型，则安排专业性培训和个性化指导，促进团队进行经验分享、共享资源，充分发挥各团队的特色，促成强强联合、优势互补、合作共赢；对发展型，主要为其提供规范化发展的思路和资源整合的途径，通过激发团队内部动力推动发展。二是为各社区志愿服务组织提供经验交流和互相学习的平台，提供包括机构治理、组织评估、组织管理与服务技能培训、组织管理与服务督导、社区服务项目开发、社会组织交流平台建设等方面的服务，推动内部互助，借助不同组织的服务积累和经验，以提升各组织规范化管理能

力，为彼此提供同行宝贵经验。

第二，针对内生培育型、外源介入型和混合生长型等社区志愿服务组织，政府部门及所在社区要根据其组织管理规范化、项目科学化、服务专业化等维度培育管理的需求，根据其发展程度不同，给予相应有针对性的保障支持和资源整合策略。

第三，积极利用i志愿、志愿时、广州"公益时间"等志愿服务信息平台，积极推进社区志愿服务组织认定工作，用数据科学测量、评估社区志愿服务组织服务效度。对没有在志愿服务信息平台申请认定的组织尽快督促认定，对达到备案登记条件但未备案的组织尽快督促备案登记，对已备案登记、且达到登记注册条件的组织鼓励其在民政部门正式注册登记，对已经登记注册的组织指导其做好社会组织等级评估建设。

（四）激发组织内动力，加强组织内部能力体系建设

在有效地培育管理社区志愿服务组织上，提供外力支持固然重要，但其内生力也同样重要，要加强社区志愿服务组织内部能力体系建设，提升其自身组织内动力。

第一，指导社区志愿服务组织进一步明确组织职责、使命、愿景和发展目标，较为清晰组织发展定位和规划，加强自身组织建设和制度建设，完善组织内部的管理机制，建立监督机制，为政府分忧、为社区民众解难，提升服务能力与水平。

第二，加强自身团队建设和服务组织宣传，社区志愿服务组织的持续发展需要团队内部的向心力，需要凝聚团队的力量参与社区志愿服务、维系队伍的发展，需建立组织内部沟通机制，如以定期工作例会、活动总结会等多种形式沟通；可在社区、街道、区级、市级等多维度开展社区志愿服务个人或组织的表彰活动，提升社区志愿者的荣誉感；要不断创新社区志愿服务内容和加大组织宣传力度，吸引更多新鲜血液加入服务行列。

第三，加强组织内部和组织之间的交流，对社区志愿服务组织提供包括组织结构治理、组织评估、组织管理与服务督导、社区服务项目开发、组织

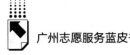

交流平台建设等服务；提供组织管理与服务技能培训、服务项目实地交流等培训，以提升社区志愿服务组织的规范化管理能力；不定期针对组织骨干和负责人开展培训，提升骨干和"领头羊"的总体素质能力，定期开展能力培训，提升社区志愿者服务的专业化水平，不断满足社区群众对美好生活的需要。

附　录
Appendix

B.14
2022年广州市社区志愿服务十件大事

一　广州市社区志愿服务组织深入学习贯彻习近平总书记
重要讲话精神和党的二十大精神

2022年，广州市各级各类社区志愿服务组织、志愿者、志愿服务工作者深入学习宣传贯彻党的二十大精神，深入学习贯彻习近平总书记在辽宁考察时关于"对老年人的服务要跟上，对孩子们的养育和培养等工作要加强；让老有所养、幼有所育"的重要指示精神，认真贯彻落实省委、省政府以及市委、市政府部署要求，坚持党建引领、人民至上，健全志愿服务体系，壮大志愿者队伍，搭建更多志愿服务平台，全面提升志愿服务水平，广泛开展志愿服务关爱行动，在新征程上踔厉奋发、笃行不怠，为保障和改善民生贡献力量。

二　进一步完善社区志愿服务机制建设，夯实
"慈善+社会工作+志愿服务"融合发展机制

为激活社会资源、提升志愿服务效能，广州不断完善社区志愿服务机制

建设，积极出台支持社区志愿服务长效发展的政策法规。5月，为进一步夯实"慈善+社会工作+志愿服务"体系，印发《广州市民政局关于建设社区慈善（志愿服务）工作站的通知》，对社区慈善（志愿服务）工作站的建设等作出了具体要求和工作指引；11月，《广州市城乡社区服务体系建设"十四五"规划》正式印发，明确提出发展社区志愿服务，推动镇（街）、城乡社区依托社区综合服务设施等建设志愿服务站点，培育发展社区志愿服务组织、志愿服务队伍，深化"慈善+社会工作+志愿服务"融合发展机制，促进社区志愿服务资源整合。

三 广州积极选树志愿服务先进典型，打造志愿服务品牌

3月，2021年度全国学雷锋志愿服务"四个100"先进典型名单公布，广州地区陈晓霞、陈雪玲、莫明聪、广州医科大学附属第一医院南山志愿服务队、华南师范大学"勤勤助学"项目、广州海关"进校园、进企业、进社区"志愿服务项目、越秀区北京街道盐运西社区等7个典型入选。11月，在第六届中国青年志愿服务项目大赛上，广州地区"声海：大湾区青年讲好家国故事，共'话'同心圆"等4个项目荣获金奖，另有7个项目荣获银奖，4个项目荣获铜奖。同年，广州地区7名志愿者、4个志愿服务组织、5个志愿服务项目及3个社区被推选为"2021年度广东省学雷锋志愿服务先进典型"；31名志愿者、20个志愿服务组织、10个志愿服务项目、7个社区被推选为"2021年度广州市学雷锋志愿服务先进典型"。

四 广州多部门、多组织聚力开展志愿服务"微创投"，激发基层志愿服务队伍参与社区治理、乡村振兴意愿

3月，广州市白云区举办首届志愿服务项目大赛；5月，市文明办启动"种志计划"——广州市新时代文明实践志愿服务项目征集活动；10月，由

市民政局指导，市志愿者协会主办的"青苗计划"社区志愿服务项目培育工作启动；11 月，中共广州市委政法委员会、市精神文明建设委员会办公室、市民政局等部门主办，市志愿者行动指导中心、市团校（广州志愿者学院）承办的"2022 年广州城中村治理志愿服务项目征集交流活动"启动⋯⋯截至年底，各机关单位、志愿服务行业组织通过设立不同形式、不同主题的志愿服务"微创投"项目，年度累计投入总金额超过 370 万元，聚力支持基层志愿服务组织在社区治理、乡村振兴工作中下功夫、解难题，激发基层志愿服务组织新活力。

五　粤港澳三地专家学者、实务工作者共探大湾区志愿服务创新发展，促进湾区志愿服务交流交融

为贯彻落实《关于加快建设"志愿广东"　推进志愿服务事业高质量发展的意见》中"加快建设'志愿广东'，建立大湾区联动机制"的相关要求，7 月，第四届粤港澳大湾区（广州）青年合作发展论坛暨全国志愿服务高级研修班在广州举行，与会专家学者、杰出青年志愿者代表围绕"志愿服务与青年发展"主题，就"志愿服务与粤港澳大湾区青年融合发展""港澳青年志愿服务品牌与实践"等领域展开探讨。12 月，香港、澳门、广州三地社会组织联合举办的"大湾区创新义工服务新想象"线上分享会召开，围绕大湾区内创新长者服务、青年服务和疫情后志愿服务新想象展开研讨交流，促进湾区志愿服务工作者交心交融，推动湾区志愿服务蓬勃发展。

六　广州进一步夯实社区养老志愿服务体系，丰富社区养老服务供给

9 月，民政部等 10 部门联合印发《关于开展特殊困难老年人探访关爱服务的指导意见》，指出要将志愿服务力量充实到困难老年人探访关爱服务当中。当月，《广州市居家社区养老服务管理办法》印发实施，指出应通过

社会组织公益创投、购买专项服务等方式丰富和创新居家社区养老服务供给，扶持慈善组织与志愿组织重点为特殊困难老年人提供志愿服务。此外，《关于建立广州"时间银行"养老志愿服务机制的工作方案》《关于全面推动颐康中心"时间银行"志愿服务站点建设工作的通知》等政策文件的实施，为构建可持续发展的社区养老志愿服务体系指明方向。截至 12 月底，全市志愿服务组织、志愿者依托广州公益时间志愿服务平台开展探访长者关爱服务 4537 场，累计组织超 4.9 万人次志愿者服务近 200 万人次社区困难老年人。

七 专业志愿服务力量蓬勃发展，共同织密织牢志愿服务网

1 月，全省首个法律志愿驿站在广州市从化区法院正式启动，该站点对内打造优质一站式诉讼服务，采取"法官+社会志愿者"的模式，进一步推动新时代文明实践志愿服务在基层落地生根；同月，广州首批文化和旅游专业志愿服务队伍启动服务；2 月，黄埔区组建广州首支国家安全教育志愿服务队，以打造专业宣传队伍、探索特色教育课程、培育精品活动项目为主要任务，普及国家安全知识、传播国家安全理念，致力探索国家安全教育实践；3 月，广州首支巾帼科技志愿服务队成立，凸显基层服务"她力量"；5 月，"同心聆听"越秀区未成年人心声热线服务站揭牌，这是广州市开通的首条街道未成年人心声热线，由心理专业志愿者牵头坐席，为未成年人提供心理教育、情绪疏导等服务。

八 各方力量积极参与，广州志愿者科学有序助力疫情防控

为应对 2022 年 4 月、10 月两轮疫情冲击，广大志愿服务组织、党员志愿者、青年志愿者、社区志愿者等群体，在广州市委、市政府的统一部署

下，依法、科学、有序参与疫情防控工作，从协助社区核酸检测、支援流调排查等防疫一线服务，到协助困难长者就医、为困难群众派送生活物资等保障服务，再到支持和保障一线防疫人员，一套由社区动态点单、志愿者响应接单、各组织和机构合力支援的防疫志愿服务机制在社区运作起来。团市委、团区委累计组织超过 86.74 万人次志愿者参与重点人群信息排查、核酸检测、疫苗接种、物资配送、信息录入等志愿服务；社工站、社区志愿服务队伍等依托广州公益时间志愿服务平台累积开展 7600 场防疫类志愿服务，组织超 13 万人次志愿者参与，奉献志愿服务时数超过 115 万小时。

九　广州多部门联合发布志愿者首批礼遇，用心传递"广州温度"

4月，市文明办会同各部门联合发布首批"广州市注册志愿者礼遇计划清单"（共 12 个类别 30 项），给广大志愿者送上属于广州的温暖与力量。礼待志愿者的态度，显示着广州老城市新活力的温度。近年来，广州市不断完善志愿者激励礼遇工作，推动关于志愿者激励礼遇法规条例的修订。各部门制定本领域志愿者礼遇工作的措施办法，加大志愿者礼遇的宣传推介力度，为深化"志愿者之城"建设提供了有力支撑。10月，共青团广州市委员会、市志愿者行动指导中心、广州青年志愿者协会、联合中国人民财产保险股份有限公司广州市分公司，面向广州注册志愿者免费赠送志愿者团体意外伤害保险，为志愿者参与志愿服务提供有力保障。

十　《广州市文化和旅游志愿服务管理办法》印发，鼓励文化和旅游志愿服务进社区

5月，市文化广电旅游局、市精神文明建设委员会办公室、市民政局、共青团广州市委员会共同发布了《广州市文化和旅游志愿服务发展行动计

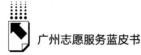
划（2022—2025）》（以下简称《行动计划》）和《广州市文化和旅游志愿服务管理办法》（以下简称《办法》）。《行动计划》提出了"十四五"时期广州市文旅志愿服务发展的七大重点和四大保障机制，将构建起文旅志愿服务规范化、专业化、品牌化的提升体系。《办法》则为广州市文旅志愿服务工作提供制度保障，提出"鼓励文化和旅游志愿服务进学校、进社区，鼓励文化和旅游服务场所设立青少年课外活动和社会实践基地，设计符合青少年特点的文化和旅游志愿服务培训课程和活动项目"。

Abstract

The year 2022 is a key year for the implementation of the "14th Five Year Plan" and the year of the 20th National Congress of the Communist Party of China. The successful convening of the 20th National Congress of the Communist Party of China depicted a grand blueprint for comprehensively building a socialist modernized country. The report of the 20th National Congress of the Communist Party of China proposed to "improve the volunteer service system and work system", which pointed out the direction and provided guidance for the development of volunteer service. In the new era, Guangzhou has thoroughly studied and implemented the spirit of General Secretary Xi Jinping's speeches on learning from Lei Feng's volunteer service and the 20th National Congress of the Communist Party of China spirit, innovated and improved the "Five-element Linkage in Community" mechanism, and promoted the high-quality development of volunteer service. The specific measures and their effectiveness include: promoting the integrated development of "charity + social work + volunteer service", and further improving the community service system; improve the three-dimensional support system for volunteer services at the city, district, and community levels, and further expand the coverage of community volunteer services; cultivate community volunteer service organizations and projects, and further improve the quality of community volunteer services.

Based on the new era, the development of community volunteer service in Guangzhou needs to give full play to its advantages, innovate its thinking, find a new position in the dual circulation, and adapt to new requirements. Therefore, this report proposes the following suggestions: firstly, improve the supply of community volunteer service system and standardize the development of

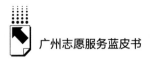
广州志愿服务蓝皮书

community volunteer service; secondly, build a system for cultivating community volunteer service organizations and enhance the endogenous power of community volunteer service development; thirdly, establish a community volunteer service project library and promote the construction of community volunteer service brands; fourth, build a three-level volunteer service resource system and consolidate the resource foundation for sustainable development of community volunteer services; fifth, promote the collaborative development of community volunteer services in the Greater Bay Area and leverage the supportive role of community volunteer service organizations.

Keywords: "Five-element Linkage in Community"; Community Volunteer Service; Guangzhou

Contents

Ⅰ General Report

Abstract：Community volunteer service is an organic component of the
Chinese characteristic volunteer service system. The development of community
volunteer services in Guangzhou in 2022 presents the following characteristics and
trends：firstly，the collaborative development mechanism of " charity + social
work+volunteer services" is further improved；secondly，the vitality and role of
community volunteer services are further highlighted；thirdly，the development
and empowerment system of community volunteer services should be further
improved；fourthly，the support for community volunteer service regulations and
policies has been further strengthened. In order to deeply implement the
requirements of the report of the 20th National Congress of the Communist Party
of China on improving the volunteer service system and work system，and
promote the high-quality development of community volunteer service，it is
recommended to take the implementation of the *Guangzhou Volunteer Service*

Regulations as an opportunity to improve the community volunteer service system and work system; strengthen the professional construction of district level hub type volunteer service organizations and build a three-dimensional support network for community volunteer services in the region; establish a community volunteer service project library to enhance the influence of community volunteer service brands; focusing on mobilizing and integrating diverse resources in the community, enhancing the resource base for sustainable development of community volunteer services; implement the *Overall Plan for Deepening Global Cooperation between Guangdong, Hong Kong, and Macao in Nansha, Guangzhou*, and promote the coordinated development of volunteer services in Guangzhou, Hong Kong, and Macao.

Keywords: Community Volunteer Service; Volunteer Service Organization; Guangzhou City

Ⅱ　Topical Reports

B.2　The Mechanism Construction and Development Suggestions
on the Community Volunteer Service System in Guangzhou
in the New Era　　　　　　　　　　　　　　*Shao Zhengang* / 021

Abstract: After years of practice and continuous development, community volunteer service in Guangzhou has shown a new pattern of diversified participation under the coordination of the Party and government, service contents are both diverse and demand-oriented, and the brand of community volunteer service for helping the elderly and the young have been expanded, the anti-epidemic volunteer service has strengthened the epidemic prevention and control, more effective resource integration, and enhanced the new functions of volunteer service. The main contents of the system and mechanism of community volunteer service in Guangzhou include the overall organization system, the comprehensive operation mechanism, the project-based management mechanism, the continuous incentive mechanism, etc. Its functional characteristics mainly include the universality of influence, the linkage transmission, the community adaptation, and the effectiveness of the results. Entering the new era, for promoting the creative development of community volunteer service in Guangzhou, it is necessary to strengthen the coordination mechanism of community volunteer service, further stimulate the new vitality of the community volunteer service working system, and further improve the new efficiency of the community volunteer service linkage system, so as to promote the prosperity and development of community volunteer service in Guangzhou and make contributions to the high-quality economic and social development of Guangzhou.

Keywords: The New Era; Community Volunteer Service; Guangzhou City

B. 3 The Practice Research of Community Volunteer Service

Organizations to Participate in the Community Governance

in Guangzhou *Wu Zhiping, Wang Ling* / 038

Abstract: Social governance at the community level is the community governance, community governance and social governance are complementary. The volunteer service is so important in community governance, community volunteer service plays an important role in meeting the needs of community residents, providing public services, alleviating conflicts and disputes, and promoting the construction of spiritual civilization, the community volunteer service organization is also an indispensable force in constructing the community governance pattern of "co-construction, co-governance and sharing". This paper analyzes the general situation, characteristics, problems and causes of the participation of community volunteer service organizations in community governance in Guangzhou, considering that the linkage between social workers and volunteer services is an important feature of community volunteer services in

Guangzhou. Finally, from the system aspect and the development of community volunteer service organization proposes the promotion community volunteer service organization sustainable development method and the strategy, so as to promote the high-quality and sustainable development of community volunteer service.

Keywords: Community Volunteer Service Organization; Community Governance; Social Work Services

Ⅲ   Special Reports

B.4   Exploration on the Normalization Mechanism of Guangzhou Municipal Party Members' Participating in Community Volunteer Service   *Chen Xiaoxia* / 056

Abstract: This article combines the current situation of Guangzhou municipal party members participating in community volunteer service, and analyzes the current party member volunteer service mechanism from the dimensions of system construction, platform construction, team building, service mode, and service effectiveness through empirical analysis and case analysis. It summarizes the practical experience and highlights of municipal party members participating in community volunteer service in government agencies. Propose methods and strategies to improve the normalization mechanism of community volunteer service for municipal party members, including establishing a "government+community+N" joint learning and construction mechanism, implementing service list management, establishing a comprehensive and three-dimensional service matrix, and accelerating the construction of a national platform for volunteer service.

Keywords: Municipal Party Members; Community Volunteer Service; Community Governance; Normalization Mechanism

B . 5   Practical Exploration of Enterprise Strength Participating

in Guangzhou Community Volunteer Service

Wang Zhongping , Zhang Ying and Tan Yiwen / 071

Abstract: Volunteering is one of the main ways of the third distribution, and it has important value and role in promoting common prosperity. Among them, community volunteer service is one of the important ways of corporate volunteering. Guangzhou's volunteer service has always been among the best in China. Under the background of the integrated development of "Five-element Linkage in Community" and "Charity + Social Work + Volunteer Service", Guangzhou enterprises actively practice corporate social responsibility, participate in community volunteer services, and explore the formation of a position-based normalization, "Group + Independent", Emergency, Professional Skills, Multivariate Linkage, "Charity + Social Work + Volunteer Service" and other distinctive participation paths and models. However, in the process of promoting the high-quality development of community volunteer services, it has also exposed shortcomings such as relatively insufficient policy support, insufficient resource linkage depth, and insufficient branding. In the future, Guangzhou needs to enrich supply and strengthen effectiveness in guiding enterprises to participate in community volunteer services, strengthen exploration in directions such as continuous innovation models.

Keywords: Enterprise Strength; Community Volunteer Service; Guangzhou

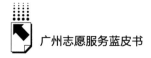

B.6   Practice and Exploration of Community Volunteer

Service Weaving a Social Security Network for

Disadvantaged Groups

——*Taking the Social Work Service Station Undertaken*

by the Municipal Hengfu Society as an Example

Fan Jieshan, *Li Shuifang and Wang Fan* / 086

Abstract: Organizing a dense network of social security for disadvantaged groups and opening up the "last mile" of serving the people is an important measure to improve people's livelihoods, and community volunteer services are very necessary and important inproviding basic social services. The article explores the new development of community volunteer service in the weaving of a social security network for disadvantaged groups through the example of community volunteer service participation. By adhering to the leadership of party building and integrating the development of "social work+charity+volunteer service", there are many new attempts and breakthroughs in the construction of a social security network for disadvantaged groups. It also effectively solves the problems and needs of the security network for disadvantaged groups. Through reflection, new development paths are explored.

Keywords: Community Volunteer Service; Disadvantaged Groups; Community Security

B.7   The Experience, Problems and Strategies for Brand-building

of Community Volunteer Services in Guangzhou   *Guo Yuan* / 100

Abstract: Brand-building is the only way of cause expansion and sustainable development. Based on different types of project brand-building of community volunteer services in Guangzhou, this article come to an analyzation of the problems and challenges from community volunteer services brand-building according to generalizing the practical experience and achievement in community volunteer services brand-building. Meanwhile, this article helps put the standardization and branding development of community volunteer services in perspective, points out the strategies for brand-building of community volunteer services in Guangzhou.

Keywords: Community Volunteer Service; Brand Project; Brand-building

B. 8   An Empirical Study on the Mobilization Ability

and Organizational Mechanism of Community

Volunteer Service in Guangzhou

Research Group of Community Volunteer Service

and Organization in Guangzhou / 116

Abstract: Through the investigation of the community volunteers participating in volunteer service, this paper analyzes the current situation and characteristics of the mobilization of volunteer organizations in Guangzhou, and finds that the mobilization of community volunteer organizations in Guangzhou has "5P" pattern. Meanwhile, combined with the resource mobilization theory. From the perspective of organization management. This paper finds that there are some problems in the current community voluntary organizations in Guangzhou, such as the insufficient volunteer service resource, inadequate volunteer training, unclear work division of volunteer, and insufficient incentive for volunteers. From the perspective of internal mobilization, this paper finds that there are many challenges in the mobilization process of community voluntary organizations, such as conflict of the time of participation, low degree of mutual solidarity, insufficient personal ability, unclear division of rights and obligations, and insufficient sense of identity. In order to promote the continue improvement of the mobilization and organizational ability of community volunteer services in Guangzhou, this paper

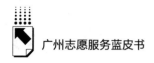
puts forward the corresponding solutions and organizational incentive mechanism from three dimensions: resource mobilization, member mobilization and framework mobilization.

Keywords: Community Volunteer Service Organizations; Community Volunteer Service; Resource Mobilization

Ⅳ Focal Topics

B.9 Research on Promoting the Development of Community Volunteer Services in Guangzhou with the "Five-element Linkage in Community"
—*Taking Panyu District as an Example*

Civil Affairs Bureau of Panyu District of Guangzhou / 146

Abstract: Community is fundamental to society. The report of the 19th National Congress of the Communist Party of China proposes to create a social governance pattern of joint construction, governance, and sharing. The "Five-element Linkage in Community" is a vivid interpretation of the participation of multiple subjects in social governance. Panyu District of Guangzhou is one of the earliest areas in China to carry out the exploration and practice of "Five-element Linkage in Community". Firstly, this article discusses the background and current situation of the "Five-element Linkage in Community". Secondly, it states how the "Five-element Linkage in Community" promotes the development of community volunteer services from five perspectives, community, social workers, community enterprises, and community funds. Finally, corresponding suggestions are put forward to promote the development of community volunteer service and the construction of community volunteer service system, including rich content such as talent cultivation, brand building, data sharing, and volunteer services.

Keywords: "Five-element Linkage in Community"; Social Governance; Community Volunteer Service

Abstract: According to the construction background, service function and social role, Guangzhou community volunteer service stations can be divided into volunteer post station, new era civilization practice center (station), Yikang Center "time bank" volunteer service station, community charity (volunteer service) workstation, etc. Community charity (volunteer service) workstation has become one of the important service carriers to promote the development of "social work + charity + volunteer service" mode due to the one-stop function of "multi-station in one". Based on the analysis and summary of the operation characteristics and operation mode of community charity (volunteer service) workstation, this paper puts forward specific suggestions to promote the construction and development of Guangzhou community volunteer service station: first, deepen the "Five-element Linkage in Community" mechanism, improve the service operation system; second, strengthen the cultivation of volunteer service, improve the driving force of the main body of community volunteer service; third, deepen the demand for community service and design characteristic volunteer service projects; fourth, strengthen cross-domain professional cooperation to build community volunteer service brand.

Keywords: Community Volunteer Service Station; Service Carrier; Operation Mode

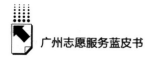

B.11   Practice Exploration of Community Volunteer Power
Participating in Community Public Emergency
Service in Guangzhou
—*Taking Guangzhou Puai Social Work Service as an Example*
Yang Xiaohui, Mo Guifen / 176

Abstract: Community volunteer service plays an important role in all kinds
of community public emergency services. Taking Guangzhou Puai Social Work
Service as an example, the paper summarizes the effectiveness and shortcomings of
community volunteer power's participation in community public emergency
services, and puts forward five optimization suggestions on this basis: first, all
organizations should obey the leadership of CPC Party and the government;
second, we should pay attention to information management and overall planning;
third, we can improve management and risk prevention and control mechanisms;
fourth, we must strengthen precise training and improve service quality; fifth, we
could set up columns to commend and publicize.

Keywords: Community Volunteer Service Power; Community Public
Emergency Service; Community Governance; Guangzhou

B.12   Research on the Guarantee of Volunteer Service
of Community Social Organizations in Guangzhou
—*Based on the Investigation of Community Social Organizations*
Wu Donghua, Chen Zhuoqi / 193

Abstract: Community volunteer service is an important part of building a
volunteer service system in urban and rural communities. During the "13th Five-
Year Plan" period, Guangzhou community social organizations have not only
achieved great development in terms of quantity, but also carried out volunteer

services such as convenience and benefit to the people, charity and public welfare around the needs, expectations and demands of residents, helping community volunteer services achieve gratifying development. The survey found that although community volunteer service is supported and guaranteed by government and socialized resources, it also faces confusion and challenges in development, and it is necessary to further integrate resources, create platforms and innovate models to achieve high-quality development of community volunteer service.

Keywords: Community Volunteer Service; Community Social Organization; Guangzhou City

B.13 Research on the Current Situation, Problems and Countermeasures of the Cultivation and Management of Community Volunteer Service Organizations in Guangzhou *Wang Jing, Xie Dongxing* / 208

Abstract: Community volunteer service organization is the backbone of community governance and the main carrier of residents' participation. It's the key node to realize multiple community governance and good community governance. On the research and analysis of the present situation of Guangzhou community volunteer service organization development, the cultivation and management, and the paper of perfecting the community volunteer service resource system, promote the community volunteer service ecosystem construction, strengthen the organization of internal ability system construction, constantly improve the community volunteer service organization cultivation and management mechanism, and realize the high-quality development of community volunteer service.

Keywords: Community Volunteer Service; Community Volunteer Service Organization; Guangzhou

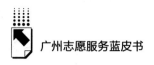

V　Appendix

社会科学文献出版社

皮 书
智库成果出版与传播平台

❖ 皮书定义 ❖

皮书是对中国与世界发展状况和热点问题进行年度监测，以专业的角度、专家的视野和实证研究方法，针对某一领域或区域现状与发展态势展开分析和预测，具备前沿性、原创性、实证性、连续性、时效性等特点的公开出版物，由一系列权威研究报告组成。

❖ 皮书作者 ❖

皮书系列报告作者以国内外一流研究机构、知名高校等重点智库的研究人员为主，多为相关领域一流专家学者，他们的观点代表了当下学界对中国与世界的现实和未来最高水平的解读与分析。截至 2022 年底，皮书研创机构逾千家，报告作者累计超过 10 万人。

❖ 皮书荣誉 ❖

皮书作为中国社会科学院基础理论研究与应用对策研究融合发展的代表性成果，不仅是哲学社会科学工作者服务中国特色社会主义现代化建设的重要成果，更是助力中国特色新型智库建设、构建中国特色哲学社会科学"三大体系"的重要平台。皮书系列先后被列入"十二五""十三五""十四五"时期国家重点出版物出版专项规划项目；2013~2023 年，重点皮书列入中国社会科学院国家哲学社会科学创新工程项目。

权威报告·连续出版·独家资源

皮书数据库
ANNUAL REPORT(YEARBOOK)
DATABASE

分析解读当下中国发展变迁的高端智库平台

所获荣誉

● 2020年，入选全国新闻出版深度融合发展创新案例
● 2019年，入选国家新闻出版署数字出版精品遴选推荐计划
● 2016年，入选"十三五"国家重点电子出版物出版规划骨干工程
● 2013年，荣获"中国出版政府奖·网络出版物奖"提名奖
● 连续多年荣获中国数字出版博览会"数字出版·优秀品牌"奖

皮书数据库

"社科数托邦"
微信公众号

成为用户

　　登录网址www.pishu.com.cn访问皮书数据库网站或下载皮书数据库APP，通过手机号码验证或邮箱验证即可成为皮书数据库用户。

用户福利

● 已注册用户购书后可免费获赠100元皮书数据库充值卡。刮开充值卡涂层获取充值密码，登录并进入"会员中心"—"在线充值"—"充值卡充值"，充值成功即可购买和查看数据库内容。
● 用户福利最终解释权归社会科学文献出版社所有。

数据库服务热线：400-008-6695
数据库服务QQ：2475522410
数据库服务邮箱：database@ssap.cn
图书销售热线：010-59367070/7028
图书服务QQ：1265056568
图书服务邮箱：duzhe@ssap.cn

社会科学文献出版社 皮书系列
SOCIAL SCIENCES ACADEMIC PRESS (CHINA)
卡号：251641923444
密码：

S 基本子库
UB DATABASE

中国社会发展数据库（下设 12 个专题子库）

紧扣人口、政治、外交、法律、教育、医疗卫生、资源环境等 12 个社会发展领域的前沿和热点，全面整合专业著作、智库报告、学术资讯、调研数据等类型资源，帮助用户追踪中国社会发展动态、研究社会发展战略与政策、了解社会热点问题、分析社会发展趋势。

中国经济发展数据库（下设 12 专题子库）

内容涵盖宏观经济、产业经济、工业经济、农业经济、财政金融、房地产经济、城市经济、商业贸易等 12 个重点经济领域，为把握经济运行态势、洞察经济发展规律、研判经济发展趋势、进行经济调控决策提供参考和依据。

中国行业发展数据库（下设 17 个专题子库）

以中国国民经济行业分类为依据，覆盖金融业、旅游业、交通运输业、能源矿产业、制造业等 100 多个行业，跟踪分析国民经济相关行业市场运行状况和政策导向，汇集行业发展前沿资讯，为投资、从业及各种经济决策提供理论支撑和实践指导。

中国区域发展数据库（下设 4 个专题子库）

对中国特定区域内的经济、社会、文化等领域现状与发展情况进行深度分析和预测，涉及省级行政区、城市群、城市、农村等不同维度，研究层级至县及县以下行政区，为学者研究地方经济社会宏观态势、经验模式、发展案例提供支撑，为地方政府决策提供参考。

中国文化传媒数据库（下设 18 个专题子库）

内容覆盖文化产业、新闻传播、电影娱乐、文学艺术、群众文化、图书情报等 18 个重点研究领域，聚焦文化传媒领域发展前沿、热点话题、行业实践，服务用户的教学科研、文化投资、企业规划等需要。

世界经济与国际关系数据库（下设 6 个专题子库）

整合世界经济、国际政治、世界文化与科技、全球性问题、国际组织与国际法、区域研究 6 大领域研究成果，对世界经济形势、国际形势进行连续性深度分析，对年度热点问题进行专题解读，为研判全球发展趋势提供事实和数据支持。

法律声明

"皮书系列"（含蓝皮书、绿皮书、黄皮书）之品牌由社会科学文献出版社最早使用并持续至今，现已被中国图书行业所熟知。"皮书系列"的相关商标已在国家商标管理部门商标局注册，包括但不限于LOGO（▧）、皮书、Pishu、经济蓝皮书、社会蓝皮书等。"皮书系列"图书的注册商标专用权及封面设计、版式设计的著作权均为社会科学文献出版社所有。未经社会科学文献出版社书面授权许可，任何使用与"皮书系列"图书注册商标、封面设计、版式设计相同或者近似的文字、图形或其组合的行为均系侵权行为。

经作者授权，本书的专有出版权及信息网络传播权等为社会科学文献出版社享有。未经社会科学文献出版社书面授权许可，任何就本书内容的复制、发行或以数字形式进行网络传播的行为均系侵权行为。

社会科学文献出版社将通过法律途径追究上述侵权行为的法律责任，维护自身合法权益。

欢迎社会各界人士对侵犯社会科学文献出版社上述权利的侵权行为进行举报。电话：010-59367121，电子邮箱：fawubu@ssap.cn。

社会科学文献出版社